HANNA & NORA ZIEGERT

DIE SCHULDIGEN

TRUE CRIME –
Geschichten über Frauen
und Verbrechen

Der Verlag weist ausdrücklich darauf hin, dass im Text
enthaltene externe Links vom Verlag nur bis zum Zeitpunkt
der Buchveröffentlichung eingesehen werden konnten.
Auf spätere Veränderungen hat der Verlag keinerlei Einfluss.
Eine Haftung des Verlags ist daher ausgeschlossen.

Zum Schutz der beteiligten Personen sind Namen, Orte,
einige Handlungsabläufe und die wörtlich wiedergegebenen Gespräche
und Dokumente verändert worden.

Verlagsgruppe Random House FSC® N001967

PENGUIN und das Penguin Logo sind Markenzeichen
von Penguin Books Limited und werden
hier unter Lizenz benutzt.

1. Auflage 2017
Copyright © 2017 Penguin Verlag, München,
in der Verlagsgruppe Random House GmbH,
Neumarkter Str. 28, 81673 München
Umschlaggestaltung: FAVORITBUERO, München
Umschlagabbildung: © George Allen Penton/www.shutterstock.com
© Andrey Popov / www. shutterstock.com
Redaktion: Lisa Wolf
Satz: Uhl + Massopust, Aalen
Druck und Bindung: CPI books GmbH, Leck
Printed in Germany
ISBN 978-3-328-10104-8
www.penguin-verlag.de

Dieses Buch ist auch als E-Book erhältlich.

Die Schuldigen – oder: Ist »das Böse« weiblich?

Wie wird ein Mensch zum Mörder? Was geht in einer Frau vor, die ihr Kind verhungern lässt? Warum vergewaltigt ein junger Mann seine Nachbarin – oder seine Mutter?

Solche Fragen werden oft gestellt – in Krimis, Talkshows und Zeitungsartikeln. Die Antworten, die man auf sie findet, kratzen meist nur an der Oberfläche. Dieses Buch möchte tiefer gehen, es möchte scheinbar unvorstellbare Taten begreiflicher machen und eröffnet Ihnen dafür einen Blick hinter die Kulissen, oder genauer gesagt: in die Köpfe derjenigen hinein, die ein Verbrechen begangen haben.

Hinter diesem Buch stehen ich, Hanna Ziegert, die als Psychiaterin und forensische Gutachterin die hier beschriebenen Geschichten begleitet hat, und meine Tochter, Nora Ziegert, die sie mit der dazu nötigen Distanz zu Papier bringen konnte. Wenn Sie sich mit uns auf die Suche nach den Hintergründen von Straftaten begeben, wird Ihnen möglicherweise auffallen, dass das Innere unseres Buches andere Begrifflichkeiten verwendet als sein Äußeres. »Schuld« und »Unschuld«, »gut« und »böse« – das sind Maßstäbe, die Juristen, Journalisten und eine von Verbrechen faszinierte Öffentlichkeit an Straftäter anlegen. Mir als Psychiaterin sind diese Kategorien fremd. Meine Aufgabe als forensische Gutachterin besteht darin, die Schuldfähigkeit des Angeklagten im juristischen Sinne zu prüfen. Hierfür muss ich entscheiden, ob der Betroffene in der Lage war, das Unrecht seiner Tat zu erkennen, und er dementsprechend anders hätte handeln können. Bei meiner Arbeit geht es aber nicht um die – moralische – Frage der »Schuld«. Ebenso wenig käme ich auf die Idee, einen Menschen als »gut« oder »böse« zu bewerten. Mein Anliegen und meine Aufgabe ist es ausschließlich, Zusammenhänge zu verstehen, Ursachen im Sinne einer psychischen Erkrankung zu erkennen und die erkannten Gefahren im Idealfall zu bannen.

Dennoch haben wir uns entschlossen, Titel und Werbung für dieses Buch mit den uns fremden Kategorien »Schuld« und »böse« zu versehen. Wir verstehen diese Begriffe als eine Art Treffpunkt mit unseren Lesern und bieten sie Ihnen als Sprungbrett hinein in unsere Gedankenwelt. Manch einer mag sich, bevor er unser Buch in die Hand nahm, sehr sicher darin gewesen sein, wer bei einem Verbrechen »Täter« und »Opfer«, wer »gut« und wer »böse« war, während ihm die Frage nach dem Warum der Tat schleierhaft blieb. Um Sie vorzuwarnen: Nach der Lektüre dieses Buches könnte es gerade umgekehrt sein.

Seit über dreißig Jahren bin ich als psychiatrische Gutachterin an Gerichtsverfahren beteiligt. Hierbei beauftragen mich das Gericht, die Staatsanwaltschaft oder der Verteidiger damit, ein Gutachten zu der Frage zu erstellen, ob der Täter zur Tatzeit psychisch krank war und ob diese Krankheit Einfluss auf sein Handeln hatte. Um das herauszufinden, fahre ich ins Gefängnis und lasse mich mit dem Häftling in eine Vorführzelle einschließen. Dann kläre ich ihn über meine Tätigkeit auf und frage ihn, ob er an der freiwilligen Begutachtung teilnehmen möchte. Nun könnte er mich auffordern, wieder zu gehen, doch das ist mir noch nie passiert. Es gibt zwar Betroffene, die nicht über ihre Tat sprechen möchten, mir ist aber noch nie ein Mensch in dieser Situation begegnet, der nicht große Sehnsucht danach hatte, jemandem von seinem Leben zu erzählen. Also führe ich mit dem Häftling – in 95 Prozent der Fälle ist es ein Mann – Gespräche, die zwischen drei und zwanzig Stunden dauern können. Dabei bemühe ich mich, ihn kennenzulernen und seine Beweggründe zu verstehen.

Im Laufe meiner Berufstätigkeit haben mich viele meiner Gesprächspartner teilhaben lassen an ihren Gedanken, Ängsten und Sehnsüchten. Sie haben mir von ihrem Leben erzählt und mir gezeigt, welche Wege sie gegangen sind, bevor sie mir gegenübersaßen. Denn genauso wenig wie ein Herzinfarkt durch die eine letzte Zigarette ausgelöst wird, geschehen auch Verbrechen nicht plötzlich und grundlos aus einer einzigen unglücklichen Situation heraus. Jede Straftat hat eine Geschichte. Acht solcher Geschichten möchten wir Ihnen in diesem Buch erzählen. Sie alle haben sich wirklich ereignet. Zum Schutz der beteiligten Personen sind Namen, Orte, einige Handlungsabläufe und die wörtlich wiedergegebenen Gespräche und Dokumente verändert worden.

Alle Geschichten verbindet, dass auf irgendeine Art und Weise eine Frau erheblichen Einfluss auf das Geschehen ausübt. Dabei muss sie nicht zwingend diejenige sein, die sich nach dem Gesetz strafbar macht. Die Rolle der Frauen, um die sich dieses Buch dreht, ist nicht immer auf den ersten Blick erkennbar. Sie handeln versteckter und unauffälliger als die Männer, die in vielen Fällen das Etikett des »Täters« erhalten. Man ist sogar versucht, in einigen der Frauen ausschließlich »Opfer« zu sehen. Tatsächlich aber tragen sie alle ihren Teil zur Entstehung des Verbrechens bei.

Thesen dieser Art habe ich in der Vergangenheit immer wieder vertreten – gegenüber meinen juristischen Auftraggebern, gegenüber den von einer Tat betroffenen Personen und gegenüber Medienvertretern. Dabei habe ich festgestellt, dass sich die Menschen schwertun mit dem Gedanken, eine Frau könne mit emotionalen Mitteln eine Straftat gefördert haben. Beispielsweise habe ich ein Gutachten erstattet über einen Mann, der über Jahre hinweg seine Kinder sexuell missbraucht hatte. Als ich in der öffentlichen Hauptverhandlung meine Ergebnisse vorstellte, nahm ich unter anderem zur Rolle der Mutter in dieser Familie Stellung. Das ist nichts Ungewöhnliches. In meinen Gutachten mache ich mir bei der Frage nach den Tatmotiven immer Gedanken darüber, inwiefern eine spezielle Beziehungskonstellation die Tat gefördert haben könnte. Diese Erkenntnisse können auch dazu beitragen, eine Wiederholung dieser oder ähnlicher Taten für die Zukunft zu vermeiden. Ich führte also aus, dass ein Kind nur dann über einen so langen Zeitraum vom Vater missbraucht werden könne, wenn die Mutter dem Kind nicht ausreichend Nähe und Schutz geboten hatte. Wenig später zeigte mich eine Frauenbeauftragte der Polizei wegen Beleidigung und Körperverletzung an. Grund der Anzeige war, dass die Mutter der betroffenen Kinder, die an der Verhandlung teilgenommen hatte, im Anschluss an meine Aussage unter Bauch- und Kopfschmerzen gelitten und sich erheblich belastet gefühlt hatte. Das Verfahren gegen mich wurde schnell eingestellt, die Reaktion, die meine Stellungnahme bei gleich zwei Frauen, der Mutter und der Frauenbeauftragten, hervorgerufen hatte, irritierte mich jedoch nachhaltig. Sie hielten meine Äußerungen offenbar nicht nur für nicht erwägenswert, sondern sogar für strafbar.

Viele derjenigen, die mit Straftätern arbeiten, haben sich selten intensiver mit der Psyche des Menschen beschäftigt. Manch ein Richter mag für sich den Schluss gezogen haben, dass er einen Täter, dem er nahe genug gekommen ist, um ihn wirklich zu verstehen, nicht mehr objektiv verurteilen kann. Andererseits, ließe sich vertreten, kann ein Richter, der die Beweggründe des Täters und die Entstehungsgeschichte der Tat durchdrungen hat, Art und Ausmaß der Strafe an diese Erkenntnisse anpassen und so dem Zweck der Bestrafung besser gerecht werden.

Ein gewisses Maß an Einfühlungsvermögen und Intuition im Umgang mit Straftätern kann auch an anderer Stelle zu beeindruckenden Ergebnissen führen. So erinnere ich mich an eine Frau, der vorgeworfen wurde, ihren Schwiegervater ermordet zu haben. Nach dem Tod ihres drogensüchtigen Mannes lebte sie mit ihren Kindern und dem Schwiegervater auf dessen Hof. Der alte Mann erwartete von ihr nicht nur, dass sie den Hof bewirtschaftete, sondern drohte damit, sie und die Kinder vor die Tür zu setzen, wenn sie ihm nicht regelmäßig sexuell zur Verfügung stand. Als sie sich wieder einmal auf ihn setzen musste, um ihn zu befriedigen, erdrosselte sie ihn. Bei ihrer Vernehmung berichtete sie, dass sie ihrem Schwiegervater zuvor mehrere Male Rohrreiniger ins Bier geschüttet hatte, ohne dass dieser darauf reagiert hätte. »Ihr Mann hat den Rohrreiniger damals schlechter vertragen als sein Vater«, kommentierte der vernehmende Polizist ihre Aussage. »Stimmt«, sagte die Beschuldigte. Der Kripobeamte hatte ins Schwarze getroffen.

Im Umgang mit diesen Geschichten ist es uns wichtig, unsere Bedeutung als Frauen, die wir Söhne haben oder noch bekommen wollen, im Hinterkopf zu behalten. Wir alle schicken mögliche Täter ins Leben hinaus. Es kann hilfreich sein, die »bösen«, im Sinne von destruktiven, Aspekte unserer Persönlichkeit anzuerkennen und verantwortungsvoll mit ihnen umzugehen. Wir sind uns darüber im Klaren, dass diese Art,

Verbrechen und ihre Ursachen zu betrachten, vereinzelt auf Empörung und Ablehnung stoßen kann. Der Reflex, die »Schuld« ausschließlich beim – zumeist männlichen – Täter selbst zu suchen, ist seit Langem eingeübt und ausgesprochen praktisch. Möge diese Sammlung von Fallgeschichten dazu beitragen, die Debatte um die Rolle der Frauen im Kontext von Verbrechen, die ich seit vielen Jahren im Gerichtssaal führe, nun auch auf einer anderen gesellschaftlichen Ebene fortzusetzen.

Insofern möchten wir, eine Psychiaterin und eine Juristin, mit diesem Buch allen Betroffenen vor und hinter Gittern – seien sie nun aus Metall oder aus Gewohnheit – die Möglichkeit geben, Kriminalfälle aus einer anderen Perspektive zu betrachten und sich ungewohnten Gedankengängen zu öffnen. Schauen Sie mit uns den Menschen in die Seele – und entscheiden Sie selbst, was Sie darin entdecken.

München, im Frühjahr 2017
Hanna und Nora Ziegert

Inhaltsverzeichnis

Die fremde Mutter 13

Rettende Irrfahrt 41

Mutterliebe 69

Das verlorene Kind 101

Von Hexen und Königinnen 131

Zwischen Gut und Böse 165

Die schöne Helena 203

Den Tiger im Nacken 235

Die fremde Mutter

In den frühen Morgenstunden des 26. August 2001 näherte sich eine Frau der Polizeiinspektion Deggendorf. Sie trug einen roten Rock und ebenso rote Pumps, mit denen sie bedächtig einen Schritt vor den anderen setzte. Mehrere Male blieb sie stehen und kaute an einem ihrer langen Nägel, dann setzte sie ihren Weg fort. Als sie den Eingang beinahe erreicht hatte, lehnte sie sich gegen die Wand des schmucklosen Gebäudes und sah an sich herab. Die Riemchen der neu erstandenen Schuhe leuchteten auf dem dunklen Braun ihrer Haut. Für einen Moment warf sie einen Blick zurück in die Richtung, aus der sie gekommen war. Dann stieß sie sich von der Mauer ab, drückte den Rücken durch und betrat die Polizeiinspektion.

Hinter einem Tresen saß ein Beamter, der gähnend die sich stetig ändernden Figuren seines Bildschirmschoners betrachtete. Als er Absätze auf den Fliesen klackern hörte, hob er den Blick. Sofort richtete er sich auf und fuhr sich mit den Fingern durch die Haare.

»Ich bin die Garbes Victoria«, sagte die Frau lächelnd, »und ich möcht meinen Sohn anzeigen.« Sie lehnte sich über den Tisch und ließ eine Blase ihres Kaugummis platzen.

Der Beamte befeuchtete seine Lippen und räusperte sich, bevor er an seiner Maus rüttelte.

»Dann erzählen Sie doch mal, was passiert ist.« Er unterdrückte ein Gähnen. »Was hat Ihr Sohn denn angestellt? Hat er etwas geklaut, das Auto demoliert, seine Geschwister verprügelt?«

»Schön wär's.« Sie richtete sich auf. »Er hat mich vergewaltigt!«

Die folgende Stunde verbrachte Victoria Garbes fröstelnd in einem spärlich eingerichteten Raum der Polizeiinspektion. Der Polizist hatte mit lauter Stimme einen Kollegen an seinen Platz gerufen, sich das Hemd in die Hose gesteckt und sie in ein Nebenzimmer gebeten. Dort saß sie nun auf einem Holzstuhl und erzählte von ihrem zwanzigjährigen Sohn James Surty. James habe eine noch dunklere Hautfarbe als sie selbst, berichtete sie. Er sei groß und schlank, ein schöner Mann. Der Beamte nickte überzeugt. Er kratzte sich am Kopf und räusperte sich, dann bat er sie, die Ereignisse der vergangenen Nacht darzustellen. Victoria Garbes kaute auf ihrer Unterlippe, während sie Satz für Satz erzählte:

Ihr Sohn hatte sie um halb acht Uhr abends zu Hause in Bischofsmais abgeholt und gemeinsam mit ihrer Freundin Regina Adams nach Deggendorf in eine Bar gefahren. Er hatte den ganzen Abend mit ihnen verbracht. In der Bar hatten sie sich unterhalten und angefangen zu trinken, bevor sie gegen 22 Uhr zur Party eines Football-Clubs gefahren waren. Ihr Sohn war mit einem Bier an der Bar geblieben, während sie mit ihrer Freundin auf die Tanzfläche gegangen war und dort zwei Amerikaner kennengelernt hatte. Kurz nach Mitternacht hatte ihr Sohn sie gemeinsam mit den Amerikanern in Reginas Wohnung gefahren, wo sie tranken und sich näherkamen. Gegen zwei Uhr morgens hatte sie ihren Sohn gebeten, sie nach Hause zu fahren.

»Bis da war es für uns eigentlich ein ganz normaler Samstagabend«, sagte Victoria Garbes. »Der Jimmy hat mich meistens gefahren, wenn ich ausgegangen bin, und ich war schon oft auf Partys von dem Football-Club, weil da viele Amis sind und ich Englisch sprechen kann. Das erinnert mich an daheim. Also an Südafrika.« Sie lächelte.

Irgendwo auf halber Strecke zwischen Reginas Wohnung und ihrer eigenen hatte der Abend dann eine unerwartete Wendung genommen. Mitten im Wald hatte ihr Sohn den Wagen angehalten, den Motor abgestellt und gesagt: »Jetz werd's romantisch.« Sie hatte widersprochen, war ausgestiegen und in den Wald gelaufen. Ihr Sohn hatte sie verfolgt und nach wenigen Metern eingeholt. Er hatte sie von hinten mit beiden Armen umfasst, hochgehoben und zurück zum Auto getragen. Am Auto hatte er sie auf den Boden gestellt und mit dem Busen auf die Kühlerhaube gedrückt. Sie hatte ihn aufgefordert, sie loszulassen, doch ihr Sohn hatte nur gesagt: »I will heut mit dir vögeln. Was die Amis können, des kann i scho lang.«

»Hat er so was vorher schon mal gesagt?«, fragte der Polizist.

»Dass er mit mir vögeln ... also, äh ... Geschlechtsverkehr haben will?« Victoria Garbes schwieg, dann wiegte sie den Kopf.

»Nein, gesagt hat er das nie. Aber er hat mir schon lang zeigt, dass er mir näherkommen will, als sich das für einen Sohn gehört. Mit vierzehn oder fünfzehn zum Beispiel hat er immer durchs Schlüsselloch geschaut, wenn ich mich im Badezimmer umgezogen hab.« Sie stützte den Kopf in die Hand. »Dabei ist das scho komisch, dass mir das grad mit dem Jimmy passiert«, hörte der Beamte sie laut nachdenken. »Am Anfang hat der sich von mir nämlich gar ned gern in den Arm nehmen lassen.« Sie sah den Polizisten an. »Ich mag's, mit meinen Kindern zu schmusen, aber beim Jimmy hab ich mir immer denkt ...« Sie suchte nach Worten. »Dass dem des zuwider ist. Der hat mich machen lassen, aber er hat sich nie zu mir hergekuschelt.«

Es wurde still im Raum. Der Polizist hob den Kopf. Victoria

Garbes wickelte ihre Halskette bedächtig um ihre rechte Hand. Zwischen den weißen Plastikperlen wirkten ihre Fingerknöchel wie Kastanien, die man frisch aus ihrer Schale geholt hatte. Schweigend sah sie an dem Beamten vorbei durch das Fenster auf die Straße hinaus. Er folgte ihrem Blick. Im ersten grauen Tageslicht erschien eine Reihe parkender Autos.

»Vielleicht erzählen Sie mir einfach, wie es weiterging«, sagte er. Sie zuckte zusammen, dann schüttelte sie den Kopf und fuhr fort.

Ihr Sohn hatte sie an den Oberarmen gepackt und zu sich herumgedreht. Er hatte ihr den Rock hoch- und die Unterhose nach unten gezogen, während er seine eigene Hose öffnete, sodass sein steifer Penis zum Vorschein kam. Mit beiden Händen hatte er sie festgehalten und auf die Kühlerhaube gedrückt. Mit den Knien hatte er ihre Beine auseinandergeschoben, war in sie eingedrungen und ziemlich schnell gekommen.

Nach Abschluss ihres Berichtes schwieg Victoria Garbes und sah auf ihre Hände. Der Polizist betrachtete ihre langen falschen Wimpern, die makellose Haut und die vollen Lippen. Sie begann, am Nagel ihres kleinen Fingers zu kauen, und zupfte wiederholt an ihrem Rock. Erst als sie den Kopf hob, Luft durch die Nase stieß und das Kinn nach vorn schob, löste er den Blick von ihr.

»War es denn das erste Mal, dass Ihr Sohn Ihnen gegenüber gewalttätig wurde?«, fragte der Polizist.

»Nein«, sagte sie, »der war schon immer brutal. Er hat auch seiner Freundin, der Densborn Martina, damit gedroht, sie umzubringen. Droschen hat er sie auch schon, glaub ich.«

Nachdem Victoria Garbes das Präsidium verlassen hatte, leitete der Beamte noch in der Nacht die Ermittlungen ein.

Am nächsten Tag wurde James Surty verhaftet und in Untersuchungshaft genommen. Seine Freundin, Martina Densborn, lud man zur polizeilichen Vernehmung.

»Jimmy und ich sind seit eineinhalb Jahren zusammen. Etwa genauso lange wohnt er auch in meiner Wohnung«, erzählte sie.

»Wenn Sie beide Intimverkehr haben«, kam der Beamte zum Punkt, »ist das dann irgendwie... wie soll ich sagen... ungewöhnlich?«

Sie schüttelte den Kopf. »Der Sex zwischen uns ist ganz normal. Vor allem wird er dabei nie gewalttätig, wenn Sie das meinen.«

Der Polizist nickte. »Ist es zwischen Ihnen in anderen Situationen zu Gewalttätigkeiten gekommen?«

Martina Densborn runzelte die Stirn. »Ja, zweimal«, sagte sie. »Aber das war immer im Streit, und es beruhte auch auf Gegenseitigkeit. Also ehrlich gesagt, haben wir uns diese beiden Male so sehr gestritten, dass wir angefangen haben, uns zu schubsen, und vielleicht habe ich ihm eine runtergehauen.« Sie hob die Schultern. »Ist eben so passiert.« Der Beamte machte sich eine Notiz.

»Und wie haben Sie die Tatnacht, also die Nacht vom 25. auf den 26. August, erlebt?«

»Jimmy hat mir gesagt, dass er an dem Abend mit seiner Mutter unterwegs ist. Die wollte schon wieder auf irgendeine Party von dem Football-Club, deutsch-amerikanische Freundschaft oder so, und dafür hat sie ihn als Fahrer gebraucht. Toll fand ich das nicht, aber wenn die sich was in den Kopf gesetzt hat, dann hat da niemand was zu melden. Ihr Mann nicht, der Jimmy nicht und ich schon gar nicht.« Sie verschränkte die Arme. »Jetzt schauen Sie mich nicht so an! Nein, ich mag seine

Mutter nicht, das können Sie auch gerne so aufschreiben.« Sie nickte in Richtung seiner Notizen. Als der Beamte schwieg, fuhr sie fort. »Also, auf jeden Fall ist der Jimmy irgendwann abends zu seiner Mutter gefahren, etwa gegen 19 Uhr. Heimgekommen ist er erst nach vier Uhr am nächsten Morgen. Da hatte er eine blutende Wunde über dem linken Auge am Haaransatz und war unheimlich nervös. Das ist total untypisch für ihn, normalerweise ist er sehr ruhig. Genau genommen, ist er mir oft zu ruhig und abwesend – als würde er in seiner eigenen Traumwelt verschwinden. An dem Abend habe ich eigentlich schon geschlafen, aber er war so gereizt, dass ich noch einmal aufgestanden und zu ihm gegangen bin. Er ist im Wohnzimmer auf und ab gelaufen und hat dauernd gesagt, dass er es seiner Mutter jetzt heimgezahlt hat.

Wie und was denn heimgezahlt, habe ich gefragt, aber er hat nur gesagt, dass er es mit seiner Mutter jetzt genauso gemacht hat wie sie früher mit ihm.«

»Was hat er damit gemeint?«, fragte der Polizist.

»Ich weiß es nicht! Der Jimmy hat mir schon oft gesagt, dass er seine Mutter eines Tages demütigen muss, damit sie begreift, was sie ihm angetan hat. Das hat er jetzt scheinbar gemacht – aber so wirklich besser ging es ihm hinterher nicht. Letzte Nacht hat er fast geweint und mich angefleht, dass ich ihn nicht verlassen soll. Das brauche ich jetzt nicht mehr, hat er gesagt, weil er mit seiner Mutter ein für alle Mal fertig ist.«

»Werden Sie ihn denn verlassen?«

»Nein!« Sie sprang auf. »Ich weiß schon, dass seine Mutter behauptet, er hätte sie vergewaltigt, aber das ist Unsinn. Ich kann mir das nicht vorstellen. Ich weiß nicht, was da genau passiert ist, aber dass der Jimmy aus heiterem Himmel einfach so über sie herfällt...« Sie schüttelte den Kopf. »... das glaube ich nicht.« Sie stieß Luft durch die Nase. »Das hätte sie wohl gern!«

Nach der Vernehmung von Martina Densborn rief der Beamte Victoria Garbes an. »Ihr Sohn hat seiner Freundin erzählt, dass er Ihnen in dieser Nacht etwas heimgezahlt hätte. Dass er Sie demütigen musste, damit Sie begreifen, was Sie ihm angetan haben. Können Sie sich vorstellen, was er damit gemeint hat?«, fragte er.

Kurz war es still in der Leitung, dann antwortete sie. »Nein«, sagte sie und räusperte sich, »nein, das kann ich mir nicht vorstellen.«

Die Staatsanwaltschaft erhob Anklage gegen James Surty wegen der Vergewaltigung seiner Mutter. Die Anklage schilderte die Tat genau so, wie Victoria Garbes sie bei der Polizei dargestellt hatte. Das zuständige Gericht beauftragte mich mit seiner Begutachtung.

Bei schweren Verbrechen ist es heute üblich, den Täter psychiatrisch begutachten zu lassen. Hintergrund ist, dass ein Straftäter nach deutschem Recht nur verurteilt werden darf, wenn er seine Tat schuldhaft begangen hat. Das ist der Fall, wenn ihm das Unrecht seiner Tat bewusst war und er in der Lage gewesen wäre, es zu vermeiden, wenn er also sehenden Auges Unrecht tat, obwohl er es hätte lassen können.

Das Gesetz geht davon aus, dass ein volljähriger Täter prinzipiell schuldfähig ist. Er ist es nur dann nicht, wenn im konkreten Fall einer der in § 20 StGB genannten Gründe für eine Schuldunfähigkeit vorliegt: eine krankhafte seelische Störung, eine tief greifende Bewusstseinsstörung, Schwachsinn oder eine schwere andere seelische Abartigkeit. Diese Begriffe sind hundert Jahre alt und in der psychiatrischen Behandlung nicht zeitgemäß. Da alle vier Phänomene aber Zustände in der Psyche des Menschen beschreiben, kann in der Regel ein Psychiater besser beurteilen als ein Jurist, ob sie beim jeweiligen Täter zur Tatzeit vorlagen.

Der Tiefe des Gesetzes kann man in wenigen Worten kaum gerecht werden. Zusammenfassend lässt sich aber Folgendes sagen: Wenn ich mit einem Gutachten zur Schuldfähigkeit beauftragt werde, dann besteht meine Aufgabe darin, herauszufinden, ob beim jeweiligen Täter eine psychische Auffälligkeit bestand, die ihn in der konkreten Situation daran gehindert hat, das Unrecht seiner Tat zu erkennen und dieser Erkenntnis entsprechend zu handeln.

Zum Beispiel kann ein Täter, der unter einer Psychose leidet, durchaus wegen des Diebstahls eines Apfels verurteilt werden, wenn er den Apfel stahl, weil er im Einkaufskorb seiner Nachbarin so appetitlich aussah. Hat der Betroffene den Apfel jedoch gestohlen, weil die Stimmen in seinem Kopf ihm verraten haben, dass die Nachbarin ihn mit eben diesem Apfel vergiften möchte, so dürfte er schuldunfähig gewesen sein.

Die Frage nach der Schuldfähigkeit eines Täters hat Auswirkungen auf seine Bestrafung. Ein schuldfähiger Täter wird verurteilt. Ist ein Täter vermindert schuldfähig, so fällt seine Strafe milder aus. Ist er schuldunfähig, ist eine Bestrafung nicht möglich. In diesem Fall greifen sogenannte Maßnahmen der Besserung und Sicherung: Das Gericht kann den Täter zum Beispiel in die Psychiatrie einweisen. Stattdessen oder ergänzend hat es die Möglichkeit, ihm ein Berufsverbot aufzuerlegen und den Führerschein zu entziehen.

Mein Auftrag war es also, herauszufinden, ob James Surty in der Nacht, in der er seine Mutter mutmaßlich vergewaltigt hatte, schuldfähig gewesen war oder nicht. Man schickte mir Akten über den Fall zu, die unter anderem die Protokolle der Vernehmungen von Victoria Garbes und Martina Densborn enthielten. Der Fall an sich war schon ungewöhnlich. Söhne, die ihre Mütter vergewaltigen, sind auch für mich selten. Zusätzlich neugierig machte mich aber die Aussage seiner Freundin: Was in aller Welt zahlte man seiner Mutter heim, indem man mit ihr schlief?

Entsprechend gespannt war ich darauf, den jungen Mann kennenzulernen und seine Version der Geschichte zu hören. Da er vorläufig festgenommen worden war, traf ich ihn im Untersuchungsgefängnis. Als Gutachter darf man mit den Gefangenen unter vier Augen sprechen, ohne dass ein Wachmann mit im Raum ist. Ich passierte die Sicherheitskontrolle des Gefängnisses, gab mein Handy und alle sonstigen Wertgegenstände an der Pforte ab, packte meine Tüte mit Brezeln und betrat den Besucherbereich.

Wenn ich ins Gefängnis gehe, habe ich in der Regel Brezeln und eine Kanne Tee mit zwei Tassen dabei. In den meisten Gefängnissen gibt es nämlich während der Begutachtung nichts zu essen. Mit etwas Glück bekomme ich etwas zu trinken, mit einer einzelnen Tasse, nur ganz selten wird an den Gefangenen gedacht. Insofern bringe ich meine Ausrüstung lieber selber mit. Einerseits tue ich das, weil sich die Gefangenen freuen, Brezeln sind für sie etwas Besonderes, und in den nüchternen Räumen wird es zumindest ein bisschen gemütlicher, wenn es etwas zu essen gibt. Andererseits erfüllt das Essen eine Funktion im Zusammenhang mit meiner Arbeit. Ich kann sehen, wie mein Gegenüber auf meine Mitbringsel reagiert. Paranoide Gefangene etwa essen ihre Brezel nicht, sie könnte schließlich vergiftet sein. Den Tee trinken sie erst, wenn ich mir aus derselben Kanne auch eine Tasse eingegossen und getrunken habe. Darüber hinaus enthält die Brezel ein Element der zwischenmenschlichen Verführung. Wie eine gute Mutter versorge ich den Gefangenen mit etwas zum Essen und stelle dadurch in kurzer Zeit Nähe her. Nähe, die es meinem Gesprächspartner erleichtert, sich zu öffnen, was mir wiederum hilft, die emotionalen Hintergründe seiner Tat zu verstehen. Für die Begutachtung ist es essenziell, eine gute Atmosphäre zu schaffen und das Vertrauen des Gegenübers zu gewinnen. Hierbei können Brezeln, meiner Erfahrung nach, sehr nützlich sein.

Herr Surty stand auf, um mir die Hand zu geben. Seine Mutter hatte recht, er war ein attraktiver junger Mann. Man sah ihm an, dass ihm sein Körper wichtig war. Er hatte eine sportliche Figur und leuchtend weiße Zähne, die sichtbar wurden, als er mich zur Begrüßung anlächelte: »Freut mich, Sie kennenzulernen.«

Ich stellte mich vor und erklärte ihm die Dinge, die ich all meinen Gutachtenskandidaten vor unserem ersten Gespräch erkläre: »Meine Aufgabe ist es, herauszufinden, ob Sie zum Zeitpunkt der Tat schuldfähig waren oder nicht. Die Teilnahme an der Begutachtung ist für Sie freiwillig. Wenn Sie sich aber mit mir unterhalten, bin ich nicht zur Verschwiegenheit verpflichtet. Die ärztliche Schweigepflicht gilt hier nicht. Ich bin dafür da, dem Gericht Ihre Beweggründe bei der Ihnen zur Last gelegten Tat zu erklären und Sie als Mensch verständlicher zu machen. Im Gegensatz zur Polizei oder zur Staatsanwaltschaft ermittle ich nicht gegen Sie. Ich bin aber dazu verpflichtet, alle Informationen aus unserem Gespräch, die mir wichtig erscheinen, weiterzugeben. Mein Job ist es, das Gericht in einer öffentlichen Hauptverhandlung über Sie zu informieren.«

Herr Surty war – wie die meisten seiner Leidensgenossen – gerne bereit, sich mit mir zu unterhalten, Schweigepflicht hin oder her. Menschen, die im Gefängnis sitzen, sind üblicherweise dankbar für die Möglichkeit, mit jemandem ein ausführliches Gespräch zu führen. Sie genießen es, einen Ansprechpartner zu haben, gehört zu werden, sich erklären zu dürfen. »Noch nie wollte jemand so viel von mir wissen«, sagen sie oft, oder: »Noch nie hat mir jemand so aufmerksam zugehört.«

Mir selbst bereiten diese Gespräche, trotz ihrer Tragik, durchaus Freude. Neben dem Leid, das sich mir zeigt, ist es auch befriedigend, jemandem durch bloßes Nachfragen und Zuhören etwas Gutes zu tun. Mich interessiert der Mensch hinter der Tat, seine Lebensgeschichte und seine Motivation. Meine Gesprächspartner wiederum lernen durch unsere Gespräche oftmals etwas über sich selbst und ziehen so bereits aus der Situation der Begutachtung einen Gewinn. Zudem liegt im Gefängnis die jeweilige Tat klar auf dem Tisch. Wenn ich nicht begutachte, bin ich unter anderem als Psychotherapeutin tätig. Die Patienten auf meiner Couch sträuben sich oft gegen den Gedanken, dass sie sich anderen gegenüber verletzend verhalten haben. Es braucht viel Zeit und Geduld, ihnen zu vermitteln, dass wir auch und gerade gegenüber Menschen, die uns nahestehen, nicht nur »gut« sind, sondern durchaus auch egoistisch oder schadenfroh, dass wir nicht rund um die Uhr nur das Beste für unsere Mitmenschen wollen. Bei Straftätern spare ich mir diesen Aufwand. Mit ihnen muss ich nicht diskutieren, *dass* sie einen Fehler gemacht haben. Mit ihnen darf ich sofort an den viel spannenderen Fragen arbeiten, *warum* ihnen dieser Fehler unterlaufen ist und wie sie lernen können, ihn zu vermeiden.

Ich schlug Herrn Surty vor, nicht direkt mit der Tat zu

beginnen, sondern erst einmal über seine Familie und seine Lebensgeschichte zu sprechen. Auch diesen Vorschlag mache ich immer, und meine Gesprächspartner gehen gerne darauf ein. Für sie ist es leichter, von ihrer Familie zu erzählen als von der Tat, selbst wenn die Tat, wie hier, mit ihrer Familie zu tun hat. Dabei sind die Informationen zur Lebensgeschichte der mutmaßlichen Täter in den meisten Fällen viel aussagekräftiger als ihre Meinung zur Tat. Das bedeutet, wir profitieren beide: Mein Gutachtenskandidat fühlt sich auf sicherem Terrain, und ich bekomme in verhältnismäßig entspannter Atmosphäre schnell die Informationen, die mich am meisten interessieren.

James Surty wurde als ältestes von vier Kindern in Südafrika geboren. Seine Mutter war Anfang zwanzig, als er auf die Welt kam, seinen Vater hatte er nie kennengelernt. »Eines Tages werd ich ihn suchen gehen«, sagte er zu mir und kaute an seiner Brezel, »dann kann mich keiner aufhalten.«

Herr Surty und seine drei Halbgeschwister, von denen jedes einen anderen Vater hatte, kamen nach der Geburt zu den Eltern seiner Mutter. Zusätzlich zu ihren eigenen neun Kindern kümmerten sich die Großeltern nun auch noch um die vier Enkel.

Wer dreizehn Kinder unterschiedlicher Altersstufen aufzieht, der muss effizient sein – und pragmatisch. Er muss sich darum kümmern, dass die notwendigen Rahmenbedingungen für das Aufwachsen der Kinder gegeben sind, darauf achten, dass sie satt und gesund sind und keines verloren geht. Wenn er seinen Job gut macht, sind alle dreizehn Kinder körperlich wohlauf, ordentlich angezogen und gehen in die Schule. Die Großmutter von Herrn Surty machte ihren Job gut, ihr gelang all das. Was ihr nicht mehr gelingen konnte, war, auf alle dreizehn Kinder individuell einzugehen, ihnen allen eine konstant verfügbare Ansprechpartnerin zu sein. Das war, bei aller Liebe, nicht drin. Er hatte somit keine erwachsene Bezugsperson, die sich so ausschließlich auf ihn konzentrieren konnte, wie er es gebraucht hätte. Auf diesen Mangel an emotionaler Zuwendung reagierte er, indem er lernte, sich allein zu beschäftigen, und, wie seine Freundin es bei ihrer Vernehmung beschrieben hatte, indem er in seiner eigenen kleinen Traumwelt verschwand.

Noch in Afrika baute er sich von seinem Taschengeld eine Taubenzucht auf und verbrachte von da an die meiste Zeit mit den Tieren. Vor den Menschen wollte er am liebsten seine Ruhe haben.

Seine Großeltern nannte er Mama und Papa, obwohl er immer wusste, dass sie nicht seine leiblichen Eltern waren. Seine Mutter sah er nur hin und wieder, wenn sie die Familie besuchte. Solange er in Afrika lebte, kam sie etwa einmal im Monat zu Besuch, brachte ein Geschenk mit und ging wieder.

Als Herr Surty neun Jahre alt war, lernte seine Mutter den deutschen Touristen Detlef Garbes kennen, heiratete ihn noch in Afrika und ging mit ihm nach Deutschland. Ihre beiden jüngsten Kinder nahm sie gleich mit. Herr Surty und sein jüngerer Halbbruder blieben in Südafrika und wurden vier Jahre später nachgeholt.

Er wusste wenig über das Leben in Deutschland. In seinem Dorf hatte er gehört, dass die Deutschen erst ihre Familien umbrächten und dann sich selbst, außerdem gäbe es in Deutschland kein Fleisch. Sein Onkel sagte zu ihm, wenn er erst einmal in Deutschland sei, werde er nie mehr nach Hause zurückkehren.

Trotz allem freute er sich auf Deutschland. Seine Mutter brachte Spielwarenkataloge mit nach Afrika und machte große Versprechungen. Außerdem konnte er seinen Mitschülern erzählen, dass in Deutschland sein Vater auf ihn wartete. Wenn er das sagte, dann dachte er an Detlef. Auf den freute er sich am meisten. Manchmal sagte er sich, dass er hauptsächlich wegen Detlef nach Deutschland kam, dass es sich lohne, ans andere Ende der Welt zu ziehen, wenn man dafür einen Vater bekommt. Dennoch begannen sein Bruder und er noch in Johannesburg am Flughafen zu weinen und ihre Entscheidung zu bereuen. Es fühlte sich mit einem Mal falsch an, ihre Heimat zu verlassen.

Als sie in Deutschland landeten, warteten seine Mutter und Detlef am Flughafen auf sie. Herr Surty wusste nicht recht, wie er die beiden begrüßen sollte. Er entschied sich für einen Handschlag, seine Mutter für eine Umarmung. Sie griffen aneinander vorbei, und er fühlte sich, als hätte er sich in einer fremden Person verfangen.

Als sie aus dem Flughafen kamen, fing es an zu regnen. Die beiden Brüder zogen ihre Pullover aus, wie es in ihrer Heimat bei Regen üblich ist. Einige der Umstehenden lachten. Als sie auf der Rückbank des Autos saßen, die Mutter in der Mitte, die beiden Brüder rechts und links, konnte er sich kaum bewegen. Sie versuchte einige Male, ihren Sohn zu umarmen, während er sich bemühte, wenigstens ein bisschen Abstand zu ihr zu halten.

»Warum war es Ihnen wichtig, ihr nicht zu nahe zu kommen?«, fragte ich ihn.

Er sah mich verständnislos an. »Dreizehn Jahre lang hab ich sie nie gesehen. Und dann kam plötzlich diese Frau und tat, als wär sie meine Mutter. Nach drei Minuten wollt die einen auf

Familie machen. Ich hab mich ja wirklich auf Familie gefreut, aber das ging mir dann doch zu schnell.« Er hob die Hände. »Überhaupt war das eine Schnapsidee, das mit Deutschland«, sagte er und schenkte mir ein strahlendes Lächeln.

Sein Lächeln erschien mir an dieser Stelle derart unpassend, dass ich ihn darauf ansprach: »Warum lächeln Sie? Ihnen ist doch gar nicht nach Lächeln zumute!«

Er sah an mir vorbei und strich sich über die Wangen, wie um sie zu entspannen.

»Stimmt scho«, sagte er dann, »mir wär mehr zum Heulen.« Er strich sich noch einmal über die Wangen. »Aber ich kann mit dem Grinsen ned aufhören. Ich schaff's einfach nicht. Ich weiß schon, dass das deppert ist, aber ich kann's nicht abstellen.«

Erst im weiteren Verlauf des Gesprächs, als er zunehmend Vertrauen zu mir fasste, wurde seine Mimik stimmiger und passte zu den Themen, über die wir gerade sprachen. Sein inadäquates soziales Lächeln, wie man es in Fachkreisen nennt, verschwand. In den Momenten, in denen er mich traurig oder wütend ansah, in denen er aus der Rolle fiel, erkannte ich, dass ich ihn erreicht hatte.

Am Ende unseres Gesprächs bat ich ihn, in der Zeit bis zu unserem nächsten Treffen für mich aufzuschreiben, wie sich sein Verhältnis zu seiner Mutter nach seiner Ankunft in Deutschland entwickelt hatte. Das Ergebnis war aufschlussreich.

Er schrieb, dass seine Mutter von Anfang an körperliche Nähe gesucht hatte. Morgens hatten sie sich oft gemeinsam im Bad aufgehalten, und weil sie nur schlecht an ihren Rücken herankam, sollte er sie dort waschen. Sie hatte ihn auch immer wieder gebeten, den Badezimmerboden zu wischen, und sich dann dort umgezogen, während er mit dem Wischlappen auf dem Boden herumkroch. Wenn sein Stiefvater zu Hause war und im Wohnzimmer fernsah, machte er Hausaufgaben in der Küche. Seine Mutter gesellte sich in diesen Momenten zu ihm und erkundigte sich, wie er vorankam. Immer öfter trug sie dabei nur Unterwäsche.

Irgendwann einmal kam sie von der Arbeit nach Hause und bat ihn, ihre schmerzenden Beine zu massieren. Das tat ihr so gut, dass sie ihn immer öfter dazu aufforderte, bis es mehr oder weniger normal war, dass er sie abends massierte. Sie war sehr launisch, aber mit den Massagen gelang es ihm, sie zu besänftigen.

An einem Tag im Frühling taten ihr nach Wetterumschwüngen die Hüften weh, und sie bat ihn, sie auch dort zu massieren. Einerseits war ihm das nicht unrecht, weil er so länger aufbleiben durfte als seine Geschwister. Andererseits erfüllte ihn der Anblick seiner Mutter, die nur halb bekleidet vor ihm auf der Couch lag, mit Scham. Er war unsicher, ob sie mit seinen Massagen zufrieden war, aber sie sagte ihm immer wieder, wie gut sie ihr täten und dass er sie durch das Massieren gesund mache. Seine Massagen halfen ihr gegen alles Mögliche, gegen Kopfweh, gegen müde Beine, gegen Rückenschmerzen und gegen Muskelkater. Den hatte sie besonders oft zwischen den Schenkeln um ihren Slip herum. Er wusste nicht recht, wie fest er hier drücken durfte, also nahm seine Mutter seine Hand und führte ihn. Das Massieren wurde zu einem festen Ritual zwischen ihnen beiden, und bald verbot seine Mutter es ihm – anders als ihren anderen Kindern –, Freundinnen mit nach Hause zu bringen.

Was in diesen Jahren zwischen Herrn Surty und seiner Mutter passierte, könnte niemand besser beschreiben als er selbst:

Unsere Beziehung bestand aus Streicheleinheiten und Schmusen. Ich wurde, um es deutlich auszudrücken, ihr körperlicher Betreuer. Sie war meine hilfreiche Lehrerin, die mir stets sagte, wie es zu machen wäre. Sie hat mir ihren Körper von Kopf bis Fuß zugänglich gemacht und hilfreich meine Hände geführt.

Meine Mutter wusste, wie sie mich für sich gewinnen konnte. Sie hat meine Talente entdeckt und versprochen, mir zu helfen. Versprechen hat sie mir generell viele gemacht – und keins davon gehalten. Auch Geschenke hab ich nie von ihr bekommen – meine Geschwister schon. Alles, was sie mir gab, waren Liebkosungen, war ihre Liebe.

Das war viel mehr wert als alle Geschenke, aber es hat mich auch abhängig gemacht. Sie hat mich zu allem bewegen können, weil sie mich mit ihrer Liebe belohnt hat, mit Zärtlichkeiten. Ich war ihr ständig unterlegen, und daran gewöhnte ich mich so sehr, dass es sich für mich irgendwann angenehm anfühlte. Meine Unterlegenheit wurde immer größer, ohne dass ich mich dagegen wehren konnte. Sie war einfach zu liebevoll.

Die Liebe einer Mutter zu ihrem Kind ist, solange das Kind klein ist, eine mächtige Liebe. Das Kind ist existenziell von der Mutter abhängig und auf die Mutter fixiert, die es umsorgt und alle relevanten Entscheidungen für es trifft. Mit kleinen Schritten, im Kindergarten, in der Schule und schließlich in der Pubertät, wandelt sich die Mutter-Kind-Beziehung. Das Kind bemüht sich um Selbstständigkeit und beginnt, sich von der Mutter zu lösen. Die Mutter muss es in gewisser Weise ziehen lassen. Sie muss es eigene Entscheidungen treffen, eigene Wege gehen lassen. Aus einer anfangs mächtigen Liebe wird zunehmend eine ohnmächtige. Frau Garbes trat dieser gesunden Entwicklung entgegen, indem sie ihren Sohn mit unfairen Mitteln und auf einer Ebene, mit der sie seine Grenzen verletzte, an sich band. Sie machte ihn emotional von sich abhängig, indem sie ihn manchmal zu ihrem Sexualpartner auserwählte – ihn damit auch gegenüber ihrem eigenen Ehemann bevorzugte – und ihn dann wieder zurückwies, sobald sich jemand Interessanteres gefunden hatte, zum Beispiel ein Amerikaner.

Gleichzeitig brachte sie ihn in einen inneren Konflikt. Ein Teil von ihm sagte: Ich will, dass du meine Grenzen respektierst, dass du die Generationenfolge wahrst. Ich will von dir unabhängig werden!

Ein anderer Teil von ihm, der in seiner Entwicklung zu einem pubertierenden jungen Mann immer stärker wurde, sagte: Ich will Sexualität!

Angesichts der Verführung durch seine Mutter war Herr Surty gezwungen, diesen Konflikt auszuhalten. Die beiden Pole »Ich will Unabhängigkeit« und »Ich will Sexualität« bogen den Teenager wie einen jungen Zweig. Die Menschen sind unterschiedlich gut darin, solche Konflikte zu bewältigen, manche Zweige sind dicker oder flexibler als andere. Allen gemein ist, dass sie bei Überlastung brechen. Innere Zweige brechen besonders leicht, wenn weiterer Ballast hinzukommt, der von dem konkreten Konflikt völlig unabhängig sein kann. Verliert der Betroffene zum Beispiel seinen Arbeitsplatz oder eine wichtige Bezugsperson, gerät er in eine Lebenskrise und hält einen möglicherweise seit Jahren oder Jahrzehnten bestehenden Konflikt nicht mehr aus. In solchen Momenten können Straftaten geschehen.

Bei unserem nächsten Treffen bat ich Herrn Surty, mir zu erzählen, wie er die Nacht der angeblichen Vergewaltigung erlebt hatte.

Was den Verlauf des Abends anging, waren seine Mutter

und er sich einig. Ich erfuhr von ihm allerdings, dass seine Mutter ihn auf ihren Ausflügen nie als ihren Sohn, sondern wahlweise als ihren Bruder oder einen Freund ausgab. Erst als es um die Heimfahrt ging, wich sein Bericht von dem seiner Mutter ab.

Er erzählte mir, dass er sich bei der Freundin seiner Mutter irgendwann überflüssig gefühlt hatte. Er hatte gesehen, wie seine Mutter einen der Amerikaner unter dem Tisch zwischen den Beinen streichelte, und war sicher gewesen, dass der Abend für sie noch länger dauern würde. Also hatte er sich verabschiedet und war entsprechend überrascht, als sie sich zu ihm ins Auto setzte. Auf der Fahrt sagte sie ihm, dass sie eigentlich noch nicht nach Hause wollte. Sie streichelte während der Fahrt seinen Kopf und legte ihm die Hand auf den Oberschenkel. Mit der Zeit wurde er immer nervöser, bis er ihr irgendwann anbot, sie zurück zu ihrer Freundin zu fahren. Das Angebot lehnte sie ab, forderte ihn aber auf, an einer Einbuchtung zu halten und zu rauchen.

»Worüber reden wir jetzt?«, fragte sie ihn, als sie beide unschlüssig auf einer Wiese neben dem Wagen standen.

»Wenn wir miteinander schmusen, brauchen wir überhaupt nichts zu reden«, antwortete er. Er holte eine Decke aus dem Kofferraum und breitete sie zwischen ihnen beiden aus. Sie standen noch eine Weile um die Decke herum, bis er sie in den Arm nahm und küsste. Sie streichelten sich, und irgendwann begannen sie damit, sich auszuziehen. Er war unsicher, wie weit er gehen sollte, doch seine Mutter öffnete seine Hose, schob sie ihm bis zu den Knien hinunter und streichelte seinen Penis. Als er ihren Rock öffnen wollte, verbot sie ihm das erst. Doch nachdem er seine Hand in ihre Unterwäsche geschoben und gespürt hatte, wie feucht sie war, sagte er ihr, dass sie ihm nichts vorzumachen brauchte, dass er fühlte, wie sehr sie es wollte. Sie stritt das ab, aber er konnte spüren, dass sie immer erregter wurde, bis sie ihn aufforderte, sich auf sie zu legen. Er wollte nur mit Kondom mit ihr schlafen, schließlich kannte er ihren Lebenswandel. Sie reagierte beleidigt und sah seine Vorsicht als Misstrauen. Er zog sich immer wieder ein Kondom über, seine Mutter riss es ihm herunter oder machte es mit ihren Fingernägeln kaputt. Mindestens vier Kondome zerstörte sie so und versuchte, ihn mit der Hand zu befriedigen, aber diesmal wollte er es zu Ende bringen.

»Irgendwann war ich dann in ihr, und ich bin ganz sicher, dass sie das auch gewollt hat«, sagte er zu mir, »das hat sie schon immer gewollt.« Forschend sah er mich an.

Hinterher fragte seine Mutter ihn, ob er Martina erzählen werde, dass sie miteinander geschlafen hatten. Er antwortete, dass das möglich sei, Martina sei schließlich seine Freundin.

»Ehrlich gesagt, hab ich da schon ganz genau gewusst, dass ich es ihr verzähl.« Er richtete sich auf. »Ich wollt, dass sie es weiß, damit ich von da an in Frieden mit ihr zusammenleben kann. Ich will ein Kind mit ihr. Und da, bei der Nacht, wollte ich, dass sie weiß, dass ich jetzt mit meiner Mutter fertig bin.« Er sah mich an.

»Inwiefern waren Sie fertig mit ihr?«

Er suchte nach Worten. »Ich hab immer gewusst, dass meine Mutter unfair zu mir war. Erst hat's mich bei meinen Großeltern gelassen, dann mehr oder weniger alleine in Afrika. Und als ich endlich zum ersten Mal bei ihr sein konnt, da ist's mir dann zu nahe gekommen.«

Er hielt inne und fixierte mich. Als ich nickte, fuhr er fort.

»Ich musste sie demütigen, damit sie schnallt, was sie mit

mir gemacht hat, was sie mir antan hat. Ich hab immer die Vorstellung gehabt, dass meine Mutter für mich gestorben sein würd, wenn ich erst einmal mit ihr geschlafen hätt. Dann hätt sie von mir kriegt, was sie all die Jahre hat haben wollen, warum sie mich all die Jahre belästigt hat.« Er senkte den Blick. »Meine Mutter hat nie was anderes von mir haben wollen als das, da bin ich mir ganz sicher.« Einen Moment lang betrachtete er seine Hände.

»Ich dacht, wenn wir miteinander schlafen, dann könnt ich mich endlich von ihr trennen, und wir beide könnten ein eigenes Leben haben. Für mich war das ein Abbruch, der Beginn getrennter Wege. Vielleicht hab ich in der Nacht deshalb so geweint.« Herr Surty sah auf. »Für mich war des ein Abschied.«

Seine Mutter sah das anders. Nach dem Sex sagte sie zu ihm, dass sie niemandem von der Sache erzählen werde, und von ihm verlangte sie, es genauso zu machen. Wenn er herumerzählen würde, dass sie miteinander geschlafen hatten, dann würde er sie vor allen Leuten als Hure hinstellen, er würde sie bloßstellen.

Er stritt das ab, wollte ihr aber nicht versprechen, die Geschichte für sich zu behalten. Für ihn und seine Bewältigung des Geschehens war es gerade entscheidend, die nächtlichen Ereignisse öffentlich zu machen.

»Wenn ich ihr versprochen hätte, dass ich das niemandem verzähl, dann wär das zwischen ihr und mir einfach weitergangen«, sagte er. »Ich kann Ihnen grad sagen, wie das gelaufen wär: Ich hätt ihr gesagt, dass ich mit ihr nichts mehr haben will, sie hätt mich ein paar Tag in Ruh gelassen, dann hätt sie mich wieder angerufen und angebettelt, zu ihr zu kommen, weil sie mich braucht, weil ich ihr großer Bua bin, und so weiter. Es hätt mich wieder zu ihr hinzogen, ich wär wieder hinfahren, ich komm nämlich immer, wenn sie mich braucht. Aber wenn ich sie brauch, dann ist nichts, dann hilft's mir nicht, dann lacht's mich aus. Daheim ist sie immer lieb zu mir, Busserl hier, Busserl da, aber sobald wir draußen sind, macht sie sich lustig über mich und stellt mich wie an Deppen hin.« Er ballte die Fäuste.

»Selbst wenn ich mich geweigert hätt, zu ihr zu kommen, was ich nicht glaub, dann hätt ein paar Tage später mein Stiefvater angeläutet, ob er nicht noch ein Werkzeug bei mir hat und ob ich das nicht vorbeibringen könnt. Die fädeln das immer wieder so ein, dass ich heimfahren muss. Dabei will ich das nicht mehr, ich will, dass endlich a Ruh ist!« Er schlug mit der Hand auf den Tisch.

»Ich weiß, dass das egoistisch ist, vor allem wegen meinem kleinen Bruder. Als ich letzt heimkommen bin, hab ich gesehen, wie die beiden auf dem Kanapee gehockt sind und meine Mutter das Massageöl schnell hinter ihrem Buckel versteckt hat. Ich weiß, dass er in Gefahr ist, wenn ich jetzt geh, aber ich kann einfach nimmer. Also habe ich gesagt, dass ich es nicht für mich behalt.« Er atmete tief ein. »Damit endlich Schluss ist!«

Eine Weile saß er still da und sah mich an.

»Ich glaub, deshalb hat sie mich angezeigt«, fügte er hinzu und seufzte. »Saublöd nur, dass ich das nicht beweisen kann.«

Ich betrachtete den schönen jungen Mann, der mir gegenübersaß. »Was waren das denn für Kondome, die Sie mit Ihrer Mutter benutzt haben?«, fragte ich ihn.

»Meine Lieblingspariser«, sagte er. »Das sind besonders schöne, glänzend, feucht und schwarz, die haben eine richtig angenehme Oberfläche. Deshalb hat's mich auch so geärgert, dass sie mir drei oder vier kaputt gemacht hat.«

»Haben Sie das mit den schwarzen Kondomen schon der Polizei erzählt?«

»Nein«, sagte Herr Surty. »Ist das wichtig?«

»Tun Sie es doch mal«, ermunterte ich ihn und verabschiedete mich.

Wenige Tage später geschah etwas, das mir noch nie passiert ist, weder vor noch nach dieser Begutachtung: Der zuständige Richter rief mich an und fragte mich nach Dingen, für die ich überhaupt nicht zuständig war.

»Und?«, fragte er. »Hat er? Oder hat er nicht?«

»Hat er was?«, fragte ich. »Mit ihr geschlafen? Hat er.«

»Nein«, sagte er. »Sie vergewaltigt?«

»Hat er nicht«, sagte ich. »Meiner Meinung nach war das einvernehmlich.«

Im gleichen Moment wurde mir bewusst, dass ich auf fremdes Terrain entführt worden war. Das Gericht fragt den Psychiater im Prozess ausschließlich danach, ob der Angeklagte in der Lage war, das Unrecht seiner Tat zu erkennen und dieser Erkenntnis entsprechend zu handeln. Hierbei geht es also um Fragen, die die Psyche des Täters betreffen. Ob der Verdächtige die angeklagte Tat aber überhaupt begangen hat, wie sich also das tatsächliche Geschehen abgespielt hat, über diese Frage entscheidet allein das Gericht. Insofern war ich – offiziell betrachtet – die völlig falsche Ansprechpartnerin.

»Ist es nicht Ihr Job, das herauszufinden?«, schob ich nach.

»Stimmt«, lenkte der Richter ein. »Ich tue mein Bestes!«

Kurz darauf entließ das Gericht James Surty aus der Untersuchungshaft. Die Verhandlung begann für ihn dennoch unerfreulich. Die Wunde an seiner Stirn machte Staatsanwaltschaft und Gericht stutzig. Seine Mutter behauptete, sie habe ihn mit ihrem Schlüssel geschlagen, um sich zu verteidigen. Er sagte aus, er könne sich nicht mehr daran erinnern, wie es zu dieser Wunde gekommen sei. Zu diesem Zeitpunkt erschien den meisten Prozessbeteiligten die Darstellung seiner Mutter plausibler als seine. Im weiteren Lauf der Verhandlung kam ihm jedoch seine Kondom-Wahl zugute. Er benutzte am liebsten schwarze Kondome, weil die zu seiner Hautfarbe passten. Bei der Polizei hatte er ausgesagt, dass seine Mutter und er auf der Wiese neben der Landstraße mehrere dieser Kondome benutzt hatten. Als die Polizisten an den Tatort kamen, stellten sie enttäuscht fest, dass die Wiese soeben gemäht worden war, und wollten gerade wieder wegfahren, als einer der Beamten kleine schwarze Schnipsel im frisch gemähten Gras entdeckte. Anhand der gehäckselten Latexstückchen ließ sich belegen, dass an dieser Stelle mindestens drei schwarze Kondome benutzt worden waren. Das wiederum stand mit der Aussage von Victoria Garbes im Widerspruch. Weder Richter noch Staatsanwaltschaft konnten sich vorstellen, dass ihr Sohn seine durchaus große und kräftige Mutter überwältigt, festgehalten, vergewaltigt und sich nebenbei noch mindestens drei Kondome übergezogen hatte.

Zudem tauchte im Verfahren ein Brief auf, den er aus der Haft an seine Mutter geschrieben hatte und der allen Beteiligten sehr naheging:

Hallo Mama, ich schreibe Dir diesen Brief, liebe Mama, weil mir erst jetzt bewusst wird, was wir überhaupt getan haben. Ich habe in all den Jahren meines Lebens Mutterliebe gesucht. Vielleicht hast Du Dich auch nicht leichtgetan, mir diese Liebe zu geben. Jetzt bin ich zwanzig Jahre alt und weiß immer noch nicht, wie diese Liebe ist. Ich wollte von der Zeit an, als ich bei Dir gewohnt habe, genauso lieben und geliebt werden wie andere Kinder auch, aber wo ich Lob und Liebe gesucht hab, wurde ich bestraft. Auf meiner Suche nach Liebe bin ich auf den falschen Pfad geraten, wie mir scheint. Anstatt Liebe zu finden, bin ich auch diesmal wieder bestraft worden. Wohin soll das denn führen, diese Hassliebe, bei der niemand weiß, wie er beim anderen dran ist? Bitte hilf mir, Mami, und schenke mir trotz allem die Liebe, die ich gesucht habe, die ich immer noch suche und von der ich nicht weiß, ob ich sie gefunden habe.

Dein Liebe suchender Bub Jimmy

James Surty wurde vom Vorwurf der Vergewaltigung freigesprochen, jedoch wegen Inzests zu einer Geldstrafe verurteilt. Seine Mutter wurde nie strafrechtlich verfolgt.

Noch im Gerichtssaal informierte ich den Vertreter des Jugendamtes darüber, dass James Surtys jüngerer Bruder möglicherweise Schutz von staatlicher Seite benötigte. Ich hoffe sehr, dass er ihn erhielt.

Rettende Irrfahrt

21. März 2004

Frida lag auf dem Rücken und sah zur Decke. Es gab keinen Grund, den Blick schweifen zu lassen, der Rest des Raumes war nicht spannender. Die Wände waren weiß, die Bettwäsche auch. Die Nadel in ihrer Ellenbeuge wurde von einem weißen Klebeband gehalten. An der Tür hing ein weißer Bademantel, selbst die Vorhänge waren weiß.

»Du machst das genau richtig«, sagte ihre Mutter in diesem Moment. »Es ist deine einzige Option. Eine andere Lösung gibt es nicht.« Sie lachte freudlos. »Also keine, die man ernsthaft diskutieren könnte.« Sie streichelte Fridas Hand und seufzte.

Frida versuchte, ihr die Hand zu entziehen, hatte dazu aber nicht mehr die Kraft. Sie steckte in einem – natürlich weißen – Kittel. Wenn sie das Kinn auf die Brust drückte, konnte sie gerade noch ihre langen roten Haare sehen, die sich wirr auf dem weißen Stoff verteilten.

»Du siehst aus wie ein Racheengel«, hatte ihre Mutter gesagt, als sie ihr den Kittel im Nacken zugebunden hatte.

»Wie ein blutiger Engel«, hatte Frida geantwortet und sich im Bett zusammengerollt.

»Nein wirklich, Kind, das ist der einzige Weg, wie du aus dem Schlamassel wieder herauskommst, in den du dich da hineinmanövriert hast.« Die Mutter drückte noch einmal zu, dann ließ sie ihre Hand los. Frida drehte den Kopf. Der Arm ihrer Mutter verschwand bis zum Ellbogen in ihrer Handtasche, dann zog sie ein Döschen heraus und frischte ihren Lidschatten auf. Der Braunton war perfekt auf ihre roten Haare abgestimmt.

Schnappend klappte die Dose zu. Sie sah Frida an. »Ich gehe jetzt, aber ich hole dich nachher ab.« Sie stand auf. Frida versuchte, sich aufzurichten, konnte aber kaum mehr die Augen offen halten. Ihre Zunge klebte am Gaumen, und ihr Puls schlug gegen das Trommelfell.

»In einer Stunde bin ich wieder da«, sagte die Mutter und winkte ihr zu. »Dann gehen wir zur Feier des Tages richtig schick essen!«

Frida versuchte zu protestieren. »Nimm mich mit«, sagte sie und stellte mit Erschrecken fest, wie leise ihre Stimme war. Mühsam schob sie einen Anflug von Panik beiseite. »Nimm *uns* mit!« Aber die Mutter hatte ihr schon den Rücken zugewandt. Das metallene Klacken der zufallenden Tür hörten beide nicht mehr.

3. August 2009

Der Tag war strahlend, ein wolkenloser Himmel lag über Straßburg, und doch sah sie weder die Schönheit der Stadt noch das makellose Wetter.

Bereits am frühen Morgen hatte sie ihre Sachen gepackt und sich dabei schmerzlich daran erinnert, dass sie eine goldene Regel des Reisens wieder einmal ignoriert hatte: Man durfte immer nur so viel einpacken, wie man tragen konnte.

»Wobei ich nicht wissen konnte, dass ich durch diese kleine Schwangerschaft gleich so kurzatmig werden würde«, erklärte sie ihrer besten Freundin Isa. »Wenn ich es im siebten Monat nicht mehr schaffe, zwei Koffer anzuheben, wie soll ich dann den neunten überleben?« Die beiden Frauen lachten.

Als sie fertig gepackt hatte, rief Isa sie zum Frühstück. Sie setzten sich noch einmal an den großen runden Küchentisch, aber eine lockere Stimmung wollte nicht aufkommen. Der Abschied war zu nah. Also aßen die zwei Freundinnen schweigend Seite an Seite und blickten auf einen der zahlreichen Kanäle der Stadt hinaus.

»Auch nach sechs Wochen kann ich mich an deiner Aussicht nicht sattsehen«, sagte sie zu Isa.

»Dann weißt du, warum ich mich hier genauso wohlfühle wie zu Hause in Alkmaar.« Isa tippte mit dem Zeigefinger einzelne Krümel von ihrem Teller. »Frankreichs Osten und Hollands Nordwesten haben mehr Gemeinsamkeiten als gedacht!«

Wenig später stiegen sie ins Auto – Isa lud die Koffer ein – und machten sich auf den Weg zum Flughafen. Sie hatte Isa erzählt, dass sie um neun Uhr einen Flug nehmen müsse und dabei mit dem Umschlag gewedelt, in dem sich zwar ihr Ticket für den Hinflug befunden hatte, der nun jedoch leer war. Dass sie gar keinen Rückflug gebucht hatte, wollte sie vor der Freundin nicht zugeben.

Isa nahm sie lange und fest in den Arm, um ihr und dem ungeborenen Kind alles Gute zu wünschen. Sie schloss die Augen und drückte ihre Wange gegen die der Freundin.

»Du hast dich wirklich verdient gemacht um mich und das Baby«, sagte sie.

»Nicht der Rede wert«, antwortete Isa und schob sie in Richtung Terminal. »Jetzt geh schon, sonst fange ich noch an zu heulen!«

Sie trat durch die Glastür und winkte Isa hinterher, die bereits auf dem Weg zurück zu ihrem Auto war.

»Eines Tages erzähle ich dir, dass du meinem Kind das Leben gerettet hast«, sagte sie leise, dann drehte sie sich um und machte sich auf die Suche nach einem Schalter, an dem sie ein Flugticket kaufen konnte.

Ihr Vorhaben war schwieriger als erwartet. Das Bodenpersonal gab ihr schnell und deutlich zu verstehen, dass es für diesen und den nächsten Tag keine Direktflüge von Straßburg nach Amsterdam gab. Außerdem erfuhr sie, dass alle Flüge mit Zwischenstopp entweder zwanzig Stunden dauerten oder ein Vermögen kosteten. Schließlich seien Sommerferien.

»Are you sure there is no way to reach Amsterdam within a day?«, fragte sie noch einmal und sprach dabei jedes einzelne Wort langsam und deutlich aus.

»Very sure«, sagte die uniformierte Dame am Schalter mit starkem französischem Akzent, verdrehte die Augen und stieß ihren Kollegen an. »Tell her!«

»Everything is completely booked, madame«, stimmte der zu und legte einen Arm um seine Kollegin. »But there are a lot of flights from Frankfurt to Amsterdam.« Er zeigte auf den Monitor. »You can try that if you want to.« Die beiden brachen in Gelächter aus, schüttelten den Kopf und wandten sich dem nächsten Kunden zu.

Ihr traten Tränen in die Augen. Sie setzte sich auf ihre Koffer und fächerte sich mit beiden Händen Luft zu. Als sie versuchte, den obersten Knopf ihres Kleides zu öffnen, bemerkte sie irritiert, dass ihre Hände zitterten.

»May I help you?«, sprach sie ein älterer Herr an.

»Danke, das ist sehr lieb von Ihnen.« Sie blinzelte sich die Feuchtigkeit aus den Augen und lächelte. »Ich muss nach Frankfurt. Das ist doch in Deutschland, oder?«

»Ja, das ist in Deutschland«, sagte der Mann, »und Sie kommen problemlos mit dem Zug hin. Die Fahrt dauert auch gar nicht lange.«

»Dafür müsste ich aber in der Lage sein, mein Gepäck zu bewegen.« Sie seufzte und machte eine ausladende Bewegung in Richtung ihrer Koffer.

Der Fremde zog die Brauen hoch. »Sie könnten mit dem Taxi fahren«, schlug er vor. »Also bis zum Bahnhof.«

Sie legte den Kopf schräg. »Dann muss ich das Gepäck aus dem Taxi und in den Zug heben und aus dem Zug wieder heraus ... Ich weiß nicht.« Sie strich über ihren Bauch. Mit einem Mal hellte sich ihre Miene auf. »Aber wissen Sie was?« Sie stand auf. »Ich glaube, Sie haben mich da auf eine Idee gebracht. Ich weiß jetzt, wie ich es mache. Vielen Dank!«

Der Fremde lächelte amüsiert und verabschiedete sich.

Mit einiger Mühe wendete sie ihren Kofferkuli und schob ihn aus dem Flughafengebäude. Sie winkte einem rauchenden Taxifahrer. »Frankfurt?«, fragte sie. »Airport?«

Die Augen des Mannes weiteten sich. »Yes!«, sagte er, warf die Zigarette auf den Boden und hielt ihr die Wagentür auf, dann verstaute er ihr Gepäck und fuhr los. Sie warf einen letzten Blick auf das sommerliche Straßburg, bat den pfeifenden Fahrer mit wilden Gesten, die Klimaanlage höher zu stellen, schloss die Augen und war kurze Zeit später eingeschlafen. Es war noch vor neun Uhr.

Elke Heinrich ging lächelnd und mit großen Schritten über die Frankfurter Goethestraße, zwischen den Fingern ließ sie ihre Ladenschlüssel klappern. Die Boutique auf der Nobel-Einkaufsmeile war ihr ganzer Stolz. Der Glanz der feinen Stoffe, ein blanker Parkettboden, der Geruch nach frisch ausgepackter Ware – sie konnte sich keinen schöneren Lebensmittelpunkt vorstellen. Sie ließ die Ladentür weit offen stehen, um zumindest ein wenig kühle Morgenluft hereinzulassen, verstaute dann ihre Garderobe in ihrem kleinen Lager und blieb vor einem winzigen Spiegel stehen. Mit der rechten Hand tastete sie sanft nach ihrer Frisur und erfühlte die Hornspange, die sie gestern erstanden hatte. Ein glattes schwarzes U mühte sich, ihre langen Haare zusammenzuhalten.

»Der Kontrast zu Ihrer roten Haarfarbe ist umwerfend«, hatte die Verkäuferin gesagt, die ihr Handwerk offenbar ähnlich gut verstand wie sie selbst. Dass die Frisur so instabil sein würde, hatte sie nicht erwähnt. Elke Heinrich zuckte vorsichtig mit den Schultern und setzte sich, erhobenen Hauptes, hinter ihren Tresen. Zehn Uhr. Die Kundschaft konnte kommen.

Sie erwachte erst, als der Taxifahrer sie sanft anstieß und auf sein Taxameter deutete. Stirnrunzelnd sah sie aus dem Fenster.
»Frankfurt«, sagte der Fahrer. »Airport. Pay, please.« Er deutete auf einen rot leuchtenden Betrag. 438. Sie schlug die Hand vor den Mund. Hektisch sah sie auf die Uhr. Es war halb zwölf.
»Mein Gott!«, entfuhr es ihr.
»Please pay, madame«, wiederholte der Taxifahrer und deutete auf seine Uhr. »Long way home.«
»Kann man wohl sagen«, murmelte sie, schloss die Augen und atmete dreimal ein und aus. Ihre fahrigen Hände brauchten mehrere Anläufe, bis sie die Kreditkarte aus dem Geldbeutel befreit hatten. Während der Taxifahrer 438 – diese Zahl würde sie so schnell nicht vergessen – in sein Lesegerät eingab, kreuzte sie die Finger hinter dem Beifahrersitz, hielt die Luft an und ließ sie erst wieder entweichen, als das Gerät ein bestätigendes Piepen von sich gab.
Der Taxifahrer belud einen Kofferkuli mit ihrem Gepäck und verschwand, während sie noch am Straßenrand ausrech-

nete, wie viel Spielraum ihrer Kreditkarte blieb. Vorsichtshalber rechnete sie gleich dreimal.

Im Terminal erwartete sie die nächste Enttäuschung: Alle Flüge nach Amsterdam an diesem Tag waren ausgebucht, sie würde erst am nächsten Mittag fliegen können. Sie verdrehte die Augen. »Ich hab's kapiert«, murmelte sie. »Flüge bucht man vorab. Ist ja recht.«

»Pardon?«, fragte die Dame vom Servicepersonal.

Sie schüttelte den Kopf und zog ihre Kreditkarte.

Im Anschluss half ihr eine Frau im Hosenanzug dabei, ihr Gepäck in einem Schließfach zu verstauen, und erklärte ihr mehrfach, wie sie den Mechanismus am nächsten Tag wieder öffnen konnte.

Als sie in die S-Bahn Richtung Innenstadt stieg, hatte sie nur noch ihre Handtasche bei sich. 12.50 Uhr. Ihr blieb jede Menge Zeit, um einen günstigen Schlafplatz für ihre hoffentlich letzte Nacht in der Fremde zu finden.

Elke Heinrich hatte die Ladentür angesichts der sommerlichen Temperaturen hinter ihrer neuesten Kundin geschlossen.

»Ich hole Ihnen das Kleid eine Nummer größer«, sagte sie und wandte sich zum Gehen.

»Nein«, sagte die Kundin und lächelte gewinnend. »Die Größe ist genau richtig. Mit ein bisschen Schwung bekommen Sie den Reißverschluss sicher zu.«

Elke Heinrich registrierte verdutzt, dass die Dame sie am Handgelenk gepackt hatte, und fast hätte sie darüber den Kopf geschüttelt – hätte ihre Frisur das zugelassen. Stattdessen forderte sie ihre Kundin noch einmal dazu auf, tief auszuatmen und unterzog das Designerkleid einer weiteren Belastungsprobe.

»Na also«, sagte die Dame, während sie sich vor dem Spiegel drehte, »sitzt wie angegossen!«

»Und scheint ein echtes Qualitätsprodukt zu sein«, kommentierte Elke Heinrich leise, während sie hinter ihre Theke trat und die Rechnung vorbereitete.

»Um Himmels willen«, hörte sie mit einem Mal ihre Kundin aus der Kabine. »Holen Sie mich aus dem Ding raus!«

Elke Heinrich kam ihr zu Hilfe.

»Drei Uhr schon, ich komme ja zu spät zum Kaffee!«

Sie schlenderte durch die Frankfurter Innenstadt und tippte eine SMS an ihren Lebensgefährten Ruud: *Ich komme bald nach Hause*, schrieb sie, *und ich vermisse dich.*

Ruud war von ihrer Reise nicht begeistert gewesen, besonders als sie ihren Aufenthalt Woche für Woche verlängert hatte. Er hatte nicht einsehen wollen, dass es für sie in Alkmaar zu gefährlich war, dass sie nicht früher zurückkommen konnte. Vor einem Herrenausstatter blieb sie stehen.

»Meinst du, wir finden ein Geschenk für den Papa?«, fragte sie ihren Bauch. »Vielleicht ein Hemd?« Sie trat näher an das Schaufenster heran und schüttelte den Kopf. »Das hatte ich mir schon gedacht, die Deutschen haben seltsame Kleidergrößen.« Sie ließ den Blick über die Geschäfte schweifen. »Ein Parfum? Ein Buch? Etwas Schönes zu essen? Was meinst du?« Mit der linken Hand strich sie über ihr Kleid.

Vor einem Laden für Outdoorartikel blieb sie stehen. »Das könnte etwas sein.« Ruud hatte vor Kurzem ein kleines Segelboot geerbt und war schwer begeistert von seinem neuen Hobby. Sie streifte durch das Geschäft. Neben wettertauglicher Kleidung gab es zum Thema Segeln hauptsächlich Taue. Aber ein Strick als Mitbringsel? Nun ja.

Ein silberner Gegenstand erregte ihre Aufmerksamkeit. Er stand für Sicherheit und Beständigkeit, Eigenschaften, die sie an Ruud schätzte. Außerdem passte er zu seinem Erbstück.

»Eigentlich hatte ich mir vorgenommen, nicht schwer zu heben«, sagte sie zur Kassiererin und deutete auf ihren Bauch, »aber der Kleine ist bestimmt auch dafür, dass wir dem Papa was mitbringen.«

»Ganz bestimmt.« Die Dame lächelte und packte das Geschenk in eine feste Plastiktüte. »Viel Spaß mit Ihrem neuen Anker!«

Der Kassenbon verriet: 16.24 Uhr.

Elke Heinrich hatte bis in den späten Nachmittag hinein alle Hände voll zu tun. Die Herbstkollektion fand bei ihren Kundinnen großen Zuspruch. Die Luxushotels der Stadt bescherten ihr zahlreiche ausländische Touristen, mit denen ihre Blusen, ihre Tücher und Schmuckstücke um die Welt reisten und irgendwo in weiter Ferne eine neue Heimat fanden.

»China«, hatte die letzte Kundin auf die Frage nach ihrer Herkunft geantwortet und sich ihren frisch erstandenen Seidenschal über die Schulter geworfen, »Schanghai.«

Für eine Verschnaufpause setzte sich Elke Heinrich hinter ihren Tresen und sah der Dame hinterher.

»Dann hat mein Schal bald mehr gesehen als ich«, seufzte sie und pustete sich eine Haarsträhne aus der Stirn.

»Mam?« Sie schrak zusammen, als eine junge Frau ihren Arm berührte.

»Sorry, I didn't mean to scare you.« Die Frau verkniff sich ein Lächeln. »I was just wondering if you could help me try this bracelet...« Sie hielt ihr ein Perlenarmband hin.

»Sure.« Elke Heinrich sprang auf und griff nach dem

Schmuckstück. »I'm sorry.« Sie sah auf das Armband. Eine andere Kundin schien die Seidenbänder, die als Verschluss dienten, verknotet zu haben. Sie schüttelte den Kopf und stieß Luft durch die Nase. Mit den Fingernägeln bearbeitete sie den Stoff.

»How much?«, fragte die Kundin.

»199 Euro«, antwortete Elke Heinrich und zerrte weiter an den Bändern. Die Kundin sah auf ihre Uhr.

»Just one second.« Sie hob das Band instinktiv in Richtung ihrer Zähne, ließ es aber schnell wieder sinken. »Let's see, maybe I have another one.« Sie stellte sich auf die Zehenspitzen und warf einen Blick über die Schulter der Kundin. Das Armband entglitt ihr und fiel zu Boden.

»I'm sorry«, wiederholte sie und ging in die Knie. Dabei blieb sie mit den Haaren an einem opulenten Gesteck hängen, das ihren Tresen schmückte. Mit einer Hand erwischte sie glücklicherweise die Vase, sodass die Blumenpracht stehen blieb. Ihre Frisur hingegen gab nach. Klappernd kam die neue Spange neben dem Perlenarmband zum Liegen. Lange rote Haare fielen über ihre Schultern und versperrten ihr einen Moment lang die Sicht.

»Sind die nicht in der Lage, Spangen herzustellen, oder bin ich nicht in der Lage, sie zu benutzen?«, murmelte Elke Heinrich und fuhr sich mit einer Hand wie mit einem Kamm von der Stirn in Richtung Nacken. Nun konnte sie wenigstens wieder etwas sehen. Sie strich sich eine letzte Strähne aus dem Blickfeld, bevor sie Armband und Spange einsammelte und sich erhob.

»So sorry«, sagte sie und schenkte ihrer potenziellen Kundin ein entschuldigendes Lächeln, während sie sich mit der freien Hand bemühte, ihre Haare über die Schulter zu werfen. Als sie jedoch dem Blick der jungen Frau begegnete, hielt sie in der Bewegung inne. Der Fremden entgleisten die Gesichtszüge. Ihre Augen weiteten sich vor Schreck, als stünde sie einem tollwütigen Fuchs gegenüber. Die Frau wich zurück und legte ihre linke Hand wie schützend auf ihren Bauch.

Minuten später kam die Polizei.

Am 3. August 2009 um 17.30 Uhr, hieß es später in der Anklage, schlug Frau Frida Brinkman in dem Modegeschäft Fleurette auf der Frankfurter Goethestraße die Ladeninhaberin Frau Elke Heinrich mit einem Anker nieder. Sie schlug mehrfach auf das Opfer ein, das nach Sekunden das Bewusstsein wiedererlangte und sich aus der Situation befreien konnte. Elke Heinrich lief blutüberströmt aus dem Laden und rief auf der Straße um Hilfe. Im Anschluss wurden beide Frauen, Opfer und Täterin, ins Krankenhaus gefahren. Elke Heinrich erlitt eine leichte Gehirnerschütterung und eine Platzwunde, Frida Brinkman, im siebten Monat schwanger, einen Schwächeanfall.

Noch im Krankenhaus wurden die beiden Beteiligten vernommen. Elke Heinrich erzählte von der englisch sprechenden Kundin und dem verknoteten Armband. »Erst ist sie vor mir zurückgewichen, aber auf einmal hat sie einen Schritt auf mich zugetan und mit der rechten Hand ausgeholt. Ich habe nur noch gesehen, dass eine Einkaufstüte auf mich zuflog, dann schlug etwas Hartes gegen meine Stirn, und alles wurde schwarz.«

Die Verkäuferin erzählte auch, was sie unmittelbar vor dem Schlag beobachtet hatte. »Ich verstehe überhaupt nicht, was passiert ist«, sagte sie. »Die Kundin war zu Beginn sehr nett, bloß ein wenig in Eile. Erst als das Armband zu Boden fiel, hat sich das geändert. Ich habe ihr Gesicht nur für einen Moment gesehen, weil mir meine Haare die Sicht versperrten, aber es war sehr deutlich, dass sie regelrecht Panik bekommen hatte. Von einer Sekunde auf die andere.« Sie hob die Hände. »Warum auch immer.«

»Es ist fast alles richtig, was die Verkäuferin erzählt«, sagte Frida Brinkman dem Beamten wenig später auf Englisch. Sie sprach betont langsam und deutlich, damit jedes ihrer Worte bei ihrem Gesprächspartner ankam. »Aber ich habe sie nicht geschlagen. Ich war in dem Geschäft und habe mich für ein Armband interessiert. Weil das Armband verknotet war, bin ich zu der Verkäuferin gegangen und habe sie gebeten, mir zu helfen. Sie hat sich ungeschickt angestellt, und das Schmuckstück ist zu Boden gefallen. Als mir die Angelegenheit zu lange dauerte, habe ich das Geschäft verlassen. Von diesem Moment an hat sie verrückt gespielt. Sie hat geschrien, und ich habe gehört, wie Dinge herunterfielen. Da habe ich mich umgedreht und gesehen, dass sie mich verfolgte. Ihr Gesicht war blutüberströmt. Sie war mir unheimlich.« Frida Brinkman sah dem Polizisten fest in die Augen und verschränkte die Arme über ihrem Bauch. »So war das nämlich. Sie hat schon geblutet, als sie aus ihrem Laden herausgelaufen kam. Vor Schreck habe ich zugelassen, dass sie mich festhielt und die Polizei rief. Aber getan habe ich ihr nichts.«

Der ärztliche Untersuchungsbericht über Frida Brinkman hielt fest, dass sie keinerlei äußere Verletzungen hatte. Sie machte auch, schrieb der behandelnde Arzt, während der Untersuchungen nicht den Eindruck, als hätte sie wegen der Schwangerschaft Ausfallserscheinungen psychischer Art. Sie sei lediglich über das normale Maß hinaus um ihr Kind besorgt. Außerdem beteuerte sie immer wieder unter Tränen, den Überfall nicht begangen zu haben.

Frida Brinkman wurde in Untersuchungshaft genommen. Die Staatsanwaltschaft warf ihr vor, Elke Heinrich niedergeschlagen zu haben, um das teure Armband zu stehlen. Es erging Haftbefehl wegen des Verdachtes eines versuchten schweren Raubes in Tateinheit mit gefährlicher Körperverletzung.

Als ich Frau Brinkman im Gefängnis kennenlernte, stand sie nicht auf, um mich zu begrüßen. Sie lächelte mir zu und gab mir über ihren Babybauch hinweg die Hand. Wir hatten uns im Vorhinein darauf geeinigt, die Begutachtung auf Englisch durchzuführen. Frau Brinkman war es lieber, sich mit mir in einer Sprache zu unterhalten, die zwar nicht ihre Muttersprache war, die wir aber beide beherrschten, als über einen Dolmetscher zu kommunizieren.

»Ich komme kaum hoch«, sagte sie in gutem Englisch, »aber Sie kennen das vielleicht.« Ich nickte. »Außerdem denke ich immer«, sagte sie, »dem armen Kleinen muss doch ganz schlecht werden, wenn ich ständig mit ihm herumwackele.« Ich nickte erneut. Steile Thesen werdender Mütter stellt man besser nicht infrage.

Ich packte meine Brezeln aus und begann die Begutachtung wie üblich damit, Frau Brinkman nach ihren Eltern zu fragen. Sie berichtete zuerst von ihrem Vater.

»Mein Vater ist Mitte fünfzig und lebt mit meiner Mutter in Alkmaar, also in den Niederlanden«, erzählte sie. »Ich wohne noch bei meinen Eltern, aber für das Kind bekomme ich jetzt staatliche Unterstützung und werde bald ausziehen. Bisher habe ich es noch nicht geschafft, weil so viel zu erledigen war, aber sobald ich nach Hause komme, werde ich meine Sachen packen. Ich habe meinem Vater aus dem Gefängnis geschrieben. Er würde mich gerne besuchen, doch wegen seines Rheumas geht das nicht. Er ist großzügig und kann schwer Nein sagen. Ich habe ein gutes Verhältnis zu ihm. Er fehlt mir.«

»Sind Sie ihm ähnlich?«, fragte ich und biss von meiner Brezel ab.

»Ich habe seine Statur, ja.« Sie lächelte. »Leider.«

»Wie war und ist Ihr Verhältnis zu Ihrer Mutter?«, fragte ich sie.

»Meine Mutter ist zehn Jahre jünger als mein Vater. Sie ist nicht so großzügig und verliert schnell die Geduld. Bei ihr musste immer alles sauber sein. Wenn ich als Kind tagsüber etwas schmutzig gemacht habe, hat sie es abends meinem Vater erzählt, und der hat mich dann bestraft. Trotzdem stand mir mein Vater näher als meine Mutter. Ich kann mit ihm besser reden als mit ihr, außerdem hat er mich gern in den Arm genommen.« Frau Brinkman begann zu weinen.

»Ihre Mutter nicht?«

»Wohl schon«, sagte sie leise. »Es gibt Fotos, auf denen sie mit mir spielt und kuschelt, aber ich kann mich weder an das eine noch an das andere erinnern.« Sie zuckte mit den Schultern.

»Sind Sie Ihrer Mutter ähnlich?«

»Keine Ahnung.« Sie sah mich an. »Darüber habe ich noch nie nachgedacht.«

»Was ist Ihre früheste Erinnerung?«, fragte ich sie.

Sie lächelte. »Ich musste im Spielhaus auf die Toilette und habe sie nicht gefunden. Irgendwann habe ich mir in die Hose gemacht. Mir war das sehr peinlich, aber mein Vater hat nicht geschimpft. Für ihn war es in Ordnung.«

In den folgenden Stunden erzählte mir Frau Brinkman in aller Ruhe ihre Lebensgeschichte. Sie erzählte, dass sie vor 24 Jahren ohne größere Komplikationen im Krankenhaus geboren worden war, dass sie als Kind Nägel gebissen, aber nicht eingenässt hatte, dass sie gern in den Kindergarten gegangen und eine gute Schülerin gewesen war – außer in Musik –, dass sie schließlich angefangen hatte, wie ihre Mutter als Friseurin zu arbeiten, obwohl sie der Beruf nicht interessierte. Am liebsten, berichtete Frau Brinkman, würde sie in einem Fitnessstudio arbeiten, aber bislang hatte sie dort keine Stelle gefunden.

Sie sprach flüssig und klar, beantwortete all meine Fragen geduldig und ohne mit der Wimper zu zucken. Unser Gespräch verlief so glatt und oberflächlich, dass ich langsam, aber sicher hilflos wurde. Nur ein einziges Mal hatte ich das Gefühl, dass sie aus dem Tritt geriet.

»Erzählen Sie mir vom Vater Ihres Kindes«, forderte ich sie auf.

»Ruud und ich sind seit sieben Jahren ein Paar, ich habe ihn mit siebzehn kennengelernt. Er war nicht mein erster Freund, aber bei ihm wusste ich, dass wir zusammenbleiben würden. Meine Mutter mag ihn nicht besonders.« Sie zuckte mit den Schultern. »Immerhin geht sie fair mit ihm um.«

»Haben Sie neben dem jüngsten…« Ich deutete auf ihren Bauch. »…noch weitere Kinder?«

Sofort senkte sie den Blick. »Nein«, sagte sie dann, »leider nein.«

»War das Kind jetzt geplant?«

Sie seufzte. »Nein, das war es nicht, wir sind schließlich

immer noch nicht verheiratet. Aber das macht nichts.« Sie war laut geworden. »*Ich* freue mich auch auf ein ungeplantes Kind!«

»Wer freut sich denn nicht?«, setzte ich nach.

Sie holte Luft, öffnete den Mund, schloss ihn dann aber wieder und bedachte mich mit einem langen Blick. Langsam lehnte sie sich auf ihrem Stuhl zurück und verschränkte die Arme.

»Niemand«, sagte sie dann, »niemand freut sich nicht. Das Kind wird von der ganzen Familie willkommen geheißen.«

Ich gab es vorerst auf, an dieser Stelle nachzuhaken und wechselte das Thema. »Was haben Sie eigentlich in der Gegend um Straßburg gemacht?«

»Ich habe eine Freundin besucht«, antwortete sie über ihren Bauch hinweg. »Eigentlich wollte ich nur eine Woche dortbleiben, aber es gefiel mir so gut, und Isa wollte mich dabehalten. Tja, und mit einem Mal wurden aus einer Woche sechs.« Sie lächelte.

»Und wie sind Sie schließlich in Frankfurt gelandet?«

Frau Brinkman erzählte die Geschichte ihrer konfusen Reise. »Ich weiß auch nicht, wie mir das passieren konnte«, schloss sie. »Normalerweise bin ich besser organisiert.«

»Und der Anker?«

»Mein Gepäck übertraf ohnehin sämtliche Gewichtsbeschränkungen, die Airlines aufstellen.« Sie sah mich an. »Der Anker war also auch schon egal.«

Ich schüttelte den Kopf.

»Frau Heinrich sagt, Sie hätten sich in ihrem Geschäft sehr erschrocken. Wissen Sie noch, warum?«

Sie schnalzte mit der Zunge und verdrehte die Augen. »Das Armband ist der Verkäuferin aus der Hand gefallen und mit einem Knall auf dem Boden aufgeschlagen. Der hat mich erschreckt. Sie wissen doch, dass man während einer Schwangerschaft sensibler ist als sonst.«

Nach einer weiteren halben Stunde Small Talk verließ ich frustriert das Gefängnis. Frau Brinkmans Brezel nahm ich wieder mit. Sie hatte sie nicht angerührt.

Unser Gespräch hatte in Bezug auf die Tat keinerlei Erkenntnisgewinn gebracht. Lag es daran, dass ich die Begutachtung auf Englisch hatte führen müssen? Hatte ich einen Fehler gemacht? Etwas übersehen? Ich wusste es nicht. Tatsache war, dass ich nicht ansatzweise sagen konnte, ob Frau Brinkman eine scheinbar wildfremde Verkäuferin zusammengeschlagen hatte oder nicht, geschweige denn, warum.

Gegen Ende unseres Gespräches hatte sie noch einmal unter Tränen beteuert, den Überfall nicht begangen zu haben. Restlos überzeugt hatte sie mich nicht.

Die Staatsanwaltschaft ging weiterhin davon aus, dass sie zugeschlagen hatte, und ordnete die Tat als Raub ein. Die zuständige Richterin schien sich bei der Beurteilung der Angelegenheit nicht so sicher zu sein, sonst hätte sie angesichts einer solchen verhältnismäßigen »Lappalie« wie einer Platzwunde kein psychiatrisches Gutachten angefordert, Anker hin oder her.

Ich für meinen Teil konnte nicht mit Sicherheit sagen, ob Frau Brinkman zugeschlagen hatte. Wenn es aber so gewesen sein sollte, dann war ich davon überzeugt, dass es ihr nicht darum gegangen war, das Armband zu stehlen. Denn zum einen hatte sie am Tag der Tat eine Menge Geld unüberlegt ausgegeben. Zum anderen leuchtete mir nicht ein, warum sie die Verkäuferin ansprechen und niederschlagen sollte, anstatt das Schmuckstück einfach in ihre Tasche zu stecken. Vor allem aber ließ sich auf diese Weise nicht erklären, warum Frau Heinrich den Eindruck gehabt hatte, ihre Kundin hätte sich kurz vor dem Schlag heftig erschrocken. Auf meiner Fahrt vom Gefängnis zurück in meine Praxis ging ich enttäuscht davon aus, den Grund hierfür nie zu erfahren.

Als ich zu Hause ankam, hatte ich noch eine Idee. Die Beschuldigte fiel durch zwei Umstände auf: Sie war schwanger, und sie kam aus Holland. Ich gab die Schlagworte »Schwangerschaft« und »Niederlande« bei Google ein und erhielt immerhin ein interessantes Ergebnis: Anders als in Frankreich, wo ein Schwangerschaftsabbruch nur bis zur 14. Woche möglich ist, darf in den Niederlanden bis zur 22. Woche abgetrieben werden. Frau Brinkman hatte ihren Urlaub in Straßburg abweichend von der ursprünglichen Planung über diesen Zeitpunkt hinaus ausgedehnt. Aber hatte diese gesetzliche Regelung einen Bezug zur Tat? Wenn sie und ihr Freund das Kind haben wollten, warum hätte sie sich Gedanken über einen Schwangerschaftsabbruch machen sollen? Ich schüttelte den Kopf. Ohne die Kooperation von Frau Brinkman würde ich diese Frage nicht beantworten können. Nachdem sie aber nicht mit mir gesprochen hatte, jedenfalls nicht über den Kern des Problems, blieb mir nichts anderes übrig, als ein relativ nichtssagendes Gutachten zu schreiben.

Frau Brinkman ist eine extravertierte und – nach aktuellem Kenntnisstand – psychisch gesunde Persönlichkeit, schrieb ich. *Ihre Handlungen unmittelbar vor der Tat (fehlendes Flugticket, Taxifahrt Straßburg–Frankfurt, Kauf eines Ankers kurz vor einer Flugreise) wirken nicht besonders durchdacht, ein Grund für eine fehlende oder verminderte Schuldfähigkeit ist zu diesem Zeitpunkt jedoch nicht ersichtlich. Sollte sie die ihr zur Last gelegte Tat tatsächlich begangen haben, könnte es sich um eine akute Konfliktreaktion gehandelt haben. Konkrete Aussagen hierzu sind jedoch erst möglich, wenn Frau Brinkman bereit und in der Lage ist, Angaben zum Tatablauf und zu den begleitenden Emotionen zu machen.*

Von einer Konfliktreaktion spricht man, wenn ein Mensch aufgrund einer äußeren Belastung erheblich anders reagiert, als man es normalerweise erwarten würde. Das war aber auch schon alles, was ich berichten konnte. Sollte Frau Brinkman grundlos eine fremde Frau niedergeschlagen haben, so hätte sie sich sehr ungewöhnlich verhalten. Nein so was! Für diese Erkenntnis musste man wahrlich kein Psychiater sein. Der Gerichtsverhandlung sah ich dementsprechend mit mäßigen Erwartungen entgegen. Ich sollte mich täuschen.

Frida Brinkman war aufgrund ihrer Schwangerschaft und des geringen Schadens aus der U-Haft entlassen worden und nach Hause gefahren. Die zuständige Richterin hatte die Hauptverhandlung wenige Wochen nach der Geburt des Kindes angesetzt.

Die frisch gebackene Mutter reiste aus den Niederlanden an. Sie wurde von Ruud Vermeulen begleitet, der das Baby in einer großen hellblauen Tragetasche in den Gerichtssaal trug und seiner Lebensgefährtin ermutigend zulächelte. Der Staatsanwalt verlas die allseits bekannte Anklage, und ich stellte mich auf ein langwieriges Dementi ein.

»Ich möchte mich zur Tat äußern«, sagte Frida Brinkman.

Sie überlässt es nicht ihrem Verteidiger, dachte ich, immerhin. Ich betrachtete die junge Angeklagte. Sie wirkte blass und müde, ohne ihren Babybauch viel schmaler als bei unserer letzten Begegnung.

Sie holte Luft. »Vor wenigen Wochen habe ich Frau Heinrich mit einem Anker niedergeschlagen.« Sie sah die Verkäuferin an. »Und ich schäme mich sehr dafür. Ich hätte das nicht tun dürfen, es war falsch. Dieser letzte Satz klang nach Tränen, die man Frida Brinkman noch nicht ansah.

Elke Heinrich sah verblüfft in Richtung Anklagebank. Nicht nur ihr hatte es die Sprache verschlagen, die Richterin sah ähnlich erstaunt aus, wie ich mich fühlte.

»Es tut mir sehr leid«, sagte Frida Brinkman, erst auf Englisch, dann in gebrochenem Deutsch, und sah Hilfe suchend in Richtung ihres Freundes. Als die Stille im Saal andauerte, begann sie lautlos zu weinen.

»Das ist in Ordnung«, sagte Elke Heinrich endlich, ebenfalls auf Englisch. »Es ist in Ordnung. Ich nehme Ihre Entschuldigung an. Es ist alles wieder verheilt.« Sie schob mit der linken Hand ihre Haare zur Seite und zeigte ihre Schläfe. »Sehen Sie? Es ist nichts mehr da.«

»Wissen Sie, genau das war das Problem«, sagte Frida Brinkman, schluckte hörbar und deutete auf die Verkäuferin. »Ihre Haare.«

»Meine Haare?«, fragte Elke Heinrich verdutzt und lachte. »Aber meine Haare sehen doch fast so aus wie Ihre!«

»Am 3. August sahen Sie nicht so aus wie ich«, sagte die Angeklagte und seufzte. »Als Ihre Spange sich gelöst hat und die Haare Ihnen über die Schultern und bis auf die Ellbogen gefallen sind…« Sie zog ein Foto aus ihren Unterlagen. »…in diesem Moment sahen Sie aus wie sie.« Sie hielt das Bild in die Höhe. Die Blicke der Anwesenden wanderten von dem Foto zu Elke Heinrich und wieder zurück. Die Ähnlichkeit war auf den ersten Blick deutlich, beschränkte sich bei näherem Hinsehen aber auf die wallenden roten Haare.

»Wer ist das?«, fragte die Verkäuferin.

»Meine Mutter«, antwortete Frida Brinkman und sah sie an. »Stellen Sie sich vor, Sie fliegen über tausend Kilometer von zu Hause weg, um in Sicherheit zu sein, und dann, mitten in der Fremde, springen Ihnen mit einem Mal die Haare eben jener Person ins Auge, der sie mit allen Mitteln aus dem Weg gehen wollten. Ich weiß, dass das dumm war, aber Sie haben mir unheimliche Angst gemacht. Ich dachte, meine Mutter steht vor mir. Ich habe mich zu Tode erschrocken.«

Elke Heinrich nickte. »Ich weiß«, sagte sie, »ich habe es gesehen. Ich habe mich noch gefragt, was in aller Welt an mir so furchterregend ist.« Sie schob sich die Haare über ihre Schulter hinter den Rücken. »Auf meine Haare wäre ich nie im Leben gekommen.«

»Weshalb wollten Sie Ihrer Mutter denn so dringend aus dem Weg gehen?«, fragte die Richterin. »Sie wohnen doch seit vielen Jahren mit ihr zusammen.«

»Ich hatte Angst, dass Sie mir wieder mein Kind wegnimmt«, sagte Frida Brinkman und brach in Tränen aus. »Dass sie uns wieder unser Kind wegnimmt.« Sie drehte sich zu ihrem Freund um.

Ruud Vermeulen saß still auf der leeren Besucherbank und nickte. Er verschwand beinahe hinter der hellblauen Tragetasche, die er mit beiden Armen festhielt.

»Ich war schon einmal schwanger«, erzählte Frida Brinkman, »vor beinahe sechs Jahren. Damals war ich gerade neunzehn Jahre alt, Ruud und ich waren noch keine zwei Jahre ein Paar. Aus Sicht meiner Mutter war es eine Katastrophe. Ich hatte meine Ausbildung noch nicht abgeschlossen, und der Vater des Kindes war, wie meine Mutter so schön sagte, ein unbrauchbarer Elektriker, mit dem ich – was am schwersten wog – noch nicht einmal verheiratet war. Sie konnte sich nicht vorstellen, dass wir beide – für sie waren wir noch Kinder – zusammenbleiben würden, und die Rolle der alleinerziehenden Mutter wollte sie mir nicht zumuten. Damit blieb in ihren Augen nur eine Lösung: die Abtreibung. Ruud und ich wollten das Kind bekommen, aber sie machte uns mürbe. Über Wochen hinweg hat sie uns erzählt, was für einen trostlosen Verlauf unser Leben nehmen würde. Sie sprach von schlaflosen Nächten, vom ewigen Geldmangel wegen meiner fehlenden Ausbildung, davon, dass wir einander als Eltern unseres Unfallkindes nie mehr loswürden und dass Patchwork als Textiltechnik, nicht aber zur Familienplanung tauge. Immer wieder hat sie uns erklärt, dass wir unsere Freunde verlieren würden, weil nach wenigen Wochen niemand mehr Lust auf Kaffeeklatsch mit einem schreienden Baby hätte. Dass schließlich das Kind unsere Frustration spüren und sich erst zu einem Schreikind und dann zu einem Straftäter entwickeln würde.« Frida Brinkman war laut geworden. »Mein Gott!« Sie schlug die Hände vors Gesicht und verstummte. Niemand sagte ein Wort.

»Nachdem sie uns also über Wochen hinweg eine Heidenangst vor einem Leben mit Kind gemacht hatte«, fuhr sie fort, »habe ich irgendwann eingewilligt. Ich weiß noch, wir saßen beim Frühstück, und ich sagte irgendetwas in der Art von *du hast ja recht* oder *in Ordnung*, nur damit sie aufhörte zu sprechen. Abends kam sie nach Hause und eröffnete mir, dass es ihr gelungen war, mir für den übernächsten Tag einen Termin zu organisieren. Sie war ganz stolz auf sich.«

Frida Brinkman wischte ihr Gesicht mit dem Handrücken trocken.

»Ich habe es bereits bereut, als ich in diesem schrecklich weißen Krankenhaus lag, noch bevor es geschah. Aber ich hatte keine Kraft. Ich hatte nicht die Kraft, mein Kind vor meiner Mutter zu beschützen!«

Im Saal blieb es still. Elke Heinrich schnäuzte sich.

»Die Jahre gingen vorbei, aber die Trauer um mein Kind wurde nicht weniger. Als ich nun schon wieder schwanger war und schon wieder von diesem Elektriker und wir immer noch nicht verheiratet waren, war sie entsetzt und hat die alten Argumente gegen das Kind hervorgekramt. Ich hatte ihr bewusst nicht von meiner Schwangerschaft erzählt, aber sie hat es schnell bemerkt und sofort mit ihrer Schwarzmalerei begonnen. Je näher der Termin rückte, zu dem ich nicht mehr abtreiben durfte, desto heftiger wurde sie. Irgendwann wusste ich keine andere Lösung mehr als...« Sie suchte nach Worten. »...als zu fliehen. Genau das habe ich getan. Ich bin nach Frankreich geflohen.« Sie lächelte.

»Woche für Woche habe ich meinen Aufenthalt verlängert, bis ich ganz sicher war, dass kein holländischer Arzt mein Kind mehr abtreiben würde. Erst dann habe ich mich auf den Heimweg gemacht. Dabei habe ich leider Frau Heinrich getroffen und für eine Sekunde geglaubt, meine Mutter hätte mich bis nach Deutschland verfolgt. Ich hatte solche Angst. Es tut mir sehr leid.«

Von meinem Platz als Gutachterin aus hatte ich die Entwicklung der Hauptverhandlung in den letzten Minuten gespannt verfolgt. Auf einmal lagen die Beweggründe der Tat von Frau Brinkman auf der Hand. Im Wissen um den Grund ihrer Reise ließen sich auch ihre verwirrten Planungsentscheidungen einordnen. Sie hatte vor lauter Sorge um ihr Kind neben sich gestanden. So sehr war sie auf dessen Wohlergehen fixiert gewesen, dass ihr Fragen nach dem adäquaten Fortbewegungsmittel, nach verhältnismäßigen Preisen oder einem sinnvollen Mitbringsel als herzlich nebensächlich erschienen waren.

Darüber hinaus konnte ich gut nachvollziehen, warum sie mit mir nicht hatte sprechen wollen. Zu dem Zeitpunkt, als ich Frau Brinkman kennengelernt hatte, war die Angst um ihr Kind enorm gewesen und alles andere zweitrangig. Das Kind war noch nicht auf der Welt und damit in ihren Augen noch nicht in Sicherheit. In dieser Situation, in der sie viel Aufwand betrieben hatte, um ihr Kind vor einer Frau, die ihr nahestand, zu schützen, musste es ihr geradezu fahrlässig erschienen sein, mich, die nächste Frau, die sich ungefragt in ihr Leben einmischte, nahe an sich heranzulassen. Folgerichtig hatte sie geschwiegen und ihr Kind vorsichtshalber auch vor mir beschützt. Noch nicht einmal eine Brezel hatte sie von mir angenommen.

Seit meinem Erlebnis mit Frau Brinkman bin ich der Meinung, dass man sich die Begutachtung einer schwangeren Frau sparen kann. Schwangere sind auf ihr Kind konzentriert und wissen intuitiv, dass sie auch sich selbst keinen unnötigen Belastungen aussetzen sollten. In ihrer Situation erscheint es weder sinnvoll, einem fremden Menschen zu vertrauen, noch sich mit schmerzhaften psychischen Erfahrungen auseinanderzusetzen. Ich glaube, dass man als Gutachter schwangere Frauen schwer bis gar nicht erreicht. Hinter die Schutzmauer ihres Babybauches lassen sie niemanden vordringen.

»Frau Ziegert«, sagte der Staatsanwalt in diesem Moment zu mir, »das klingt doch schwer nach Schuldunfähigkeit, oder?«

Ich stutzte. Meine Diagnose, dass Frau Brinkman in einer sogenannten Konfliktreaktion gehandelt hatte, war soeben untermauert worden. Aufgrund der weiteren neuen Erkenntnisse musste man auch von einer beschränkten Schuldfähigkeit zum Zeitpunkt der Tat ausgehen. Über die volle Schuldunfähigkeit hätte ich allerdings gerne noch einen Moment nachgedacht.

»Äh … ja«, sagte ich dennoch, völlig perplex, weil mich der Staatsanwalt sozusagen rechts überholt hatte. Normalerweise verwendet die Staatsanwaltschaft eine Menge Aufwand darauf, zu begründen, warum der Täter eben *doch* schuldfähig ist. Dieser hier fiel aus der Reihe und brachte mich damit aus dem Konzept.

»Na wunderbar«, sagte die Richterin. »Frau Ziegert, dann fahren wir mit Ihrer Stellungnahme fort.«

Ich stand auf, schob meine inzwischen völlig überholten Aufzeichnungen zur Seite und begann zu schwitzen. Weder der Staatsanwalt noch die Richterin noch das Opfer wollten die junge Mutter verurteilt sehen. Sie alle waren der Meinung, dass sie sich in einer Ausnahmesituation befunden hatte, die sie daran hinderte, das Unrecht ihrer Tat zu erkennen und nach dieser Erkenntnis zu handeln. Alle drei warteten nun darauf, dass ich ihnen diese Einschätzung und den damit verbundenen Freispruch wissenschaftlich untermauerte. Ich selbst wiederum war völlig damit einverstanden, Frau Brinkman in dieser besonderen Konstellation nicht zu verurteilen, und hielt die Entscheidung auch fachlich für vertretbar. Damit blieb mir nur noch, die junge Mutter spontan in einer der gesetzlich festgeschriebenen Fallgruppen der Schuldunfähigkeit unterzubringen. Der ganze Gerichtssaal sah mich erwartungsvoll an. Wenn die Juristen das Gesetz mit ihrem Bauchgefühl nicht in Einklang bringen können, dann muss der Psychiater herhalten, dachte ich, vielen Dank auch. Und dann begann ich, mit Fachwörtern um mich zu werfen.

Frida Brinkman wurde freigesprochen. Nach der Verhandlung entschuldigte sie sich noch einmal tränenreich bei der ebenfalls erleichterten Elke Heinrich, dann verließ sie mit ihrem Freund und ihrem Sohn den Gerichtssaal und flog – direkt – nach Hause.

Mutterliebe

Patrick Frey hatte an alles gedacht. Er hatte seine schwarze Lieblingsjeans, nagelneue Sneakers und die Militärjacke angezogen. Ein langes Messer steckte in einer Schlaufe seiner Hose, in der linken Hand hielt er eine schwarze Reisetasche. Seine Armbanduhr zeigte genau Mitternacht. Mit der rechten Hand griff er nach einem armlangen Schwert und betrachtete es ehrfurchtsvoll. Er warf einen Blick über die Schulter. Auf dem Küchentisch lag sein Buch. Es hatte einen grauen Stoffeinband und silberne Kappen auf den Ecken, die an eine Ritterrüstung erinnerten. Die ersten Seiten, auf denen sich Tagebucheinträge befunden hatten, hatte er herausgerissen und dem Buch zu einer neuen Bestimmung verholfen.

An der Eingangstür blieb er kurz stehen und horchte. Er schien leise genug gewesen zu sein, im Zimmer seiner Eltern rührte sich nichts. Patrick Frey zog die Tür hinter sich zu und fasste sein Schwert fester. Es konnte losgehen. Das Buch lag verlassen auf dem Küchentisch, nur eine Seite war beschrieben. Dort stand in sauberer Schreibschrift:

Liebe Familie, ich kann nicht darauf hoffen, dass ihr mein Handeln versteht, aber ich bitte euch von ganzem Herzen, meiner nicht zu gedenken und weiterzuleben. Der letzte Fehler meines Lebens wurde von mir korrigiert, auf meine Weise. Euer Patrick

Er setzte sich in seinen Opel Astra, fuhr zu einer Tankstelle und kaufte einen Benzinkanister. Die Straßen Frankfurts waren wie ausgestorben. Sein nächstes Ziel war eine Bank. Dort hob er 2.000 Euro ab. So viel Bargeld hatte er noch nie bei sich gehabt. Nachdem er die Scheine mit Mühe in seinen

Hosentaschen verstaut hatte, fuhr er Richtung Messe und ging mit Tanja auf ihr Zimmer. Auf der Kommode stand ein Kuchen mit Kerzen.

»Ich hatte Geburtstag«, sagte Tanja, die seinen Blick bemerkte, und öffnete ihren BH.

»Wieder 39?« Er tat, als würde er die Kerzen zählen.

Sie lachte.

Er bestellte eine Flasche Champagner, legte fünfzig Euro Trinkgeld auf die Kommode und ignorierte ihren überraschten Blick. Nachdem er mit ihr angestoßen hatte, stellte er das Glas auf den Nachttisch. Alkohol war für ihn aus Prinzip tabu, allein schon wegen des Bodybuildings. Als sie seine Hose öffnete, ließ er sich in die Kissen sinken. Hinterher zerrte der Wind an Tanjas Jalousien.

Wenig später fuhr Patrick Frey in die Westendstraße. Das Haus erkannte er auf Anhieb. Vorsichtig nahm er den Kanister aus dem Auto und kletterte auf eine Mauer, um näher an das Gebäude heranzukommen. Als er von der Mauer sprang, übersah er in der Dunkelheit eine Kellertreppe und fiel tiefer als gedacht. Er spürte, dass Blut an seinem linken Schienbein herablief, und wartete vergeblich auf den Schmerz. Er trat die Kellertür ein und fand sich im düsteren Inneren des Hauses schnell zurecht. Auf der nächsten Tür, die er eintrat, war ein Schild angebracht: »Exclusive contacts Partnervermittlung«.

Das Schloss barst, und die Tür krachte gegen die Wand, dann war es still. Er sah sich um. Am Nachmittag war der Raum voll von Menschen gewesen, voll von scheuen Kunden und unermüdlich lächelnden blonden Beraterinnen, die einem zu viele Fragen stellten und eine glückliche Zukunft versprachen. Er schüttelte den Kopf, dann begann er mit großer Ruhe, das Benzin auszugießen. Gluckernd lief es über den

Schreibtisch, an dem er den Vertrag unterzeichnet hatte, glitt an dessen Beinen entlang und versickerte im Teppich. Patrick Frey holte eine Packung Streichhölzer aus seiner Jackentasche, riss ein Holz an und warf es auf die feucht glänzende Schreibtischplatte. Die Flammen schossen in die Höhe und folgten der Spur des Benzins Richtung Boden. Geblendet kniff er die Augen zusammen, ohne den Blick abzuwenden. Er sog den Geruch des Brandes ein, obwohl der Rauch in seine Lunge stach und ihn bald nur noch flach atmen ließ. Die Hitze legte sich wie ein Tuch über seine Vorderseite und durchdrang seine Kleidung. Erst als der billige Plastikstuhl, auf dem er hatte Platz nehmen müssen, in sich zusammensank, drehte er sich um und ging.

Im Auto legte er eine Hand auf die kalte Scheide des Schwertes. Das würde er nun brauchen. Dann drehte er die Musik auf, bis er sein eigenes Motorengeräusch nicht mehr hörte, und fuhr viel zu schnell über das Westkreuz. Einen Mann mit Schiebermütze überholte er rechts und beschleunigte noch einmal. Patrick Frey kurbelte das Fenster herunter und streckte den linken Arm hinaus. Er liebte es, Auto zu fahren. Das Auto war sein Zufluchtsort, hier fühlte er sich frei und geborgen zugleich. An der Ausfahrt Zeppelinheim fuhr er ab, unterschätzte aber die Kurve. Er streifte ein beleuchtetes Straßenschild, fuhr mit unverminderter Geschwindigkeit weiter und prallte nur Augenblicke später gegen einen Erdwall, sodass er hochgeschleudert wurde und einige Autolängen weiter liegen blieb. Das Letzte, was er mitbekam, waren die Sirenen des eintreffenden Krankenwagens.

Das Krankenhaus rief Patrick Freys Eltern an, die mit Schlaf in den Augen das Buch fanden. Seine Mutter trug ihren

Pullover falsch herum, als sie den Ärzten von der Möglichkeit berichtete, dass der Unfall kein Unfall gewesen war.

Ihr Sohn verbrachte viele Wochen im Krankenhaus. Durch den Aufprall war er schwer verletzt worden, hatte ein Schädel-Hirn-Trauma, Prellungen der Lunge, der Bauspeicheldrüse und der Milz, Leberrisse und eine stark blutende Zungenbissverletzung. Als er Tage später aus dem Koma erwachte, verboten die Ärzte seiner Familie, den Selbstmordversuch anzusprechen. Den Besuchern fiel das nicht weiter schwer, da er ohnehin keinerlei Erinnerung an die Ereignisse der Nacht hatte.

Erst nach Tagen und Stück für Stück kamen die Bilder zurück. In dieser Zeit besuchte seine Familie ihn häufig und »trug all ihre Sünden zu ihm«, wie er mir später erzählte. Er erfuhr von einem Selbstmordversuch seiner Großmutter, einer Abtreibung seiner Tante und einigen weiteren Schicksalsschlägen. »Es war furchtbar«, sagte er, »ich habe im Bett gesessen, immerzu genickt und darauf gewartet, dass sie wieder gehen. Ich hatte keine Ahnung, was ich sagen sollte.«

Kaum wurde er aus dem Krankenhaus entlassen und von den Ärzten für vernehmungsfähig erklärt, lud die Polizei ihn vor.

»Was haben Sie in der Nacht des 18. Mai vor Ihrem Unfall getan?«, fragte die vernehmende Beamtin. »Warum hatten Sie ein Messer und ein Schwert bei sich?«

Patrick Frey betrachtete seine Hände und bemühte sich, die Unordnung in seiner Erinnerung zu sortieren.

»Das hat sich erledigt«, sagte er leise.

»Das hat sich erledigt?«, die Beamtin hob die Stimme. »Sie hatten ein Schwert und ein Messer dabei! Was hatten Sie damit vor? Hat Ihnen die Brandstiftung als Rache nicht gereicht? Dachten Sie ernsthaft, wir würden das nicht herausfinden?«

Er erschrak.

»Ich wollte die Leute von der Partnervermittlung nicht verletzen, ich wollte nur das Büro kaputt machen! Das Schwert hatte damit gar nichts zu tun!« Er schluckte. »Woher wissen Sie das mit der Partnervermittlung überhaupt?«

»Der Vertrag lag auf Ihrem Schreibtisch, und an der Kellertreppe des Büros waren Blutspuren von Ihnen. Davon haben Sie in der Tatnacht eine ganze Menge verteilt.« Die Beamtin lächelte. »Ich schlage vor, wir fangen noch einmal von vorne an, und Sie erzählen mir ganz in Ruhe, was in der Tatnacht geschehen ist.«

Patrick Frey schob die Hände unter seine Oberschenkel und nickte, dann berichtete er von den Ereignissen der Nacht. Wozu er das Schwert hatte verwenden wollen, erwähnte er nicht.

Das Gericht beauftragte mich wie üblich damit, zu Herrn Freys Schuldfähigkeit Stellung zu nehmen. Darüber hinaus sollte ich aber noch zwei weitere Fragen klären.

Zum einen war Herr Frey zum Zeitpunkt der Tat zwanzig Jahre alt. Das deutsche Recht kennt ein besonderes Strafrecht für Jugendliche ab vierzehn Jahren, die zwar strafmündig sind, aber eben doch noch nicht so reif wie Erwachsene. Für Jugendliche unter achtzehn Jahren kommt zwingend das Jugendstrafrecht zur Anwendung, für Erwachsene ab einundzwanzig Jahren zwingend das Erwachsenenstrafrecht. Für Täter zwischen achtzehn und einundzwanzig Jahren wird im Einzelfall entschieden, ob sie eher die Reife eines Jugendlichen oder die eines Erwachsenen haben. Die erste Frage, die das Gericht an mich stellte, lautete demnach: Ist Patrick Frey nach Jugend- oder nach Erwachsenenstrafrecht zu verurteilen? Darüber hinaus war das Schwert nicht nur der verhörenden Polizeibeamtin ins Auge gesprungen, es machte auch den Richter unruhig. Die zweite Frage, die das Gericht beschäftigte, drehte sich also um eine Prognose: Ist Patrick Frey gefährlich? Kann man ihn wieder unter Menschen lassen – oder muss die Gesellschaft vor ihm geschützt werden?

Um beides herauszufinden, besuchte ich ihn im Haus seiner Eltern. Nach einer Tat wie dieser hätte er eigentlich in Untersuchungshaft sitzen müssen, bei Brandstiftungen versteht die Justiz keinen Spaß. Nach seinem schweren Unfall hatte der Richter jedoch offenbar Mitleid mit ihm gehabt. Er ließ ihn erst in die Reha und dann in sein Elternhaus zurückkehren, damit er sich dort vollständig erholen konnte. Für die Begutachtung war dieser »Zufall«, wie sich herausstellen sollte, ein großer Gewinn.

Seine Mutter öffnete die Tür und gab mir eine zierliche Hand. Sie war eine attraktive Frau mit jugendlicher Ausstrahlung. Nachdem ich mich vorgestellt hatte, lächelte sie, schob sich die kurzen braunen Haare hinter die Ohren und trat zur Seite, um ihrem Sohn Platz zu machen, der den Türrahmen mit seinen Schultern beinahe ausfüllte. Herr Frey war einen Kopf größer als ich und sah keinen Tag älter aus als seine zwanzig Jahre. Er hatte einen festen Händedruck, blickte mir gerade in die Augen und hielt meine Hand einen Moment zu lange fest, bevor er mich hereinbat. Als er den Kopf drehte, bemerkte ich einen Lippenstift-Abdruck auf seiner Wange. Er führte mich die Treppe hinunter in sein Zimmer. Während er vor mir die Stufen hinabstieg, betrachtete ich seine breiten Schultern. Unten angekommen, registrierte ich ein notdürftig gemachtes Doppelbett mit schwarzer Satin-Bettwäsche. Er bot mir einen Stuhl an einem kleinen Tisch an und nahm mir gegenüber Platz. Ich breitete meine Unterlagen vor mir aus, erklärte ihm die Situation der Begutachtung und begann wie üblich damit, ihn nach der Beziehung zu seinen Eltern zu fragen.

»Meine Mutter ist sehr liebevoll«, erzählte er. »Sie ist fleißig, ein richtiges Arbeitstier, und zu Hause der Puffer zwischen den Fronten. Ich hatte schon immer eine besondere Beziehung zu ihr, aber wenn ich darüber nachdenke...« Er lehnte sich über den Tisch, nahm meinen Kugelschreiber von meinem Notizblock und drehte ihn zwischen den Fingern. »Eigentlich mag ich sie heute noch mehr als früher. Wissen Sie«, sagte er und sah mich an, »wir haben alle Probleme zusammen durchgestanden, wir sind füreinander da. Manchmal ist sie wie eine große Schwester für mich.«

Ich griff über den Tisch nach meinem Kugelschreiber, um mir das Stichwort »große Schwester« aufzuschreiben, dann fragte ich ihn nach seinem Vater.

»Mein Vater ist dreizehn Jahre älter als meine Mutter. Er ist Frührentner wegen seiner Schlafstörungen.« Herr Frey malte mit den Fingern Anführungszeichen in die Luft. »Deshalb ist er den ganzen Tag zu Hause. Seit er einen Leistenbruch hatte, kann er außerdem weder heben noch laufen. Abitur hat er keines, früher hat er Rentenanträge bearbeitet.« Er lachte. »Ich finde das eigentlich ganz witzig, letztlich wurde sein ganzes Leben vom Rentensystem finanziert.«

»Sie sehen auch seine Schwächen?«, fragte ich.

»Er hat einfach keine Energie. Er macht keinen Sport. Er sitzt in seinem Sessel und schaut vor sich hin. Hin und wieder macht er ein bisschen was im Haushalt und bildet sich hinterher mords was drauf ein. Sorry, aber ich kann ihn nicht ernst nehmen.«

Er lehnte sich zurück und verschränkte die Arme.

»Sie hingegen machen schon Sport, scheint mir«, sagte ich und kam nicht umhin, das Ergebnis seines Trainings zu bewundern. Herr Frey stieß Luft durch die Nase.

»Das sind alles nur Reste.« Er bewegte die Hand und hob damit einzelne Muskelpartien des Unterarms hervor. »In meinem ersten Leben habe ich mich auf eine Bodybuilding-Meisterschaft vorbereitet, da hatte ich hundert Kilo ohne Fett. Jetzt sind es gerade noch 72.« Er setzte seine Bewegungen in Richtung Oberarm fort. »Es ist unglaublich, im Koma sind fast dreißig Kilo harte Arbeit einfach weggeschmolzen!«

Fasziniert betrachtete ich die Präsentation seiner »Reste« und versuchte mir vorzustellen, wo dieser junge Mann weitere dreißig Kilo Muskelmasse untergebracht hatte.

»Haben Sie etwas eingenommen, das beim Muskelaufbau hilft?«

»Ja, ich habe was genommen, ganz schön teure Cocktails. Wenn mein Gehalt nicht gereicht hat, hat meine Mutter mir was dazugegeben. Keine Ahnung, was da drin war, aber die waren ihr Geld wert. Ein Kumpel hat gesagt, dass man bei mir zuschauen konnte, wie die Dinger wachsen.« Er beendete das Schauspiel und sah mich an. »Hat aber nicht nur Vorteile, das Zeug. Es macht was mit einem. Alle haben es gesagt, und eigentlich habe ich es auch gemerkt: In den letzten Wochen vor dem Unfall war ich ein richtiges Arschloch. Aus lauter Verzweiflung war ich dann auch viel öfter an der Messe als sonst. Bei Tanja, aber auch bei anderen Frauen.« Er strich sich die Haare aus der Stirn. »Da ging es gar nicht immer um Sex, manche Frauen setzen sich auch hin und unterhalten sich mit einem. Die hören zu und können einem was mitgeben von ihrer Lebenserfahrung.«

»Inwiefern Lebenserfahrung? Waren die Frauen älter als Sie?«

»Ja, meistens waren sie älter.« Er zog die Augenbrauen zusammen. »Eher so Ihr Alter.« Er sah mich an. Mir wurde warm. Uns trennten 25 Jahre. Was fand nur ein junger Mann, der seinen eigenen Körper zum Inbegriff von Kraft und Jugend stilisierte, an deutlich älteren Frauen? Ich ertappte mich dabei, mir die Kombination vorzustellen, und sah schnell auf meine Notizen.

»Worüber haben Sie mit den Frauen gesprochen?«, fragte ich. »Auch über *den letzten Fehler Ihres Lebens* oder warum Sie ein Schwert haben?«

»Ach, Frau Ziegert, das hängt doch alles miteinander zusammen!« Er stützte sich mit beiden Ellbogen auf und lehnte sich über den Tisch, sodass ich sein schweres Parfum riechen konnte. »Soll ich Ihnen erzählen, was ich in dieser Nacht eigentlich vorhatte?«

Sein Gesicht war noch eine Handbreit von meinem entfernt. Ich schluckte.

»Ich bitte darum«, sagte ich und lehnte mich zurück.

»Als ich in dieser Nacht das Haus verlassen habe, gab es dafür viele Gründe.« Er atmete hörbar aus.

»Beruflich läuft es bei mir zurzeit nicht besonders. Ich mache eine Ausbildung zum Tourismuskaufmann und wäre längst fertig, wenn ich letztes Jahr nicht so einen Scheiß gebaut hätte!« Er seufzte. »Ich dachte auf einmal, dass die Ausbildung nichts für mich ist, hab alles hingeworfen und bin zum Bund gegangen. Dort bin ich aber auch nur kurz geblieben, weil mir klar wurde, dass ich mit der Art dort nicht klarkomme. Nach ein paar Wochen war ich zurück in meinem Betrieb, zum Glück. Aber weil ich die Prüfungen verpasst hatte, habe ich ein ganzes Jahr verloren!« Er knetete seine Finger und wiegte seinen Oberkörper vor und zurück. »Kurz vor dem Unfall standen die nächsten Prüfungen an, und meine Vorbereitung lief gar nicht gut. Ich hatte echt Panik, durchzufallen und noch ein Jahr in den Sand zu setzen. Meine Freunde sind fast alle fertig mit ihrer Ausbildung und verdienen schon länger richtig Geld, ich wollte nicht noch ein Jahr weiter hintendran sein!« Er stand auf und begann, in seinem Zimmer auf und ab zu laufen.

»Vor allem aber, und das ist noch viel schlimmer, hatte ich noch nie eine Freundin. Noch nie! Ich bin zwanzig Jahre alt und immer Single gewesen. Alle meine Freunde hatten schon Freundinnen, und manche von denen sind echte Vollidioten! Ich weiß wirklich nicht, was an mir so verkehrt ist.« Er blieb stehen und schüttelte den Kopf. »Weil ich nicht mehr weiterwusste, bin ich dann zu der Partnervermittlung gegangen. Ich habe einfach unterschrieben, was die mir vorgelegt haben, ich habe so gehofft, dass die eine Frau für mich finden.« Mit hängendem Kopf sank er auf seinen Stuhl. »Dann hätte ich jemanden gehabt, mit dem ich sprechen kann, der mich in den Arm nimmt. Und vor allem hätte ich mich nicht mehr so...« Er stockte. »...so wertlos fühlen müssen.« Er sah mich an und wischte sich die Tränen aus den Augen. »Als ich zu Hause dann im Kleingedruckten gelesen habe, dass ich für deren Dienste 9.000 Euro zahlen soll, habe ich gedacht, ich verliere den Verstand. Ich war so wütend! Auf die Leute von der Partnervermittlung, aber vor allem auf mich selbst.« Er schluckte. »Zuletzt ist mir nichts Besseres eingefallen als, wie soll ich das sagen, als Selbstjustiz mit anschließender Selbstbestrafung.« Er sah auf seine Hände.

Ich folgte seinem Blick und konnte mir beim besten Willen nicht vorstellen, dass dieser junge Mann keine Freundin fand – wenn man seine starken Hände sah, die trainierten Arme und breiten Schultern.

»Sie sagen ja gar nichts.« Er sah mich an.

»Entschuldigung!« Ich richtete mich auf. »Für welchen der beiden Teile brauchtest du denn das Schwert...?«

Er legte den Kopf schräg.

»... brauchten *Sie* das Schwert, natürlich. Es tut mir leid.« Ich fuhr mir durch die Haare.

»Für den zweiten Teil.« Er sah an mir vorbei. »Nach der Brandstiftung kam ich mir vor wie ein Held in einem Actionfilm. Ich fühlte mich unheimlich mächtig. Dabei wollte ich der Partnervermittlung schon ordentlich eins auswischen, aber ich wollte niemanden verletzen. Ich habe das Schwert sogar im Auto gelassen. Es war sowieso mehr Requisite.« Er räusperte sich. »Aus heutiger Sicht klingt das völlig bescheuert, aber nach dem Brand wollte ich irgendwo an einen See fahren, mein Schwert auf einen Felsen legen und mir bei Sonnenaufgang ganz theatralisch mit einem Messer den Bauch aufschlitzen. Über so was gibt es viele Bücher.«

Ich zog die Augenbrauen hoch.

»Ich lese viel über Ritter und Helden, ich sammle auch welche.« Er stand auf und ging zu einem Regal, das mit Spielfiguren vollgestellt war. »Schauen Sie, das hier sind die Tempelritter.« Er hielt zwei Spielfiguren hoch, die ein rotes Kreuz auf weißer Rüstung trugen. »Und das hier sind die Drachenritter.« Er zeigte auf eine Gruppe Figuren, deren Rüstungen blau und golden verziert waren.

»Meine Lieblingsfigur ist die hier.« Er kam zurück zum Tisch und hielt einen Ritter in beiden Händen. »König Arthur.

Er ist richtig herrschaftlich, finden Sie nicht?« Andächtig betrachtete er die bronzene Figur. König Arthur hatte eine Krone, einen Umhang, der von einem breiten Gürtel gehalten wurde, jede Menge Muskeln, und er sah ziemlich schwer aus.

»Nehmen Sie ihn doch mal.« Er hielt mir die Figur hin. Ich streckte den Arm aus und griff nach dem König. Herr Frey öffnete seine rechte Hand und fing mit der linken meinen Arm auf, der sofort nach unten gesackt war. Seine Hand fühlte sich warm an auf meinem Unterarm. Sie war so groß, dass ich den Eindruck hatte, er könnte meinen Arm damit glatt umschließen.

Er lächelte. »König Arthur ist noch schwerer, als er aussieht.« Er nahm mir die Figur wieder ab.

»Stimmt«, sagte ich und räusperte mich.

»Ich wollte mich so umbringen, wie ein echter Ritter es gemacht hätte«, sagte Herr Frey, stellte die Figur an ihren Platz und setzte sich wieder zu mir. »Der Unfall ist, so gesehen, dazwischengekommen. Aber machen Sie sich keine Sorgen«, sagte er und schüttelte den Kopf, »heute bin ich heilfroh, dass ich noch lebe. Ich würde es nicht noch einmal tun.« Er sah mir in die Augen.

Ich löste meinen Blick von seinem. Vorsichtshalber sah ich auf die Uhr und zuckte zusammen. Wir hatten erheblich überzogen, in meiner Praxis erwartete mich bald mein nächster Patient.

»Herr Frey, es tut mir leid, aber wir müssen hier unterbrechen. Nächste Woche sprechen wir weiter.« Eilig packte ich meine Sachen zusammen. Er stand auf und begleitete mich zur Tür.

»Vielen Dank, Frau Ziegert, das Gespräch mit Ihnen hat mir gutgetan.« Er sah mich an und drückte mir erneut fest die Hand.

»Gerne«, sagte ich, wartete darauf, dass er meine Hand losließ, und schwitzte.

Zurück in meinem Auto öffnete ich alle Fenster, atmete einmal tief durch und fächerte mir mit meinen Notizen Luft zu. Ratlos hielt ich inne und sah auf die drei Blätter Papier in meiner Hand. Angesichts unseres langen Gespräches hatte ich mir erschreckend wenig notiert. Hatte Herr Frey so wenig erzählt? Ich schloss die Augen und versuchte, unsere Unterhaltung zu rekonstruieren. An Gesprächspausen konnte ich mich nicht erinnern, also worüber hatten wir gesprochen?

Erstens: Patrick Frey schläft mit Prostituierten in meinem Alter, fiel mir ein. Zweitens: Er hatte noch nie eine gleichaltrige Freundin. Und drittens: Er ist körperlich in beeindruckender Form. Ich schüttelte den Kopf. Was hatte er gleich wieder über seine Eltern gesagt? Ich legte die drei einsamen Seiten mit Notizen fächerförmig auf den Beifahrersitz. »Große Schwester« stand dort, sonst kaum etwas. Ich versuchte, mich zu konzentrieren, aber ich erinnerte mich hauptsächlich an das Spiel der Muskeln auf seinen Armen, an die kurzen Ärmel seines T-Shirts und das notdürftig gemachte Bett mit der schwarzen Bettwäsche.

Wenn ich ehrlich zu mir war, musste ich zugeben, dass mir nach dieser Begutachtung überwiegend ein Thema in den Sinn kam: Sex. Betrachtete man außerdem meine auf dem Beifahrersitz verstreuten Notizen, wurde deutlich, dass ich auch während der Begutachtung an kaum etwas anderes gedacht hatte. Mir wurde flau. Auf den ersten Blick schien es, als hätte Herr Frey mich aus dem Konzept gebracht und davon abgehalten, meine Aufgabe als Gutachterin zu erfüllen.

Ich lehnte mich zurück und schloss die Augen. Herr Frey

hatte mir Lust auf Sex gemacht, das stand außer Frage. Aber musste diese Tatsache ein Hindernis für die Begutachtung darstellen, oder konnte sie, im Gegenteil, vielleicht eine große Bereicherung sein?

Während einer Psychotherapie spielen sich zwischen Therapeut und Patient komplexe psychische Phänomene ab. Zwischen ihnen entsteht ein Spielfeld, das beide Parteien für ihre Zwecke – im besten Fall das Gelingen der Therapie – nutzen. Der Therapeut ist in der Therapiesituation das einzig verfügbare Gegenüber des Patienten und stellt ihm seine Person als Projektionsfläche zur Verfügung. Wie ein noch unbelichteter Film nimmt der Therapeut Ereignisse aus dem Inneren des Patienten auf, trägt sie nach außen und macht sie damit in gewisser Weise sichtbar. Hat der Therapeut eine Empfindung des Patienten bei sich wahrgenommen, wird er sie in der Regel auf ihrem gemeinsamen Spielfeld veröffentlichen, also dem Patienten gegenüber ansprechen. Befindet sich ein Gefühl aber erst einmal dieserart im Ring, können Therapeut und Patient gut mit ihm arbeiten und es verstehen lernen. Das Phänomen, dass ein Therapeut Gefühle seines Patienten auffängt und darstellt, nennt man Gegenübertragung.

Hat nun ein Therapeut im Rahmen einer Therapiesitzung ein bestimmtes Gefühl, in meinem Fall die Lust auf Sex, so muss er sich eine entscheidende Frage stellen. Er muss herausfinden, ob das Gefühl von ihm ausgeht, ob es also »seins« ist, oder ob er gerade dabei ist, ein Gefühl seines Patienten abzubilden, ob es vielmehr »fremd« ist.

Ich lehnte mich zurück, schloss die Augen und konzentrierte mich ganz auf mich selbst. Hatte ich tatsächlich Lust auf Sex mit Patrick Frey? Während unseres Gesprächs war ich fest davon überzeugt gewesen, nun kamen mir Zweifel. Ich hatte mich noch nie für besonders muskulöse Männer interessiert – und erst recht nicht für deutlich jüngere. Wenn ich jetzt, mit Distanz, meine Reaktion gegenüber diesem jungen Mann betrachtete, kam sie mir so absurd vor, dass ich lächeln musste. Nein, war mein Ergebnis, ich hatte keine Lust, mit einem Zwanzigjährigen zu schlafen.

Das Gefühl der Lust war also nicht meins, es musste sich um eine Gegenübertragung handeln. Nicht ich hatte Lust auf Sex, sondern Herr Frey. Er hatte allerdings keine Lust auf Sex mit mir. Der Therapeut dient dem Patienten lediglich als Stellvertreter für beliebige Personen in dessen Umfeld. Für das Gelingen der Therapie ist ausschlaggebend, dass der Therapeut diese Tatsache nicht aus dem Blick verliert. So schmeichelhaft es sein kann, sich von einem attraktiven jungen Mann begehrt zu fühlen, so bestand meine Aufgabe doch darin, herauszufinden, für welchen Menschen in Herrn Freys Umfeld sein Gefühl eigentlich bestimmt war.

Ich legte den Ellbogen auf das geöffnete Seitenfenster des Autos, stützte meinen Kopf in die Hand und dachte nach: Was sagte diese starke Lust auf Sex über den jungen Mann aus? Warum war sie so präsent? Wem galt sie? Ich dachte an die Prostituierte. Offenbar stand er auf ältere Frauen. Ich griff nach meinem Kugelschreiber und ließ ihn auf- und zuschnappen. Herr Frey hatte eine bestimmte sexuelle Vorliebe. Konnte diese simple Erkenntnis alles gewesen sein? Ich war nicht überzeugt. In diesem Moment fiel mir siedend heiß mein nächster Patient ein. Ich startete den Motor, und das Rätsel um Patrick Frey und seine Lust auf Sex mussten warten.

Am nächsten Tag fuhr ich mit dem Zug zu einer meiner Selbsterfahrungsgruppen in Nürnberg. Auf dem Klapptisch vor mir lag ein Stapel Papiere, den ich bearbeiten sollte, doch mir fehlte die Motivation. Ich sah aus dem Fenster und dachte an die ungewöhnliche Begegnung mit Patrick Frey. Punkt für Punkt ließ ich Revue passieren, was ich mir aus dem Gespräch vom Vortag gemerkt hatte.

Der junge Mann lebte zu Hause bei seinen Eltern und schien damit ganz zufrieden zu sein. Zumindest hatte er nicht den in seinem Alter verbreiteten Wunsch nach einer eigenen Wohnung geäußert. Er hatte einen Racheakt gegen eine Partnervermittlung begangen und sich dabei »wie ein Held in einem Actionfilm« gefühlt. Danach wollte er sich bei Sonnenuntergang heroisch den Bauch mit einem Messer aufschlitzen, wie es die zahlreichen Ritterfiguren in seinem Zimmer an seiner Stelle getan hätten. Als dramatisches Requisit für seinen Selbstmord hatte er ein Schwert eingepackt. Ich schüttelte den Kopf. Das Leben im Haus der Eltern mochte während einer Ausbildung üblich sein, aber die Ritterfiguren und der Heldentod mit Schwert kamen mir für einen Zwanzigjährigen zu kindlich vor.

So weit, so gut. Was fiel mir noch ein?

Herr Frey schwärmte von seiner Mutter, stellte sie so ausschließlich positiv dar, dass man von einer realitätsfremden Idealisierung sprechen konnte. Seinen Vater hingegen wertete er, ebenfalls in auffälligem Maße, ab. Auch dieses Verhalten erschien mir für einen Heranwachsenden inadäquat, es passte deutlich besser in eine viel frühere Phase der kindlichen Entwicklung. Mit einem Ruck setzte ich mich auf. Auf einmal ergaben alle Eindrücke, die ich von meinem Patienten gewonnen hatte, ein einheitliches Bild. Dass ich darauf nicht gleich gekommen war! Ich schlug meinen Kalender auf, suchte den nächsten Begutachtungstermin und seufzte. Noch fünf Tage, bis ich Herrn Frey wiedersehen und herausfinden würde, ob ich mit meiner Vermutung richtiglag. Ich klappte den Kalender zu und lächelte in mich hinein. Als erwachsene Frau würde ich natürlich in der Lage sein, geduldig abzuwarten.

Fünf Tage später besuchte ich Herrn Frey zum zweiten Mal in seinem Zimmer. Ich hatte kein bisschen Lust auf Sex mit ihm, was mich in meiner Analyse bestätigte: Es war nicht mein Gefühl, sondern eine Gegenübertragung. Gegenübertragungen enden nämlich in dem Moment, in dem sie entdeckt werden.

»Herr Frey«, eröffnete ich das Gespräch, »entschuldigen Sie den Überfall, aber bevor wir dort weitermachen, wo wir beim letzten Mal aufgehört haben, möchte ich Ihnen zwei Fragen stellen.«

»Gerne, schießen Sie los«, sagte er und lehnte sich vor.

»Wieso haben Sie ein Schwert?«

Er lachte. »Ich bin Mittelalter-Fan. Ich sammle nicht nur Ritterfiguren, ich fahre auch auf Mittelalterfeste in ganz Europa. Dort leben wir ein oder zwei Wochen lang wie früher, mit Suppenkesseln über dem Lagerfeuer, Met aus Hörnern, Gelagen – und eben Schwertern. Das Schwert habe ich schon länger und nehme es zu jedem Event mit. Es sieht toll aus, ist aber völlig stumpf. Damit hätte ich mich schwerlich umbringen können.« Er grinste. »Und Ihre zweite Frage?«

»Würden Sie gerne mit Ihrer Mutter schlafen?« Ich hielt den Atem an.

Er stützte die Ellbogen auf die Knie und schwieg.

»Ja«, sagte er dann, »ja, das würde ich gerne tun. Sogar sehr gerne. Und ich glaube, ich wünsche es mir schon lange.« Er sah mich an.

In diesem Moment musste ich mich beherrschen, um meine

Begeisterung für mich zu behalten. Als Psychiaterin habe ich weder Stethoskop noch Röntgen- oder Ultraschallgerät, um eine Diagnose zu stellen, sondern ausschließlich meine eigenen Emotionen – aber die reichen aus! Ich muss lediglich den Mut haben, auch unerwartete Gefühle zuzulassen, diese dann richtig einzuordnen und schließlich dem Patienten gegenüber anzusprechen. Es ist immer wieder beeindruckend, wenn dieses Prinzip funktioniert.

Seine gelassene Reaktion passte dabei völlig ins Bild. Er hatte den Wunsch nach Sexualität mit seiner Mutter nicht nur bekräftigt, sondern sich darüber hinaus kein bisschen überrascht oder empört gezeigt. Für die meisten zwanzigjährigen Männer wäre die Unterstellung, sie wünschten sich die körperliche Vereinigung mit ihrer Mutter, ein Affront, sie würden mich als verrückt bezeichnen und wahlweise laut lachen oder beleidigt sein – schlicht und ergreifend deshalb, weil ihnen dieser Gedanke völlig fernliegt. Herr Frey hingegen ging sofort auf meine Frage ein und konnte sie ohne viel Aufhebens mit Ja beantworten. Er war weder schockiert noch verwundert, weil ich lediglich Tatsachen ausgesprochen hatte, die ihm längst bekannt waren. Als Analytikerin kann ich für den Patienten nichts Neues erfinden, ich kann ihm nichts in den Mund legen und ihn, genau genommen, auch nicht überraschen. Denn entweder meine Einschätzung ist ein Irrtum – dann schüttelt mein Patient den Kopf und geht kommentarlos zum nächsten Punkt über. Oder aber die Beobachtung ist zutreffend – dann kennt er sie, jedenfalls unbewusst, viel länger und besser als ich. Spreche ich solche lang bekannten Fakten nun aus, so reagiert mein Gegenüber logischerweise nicht erstaunt oder empört über die wahnwitzige Unterstellung, sondern ist vielmehr erleichtert über die Tatsache, dass die psychische »Baustelle« endlich als solche erkannt und angesprochen wird.

Manchmal dauert es etwas länger, bis der Patient bereit ist, eine Deutung anzunehmen, manch einer lehnt sie vorerst ab. In diesen Fällen tritt die Gegenübertragung im Rahmen der Therapie immer mal wieder auf, und der Therapeut kann einen geeigneten Moment abwarten, in dem er sie stimmig wieder zum Gesprächsthema macht. Die zeitliche Verzögerung ist dabei irrelevant. In einer Therapiesituation geht nichts verloren, alle Themen und Erkenntnisse haben ihren Zeitpunkt.

Herr Frey redete nun wie befreit. Er erzählte, dass er seine Mutter begehrte, solange er denken konnte, dass er nie eine andere Frau so intensiv begehrt hatte. Als er in die Pubertät kam und der Wunsch nach Sexualität konkret und drängend wurde, fing er an, immer intensiver Sport zu treiben, um sich von den Gedanken an seine Mutter abzulenken. In seinem, wie er sagte, ersten Leben war das Bodybuilding seine Medizin gegen die verbotenen Gefühle gewesen. Er hatte den Sport bis in die Sucht gesteigert, weil er nach dem Training zu erschöpft war, um noch an Sex zu denken. Wenn er an seinem Körper arbeitete, dann zählte nur der sportliche Erfolg, alles andere wurde nebensächlich – selbst die Sehnsucht nach seiner Mutter. Die Disziplin des Bodybuildings hatte ihm geholfen, auch in anderen Lebensbereichen streng zu sich zu sein, viele Jahre lang hatte er sich und seine Gefühle im Griff.

Erst als er anfing, Medikamente zum Muskelaufbau zu nehmen, verlor er die Kontrolle. Sie machten ihn zwar leistungsfähiger, aber auch aggressiver – und sexuell aktiver. Er konnte sich schwer konzentrieren und auch nach stundenlangem Training nicht entspannen, seine Sehnsucht war rund um die Uhr präsent. Er war ständig unruhig, schlief wenig und geriet täglich mit jemandem in Streit. Seine beruflichen Leistungen nahmen ab. Die Frauen in seiner Umgebung hielten Abstand, weil er ihnen zu muskulös und offensiv war. Als ihm die unheilvolle Veränderung bewusst wurde, versuchte er gegenzusteuern, indem er häufiger zu Prostituierten ging und schließlich sogar eine Partnervermittlung aufsuchte. Aber seine Rettungsversuche schlugen fehl. Die Bordellbesuche bescherten ihm keine wirkliche Befriedigung, und die Partnervermittlung empfand er als Betrug. Aus allen Richtungen nahmen die Spannungen zu – bis Herr Frey erst eine Straftat beging und sich dann mit einem Knall ins Koma schoss.

Nach dem Unfall war in jeder Hinsicht der Druck weg. Die Prüfungen waren vorbei, er hatte massiv an Muskelmasse verloren und die Anabolika abgesetzt. In sexueller Hinsicht fühlte er nichts, weil sein Unterleib von den Bauchverletzungen ganz taub war.

»Aber jetzt, wo ich wieder gesund werde und nicht mehr so viel Sport mache«, sagte er und legte die Hände aneinander, »jetzt wird mein Wunsch deutlicher. Immer öfter stelle ich mir vor, meine Mutter zu berühren.« Forschend sah er mich an. »Warum passiert mir das? Das ist doch nicht normal!«

Ich atmete tief durch. Herr Frey hatte völlig recht, seine Situation war ungewöhnlich. Doch wie war er da hineingeraten? Ausgangspunkt für des Rätsels Lösung war seine Begeisterung für Ritter und Helden. Erwachsene Männer hatten sicherlich Spaß daran, mit ihren Söhnen Schwerter zu basteln, und manche von ihnen mochten mit Freude an Mittelalterfesten teilnehmen. Er aber ging einen Schritt weiter: Eine Brandstiftung hatte er als Actionfilm erlebt und sich ein stumpfes Schwert als Requisite eines unrealistischen Planes zur Selbsttötung ausgesucht. Diese Bilder und Vorstellungen waren zu kindlich für einen Zwanzigjährigen. Herr Frey war nicht wie die meisten Jugendlichen seines Alters ein Stück erwachsen geworden, sondern in einer früheren Entwicklungsstufe hängen geblieben. Betrachtet man nun die kindlichen Entwicklungsphasen, wie sie im Lehrbuch stehen, so findet man eine Periode, in der seine Empfindungen absolut üblich sind: die ödipale Phase.

Namensgeber der ödipalen Phase ist Ödipus, eine Gestalt der griechischen Mythologie, der zeitlebens für die Verfehlungen seines Vaters Laios, des Königs von Theben, einstehen musste.

König Laios hatte sich in einen seiner Schüler verliebt und diesen entführt, um ihn zu seinem Geliebten zu machen. Als dessen Vater von der Entführung erfuhr, verfluchte er Laios. Das Orakel von Delphi verkündete dem König die Folgen seines Tuns: »Solltest du jemals einen Sohn zeugen, so wird dieser seinen Vater erschlagen und seine Mutter heiraten.«

Als Laios' Frau Iokaste nun tatsächlich einen Sohn gebar, ließ das Königspaar das Kind vorsichtshalber im Wald aussetzen. Natürlich hatten die beiden die Kraft des Fluches unterschätzt. Wie es sich für eine gute Geschichte gehört, fand ihr Kind nicht den Tod, sondern wurde Adoptivsohn des Königs von Korinth, bei dem es unter dem Namen Ödipus friedlich aufwuchs. Erst als junger Mann bekam Ödipus Zweifel an seiner Herkunft und machte sich seinerseits auf den Weg nach Delphi, um Antworten zu erhalten. Das Orakel ignorierte die Frage nach seinen leiblichen Eltern und teilte ihm stattdessen mit, dass er seinen Vater töten und seine Mutter heiraten werde. Entsetzt beschloss Ödipus, nie mehr zu seinen vermeintlichen Eltern nach Korinth zurückzukehren, und machte sich auf den Weg in die Ferne.

An einem Gebirgspass traf er auf einen entgegenkommenden Wagen und geriet mit dessen Fahrer in Streit. Nachdem der Fremde eines seiner Pferde erstochen hatte, tötete Ödipus den Fahrer und den ihm unbekannten Passagier – seinen leiblichen Vater Laios. Der erste Teil des Fluches hatte sich erfüllt, ohne dass es Ödipus bewusst gewesen wäre.

Ödipus reiste weiter nach Theben. Die Stadt wurde zu dieser Zeit von der Sphinx in Angst und Schrecken versetzt. Die Sagengestalt lauerte Reisenden auf, stellte ihnen ein Rätsel und verschlang jeden, der es nicht lösen konnte. Das Rätsel lautete: Was hat am Morgen vier Füße, am Mittag zwei und am Abend drei? Es ist das einzige Geschöpf, das die Zahl seiner Füße wechselt und doch die wenigste Kraft hat, wenn die Zahl seiner Füße am größten ist.

Ödipus war der Einzige, der es lösen konnte. »Du meinst den Menschen«, sagte er zur Sphinx, »der als Kind auf zwei Knien und zwei Händen kriecht, in der starken Mitte seines Lebens auf zwei Beinen steht und als Greis einen Stock als dritten Fuß zur Hilfe nimmt.«

Die Sphinx reagierte wenig souverän und stürzte sich in den Tod.

Theben wiederum hatte demjenigen, der die Stadt von der Sphinx befreite, den Königsthron und die Hand der verwitweten Königin versprochen. Ödipus nahm an und heiratete so unwissend seine leibliche Mutter Iokaste. Viele Jahre und vier Kinder später erfuhr Ödipus, dass das Orakel recht behalten hatte, und stach sich verzweifelt seine unnützen Augen aus, die ihn das Unrecht von Mord und Inzest nicht hatten sehen lassen.

Die Geschichte von Ödipus erinnert an ein Verhalten, das Kinder im Alter zwischen drei und sechs Jahren zeigen. In dieser Zeit schwärmen sie oft für das gegengeschlechtliche Elternteil und messen sich am gleichgeschlechtlichen. Jungen in diesem Alter beschließen zum Beispiel, ihre Mutter zu heiraten, und weigern sich, anders als in den Jahren zuvor, sich von ihrem Vater ins Bett bringen zu lassen. Das Kind entdeckt seine Sexualität, es begehrt seine Mutter und möchte den Platz – gewissermaßen den Thron – des Vaters einnehmen. In einer gut funktionierenden Familie wird dieser Konflikt bald überwunden. Der Vater weist seinen Sohn in die Schranken, ohne ihn abzuwerten, und verteidigt seine Frau. Der Sohn verzichtet auf die erotische Beziehung zur Mutter und sieht im starken Vater nicht mehr den Rivalen, sondern ein Vorbild. Schlussendlich geht das Kind in seiner männlichen – beziehungsweise weiblichen – Identität gestärkt aus der ödipalen Phase hervor.

Die Familie von Herrn Frey hatte diesen letzten Schritt zur Lösung des Konfliktes noch nicht getan. So war er mit über einem Jahrzehnt Verspätung in dem kindlichen Wunsch nach der Eroberung seiner Mutter hängen geblieben. Als ich ihm die Zusammenhänge erklärte, hörte er mir aufmerksam und beständig nickend zu. Er schrieb die Namen Laios, Ödipus und Iokaste auf ein Blatt Papier und verband sie mit Linien zu einem Dreieck. Nachdem ich geendet hatte, lehnte er sich zurück, streckte die Beine von sich und atmete hörbar aus.

»Das heißt, ich bin gar nicht verrückt«, fragte er, »sondern bloß spät dran?«

Ich nickte. Lächelnd schloss er die Augen.

Beim Blick auf die Uhr seufzte ich. »Unsere Zeit ist leider schon wieder vorbei«, sagte ich. »Langsam, aber sicher muss ich weiter.«

Er sah mich an und nickte. »Ist in Ordnung.«

»Das waren viele Neuigkeiten an einem einzigen Tag.« Ich betrachtete ihn. »Wie geht es Ihnen damit?« Genau genommen, machte ich mir ein wenig Sorgen. »Über Pfingsten bin ich zwei Wochen im Urlaub«, fuhr ich fort, »aber direkt im Anschluss können Sie mich wieder erreichen.« Mir war ein wenig mulmig dabei, ihn mit so vielen neuen und kaum bearbeiteten Erkenntnissen alleine zu lassen.

»Oh, es geht mir bestens.« Er richtete sich auf und stützte die Ellbogen auf die Knie. »Ich weiß auch schon genau, was ich als Nächstes mache.«

»Nämlich?«, fragte ich.

»Das verrate ich Ihnen nicht.« Er grinste. »Also nicht vorher. Hinterher erzähle ich es Ihnen, versprochen.« Er rieb sich die Hände. Trotz meines ungutes Gefühls blieb mir nichts anderes übrig, als mich zu verabschieden.

Gemeinsam gingen wir die Treppe hinauf. Als seine Mutter uns im Flur entgegenkam, machte ihr Sohn einen Bogen um sie. Sie sah mich an und zog fragend die Brauen hoch.

Herr Frey war in der Tür stehen geblieben. »Auf Wiedersehen«, sagte er und drückte meine Hand kurz, bevor er hinter mir die Tür schloss.

Die nächsten zwei Wochen war ich wie jedes Jahr an der Nordsee und genoss die Zeit dort in vollen Zügen. Nur widerwillig tauschte ich die Dünen gegen mein Arbeitszimmer und zückte einen Stift, um die gesammelten Werke meines Anrufbeantworters zu ordnen und zu Papier zu bringen. Je weiter ich das Band abhörte, desto unruhiger wurde ich. Patrick Frey hatte mehrfach angerufen und um einen Rückruf gebeten, obwohl er doch wissen musste, dass ich im Urlaub war. Wenn Gutachtenskandidaten so intensiv den Kontakt zu mir suchen, befinden sie sich oft in einer Notlage. Nach der vierten Nachricht von ihm brach ich das Abhören des Anrufbeantworters ab und griff zum Telefon. Während ich die von ihm hinterlassene Handynummer wählte, lief ich zwischen meiner Couch und dem Schreibtisch auf und ab.

»Frey.«

Ich blieb stehen und holte Luft. Jedenfalls war er am Leben.

»Herr Frey«, sagte ich, »Sie haben bei mir angerufen. Mehrfach! Was ist denn los?«

»Frau Ziegert«, rief er, »wie schön, Sie zu hören! Sie glauben nicht, was passiert ist!«

»Ja, was denn nun?«

Seine Stimme überschlug sich beinahe: »Ich bin ausgezogen!«

Ich musste lachen, verdrehte die Augen und ließ mich auf mein Sofa fallen.

»Das freut mich wirklich sehr für Sie«, sagte ich. »Wie kam es dazu?«

»Ich habe meiner Mutter gesagt, dass ich mit ihr schlafen will.«

»Sehr gut. Und?«

»Sie hat sich vor allem erschrocken.« Ich konnte hören, wie er grinste. »Sie ist auf den Sessel in unserem Wohnzimmer gesunken und hat sich an den Kopf gefasst. Ich hätte nicht gedacht, dass du das eines Tages ansprichst, hat sie gesagt und dann eine ganze Weile geschwiegen.« Er wurde ernst. »Irgendwann hat sie mich angesehen und mir gesagt, dass sie es nicht will. Sie war sehr bestimmt. Dann hat sie nach meinem Vater gerufen und ihm erzählt, was passiert ist. Er hat sich neben sie gestellt, ihr eine Hand auf die Schulter gelegt und gesagt, dass sie seine Frau ist, nicht meine. Meine Mutter hat daraufhin ihre Hand auf seine gelegt, und zusammen haben sie gewartet, bis ich auf mein Zimmer gegangen bin.« Er verstummte.

»Wie geht es Ihnen mit den Ereignissen?«

Ich hörte ihn atmen.

»Ich weiß nicht so recht.« Er dachte nach. »Es ist weniger schlimm, als ich erwartet hatte. Irgendwie…« Ich wartete, bis er die richtigen Worte fand. »… irgendwie dachte ich immer, es würde wehtun, aber stattdessen hat es mich ruhiger gemacht.«

Ich lächelte.

»Ich habe darüber nachgedacht, woher das kommt«, sagte er. »Kann es sein, dass ich jetzt ruhiger bin, weil ich, wie soll ich das sagen, nachgereift bin? Wie die steinharten Supermarkt-Pfirsiche? Es heißt doch immer, dass man im Alter ruhiger wird.«

Ich nickte, bis mir bewusst wurde, dass er mich nicht sehen konnte.

»Ja, ich glaube, so kann man es beschreiben«, schob ich nach.

Stünde die Geschichte der Familie Frey in einem Lehrbuch, würde man sie als absurd theoretisch und verkopft abtun. Die drei hatten mit über einem Jahrzehnt Verspätung in Worten nachvollzogen, was normalerweise im Kindesalter anhand von Handlungen passiert: Der Sohn hatte versucht, seine Mutter zu verführen, die hatte sich ihm verweigert, und der Vater hatte klargestellt, dass er seinen Platz für den Sohn nicht räumen würde.

Das Ehepaar Frey hatte dabei auf die, aus Sicht eines Außenstehenden, erstaunliche Offenbarung ihres Sohnes ebenfalls nicht überrascht reagiert. Seine Mutter hatte einen

Moment gebraucht, bis sie ihn zurückweisen und die nach vielen Jahren gewohnte Rolle der von einem jungen Mann begehrten Frau aufgeben konnte. Sein Vater musste sich plötzlich einer lange vermiedenen Konfrontation mit seinem Sohn stellen. Beide waren in dieser Situation sicherlich emotional aufgewühlt, schließlich stand eine längst überfällige Veränderung ins Haus, aber verwundert oder empört waren sie nicht. Sie stellten sein Begehren nicht infrage und taten es nicht als jugendliche Spinnerei ab, sondern setzten sich ernsthaft mit ihm auseinander – weil sie es kannten. Weil sie wussten, dass es Realität und seit langer Zeit Teil ihrer Familiengeschichte war.

Nachdem seine Eltern endlich Stellung bezogen hatten, konnte Herr Frey die Eroberung seiner Mutter aufgeben und erwachsener werden, zum Beispiel, indem er eine eigene Wohnung mietete. Diese Entwicklung entlastete ihn ganz erheblich, weil er ein unerreichbares Projekt, einen Kampf gegen Windmühlen aufgeben und seine Kraft für sinnvollere Dinge nutzen konnte. Diese Entwicklung, die normalerweise Monate oder Jahre in Anspruch nimmt, hatte sich innerhalb weniger Wochen vollzogen. Ich war völlig baff.

»Das war's eigentlich schon«, sagte Herr Frey, »mehr gibt es nicht zu berichten.«

»Viel mehr hätte ich auch nicht verkraftet«, sagte ich. »Aber ich freue mich unheimlich für Sie und gratuliere Ihnen herzlich zur eigenen Wohnung!«

»Dann sehen wir uns wohl vor Gericht«, sagte er. »Oder brauchen wir noch ein Treffen?«

»Nein«, sagte ich, »das brauchen wir nicht. Alles Gute bis dahin!« Dann legte ich auf und setzte mich an den Schreibtisch, um mit großer Motivation das Gutachten über ihn zu schreiben.

Die erste Frage des Gerichtes, ob Herr Frey nach Jugend- oder Erwachsenenstrafrecht zu beurteilen sei, konnte ich leicht beantworten. Er war zum Zeitpunkt der Tat in vielerlei Hinsicht kindlich gewesen und damit eindeutig dem Jugendstrafrecht zu unterstellen.

Damit blieb die zweite Frage, diejenige nach seiner »Gefährlichkeit«. Herr Frey hatte bereits während der Tat keinen Menschen schädigen wollen, durch den Brand aber eine nicht unerhebliche Gefahr geschaffen. Als er die Tat begangen hatte, war er eine Gefährdung für seine Mitmenschen gewesen. Und nun, einige Wochen später?

In den Jahren vor der Brandstiftung hatte er sich in einem ödipalen Konflikt befunden. Einerseits hatte er sich Sexualität mit seiner Mutter gewünscht, andererseits gewusst, dass sein Verlangen mit einem gesellschaftlichen Tabu belegt war. Er schämte sich für seine Wünsche und hielt sie durch intensives Bodybuilding unter Kontrolle – bis er zu Medikamenten griff. Diese widersprüchlichen Gefühle der Sehnsucht und der Scham hatten sich in der Tatnacht entladen. Herr Frey war also straffällig geworden, weil er unter dem Einfluss von Anabolika seinen seit Langem bestehenden ödipalen inneren Konflikt nicht mehr ausgehalten hatte.

Warum er gerade eine Partnervermittlung angezündet hatte? Salopp ließe sich das so formulieren: weil auch die ihm seine Mutter nicht vermitteln konnte. Hinzu kam, dass die Agentur versucht hatte, ihn durch eine Klausel im Kleingedruckten zur Zahlung eines erheblichen Geldbetrages zu verpflichten. Dieser Betrugsversuch bedeutete eine weitere Kränkung für den angeschlagenen jungen Mann und löste eine, aus den beschriebenen Gründen überzogene, Gegenreaktion aus.

Nach der Begutachtung hatten sich seine Lebensumstände

entscheidend verändert. Ich hatte seinen Konflikt nur ein einziges Mal ansprechen müssen, und schon war es ihm aus eigener Kraft gelungen, ihn aufzulösen. Seine Mutter hatte die von ihm geäußerten Wünsche klar zurückgewiesen. Herr Frey hatte sein Verlangen als unangemessen anerkannt und durch den Auszug eine gesunde Distanz zu seiner Mutter geschaffen. Im Anschluss daran hatte er gespürt, dass er innerlich ruhiger wurde.

Nachdem also der Konflikt gelöst und die emotionale Bedrängnis, die Herrn Frey in die Strafbarkeit hatte abgleiten lassen, beseitigt waren, rechnete ich nicht damit, dass er erneut straffällig werden würde. Ich hielt ihn für »ungefährlich«.

Was am Ende offenblieb, waren die Motive seiner Mutter. Warum hatte sie ihren Sohn in einem so kindlichen und eng gebundenen Stadium festgehalten? Warum ließ sie ihn nicht erwachsen werden? Die Macht, eine kindliche Entwicklung zu beeinflussen, hat nämlich nicht nur das Kind selbst, sondern im Wesentlichen seine Eltern. Um diese Frage zu beantworten, hätte ich jedoch mit ihr selbst sprechen müssen, nicht mit ihrem Sohn. Ich hätte herausfinden müssen, inwiefern es ihr nützte, wenn ihr Kind in einem frühen Entwicklungsstadium hängen blieb, welchen emotionalen Gewinn sie aus der Situation zog.

Eine Mutter kann diverse Gründe haben, ihr Kind nicht aus der ödipalen Phase herauszulassen. Um nur zwei Beispiele zu nennen: Sie kann das Kind eng an sich binden, damit es sie nicht allzu schnell verlässt und sie auch weiterhin eine Aufgabe hat. Alternativ kann das Kind zur Stabilisierung des Selbstwertgefühles als Ersatz für einen Partner dienen, der entweder nicht vorhanden ist oder von der Mutter als zu schwach oder zu wenig männlich unterstützend wahrgenommen wird.

Da Patrick Freys Mutter aber nicht auf meiner Couch lag, sondern ich ihren Sohn begutachtete, wird diese Frage, wie so viele andere, für mich ungeklärt und für Spekulationen offenbleiben. Als Gutachter muss ich akzeptieren, dass ich hier und dort nur Ausschnitte von Familienkonstellationen mitbekomme, ohne das ganze Bild zu sehen. Angesichts der erstaunlichen Entwicklung von Herrn Frey konnte ich in diesem Fall allerdings ausgesprochen gut damit leben.

Einige Wochen später fand die Verhandlung statt. Patrick Frey sah in seinem dunklen Anzug hervorragend aus, obwohl er ein wenig blass um die Nase war. Breitbeinig saß er auf der Anklagebank und beobachtete jede Regung des Richters mit großen Augen. Am Ende der Verhandlung erhoben sich alle Anwesenden. Er knöpfte sein Jackett zu, stand aufrecht und drehte unablässig einen Gegenstand zwischen den Fingern. Über das Urteil konnte er sich nicht beschweren. Das Gericht folgte meiner Einschätzung und verurteilte ihn zu einer Bewährungsstrafe nach Jugendstrafrecht. Beim Verlassen des Saales lächelte er mir erleichtert zu.

»Was haben Sie denn da in der Hand?«, fragte ich.

Er grinste und öffnete seine Faust. In seiner Handfläche lag ein blau-goldenes Schild. »Das ist von den…«

»… den Drachenrittern«, sagte ich und seufzte. »Ich weiß.« Lächelnd schüttelte ich den Kopf. Es schien, als wäre Patrick Frey mit dem Erwachsenwerden doch noch nicht ganz fertig.

Das verlorene Kind

Am 14. Mai 2002 kurz vor neun Uhr abends betrat ein junges Paar die gynäkologische Abteilung des Klinikums Osnabrück. Die Frau selbst sprach kaum Deutsch, sodass der Mann, der sie begleitete, übersetzte. Nach dessen Aussage litt die Patientin an starken Blutungen aus der Scheide und hatte Bauchschmerzen. Da der Oberarzt Herr Dr. Schöfer gerade operierte und keine akuten Blutungen erkennbar waren, bat der Stationsarzt die Frau, im Flur Platz zu nehmen und zu warten. Als Herr Dr. Schöfer die Patientin eine Viertelstunde später abholen wollte, trat sie gerade aus der Besuchertoilette und kam ihm am Arm des Mannes entgegen. Auf dem Weg von der Toilette ins Untersuchungszimmer blutete sie so stark, dass sie eine rote Spur auf dem Boden hinterließ. Ihr Begleiter übersetzte, dass in der Toilette »etwas abgegangen« sei. Herr Dr. Schöfer begann sofort, die Frau zu untersuchen, und stellte fest, dass aus ihrer Scheide eine abgerissene Nabelschnur hing. Der Mutterkuchen ragte in die Scheide, und er konnte die bei einer Geburt üblichen Verletzungen erkennen.

Er wies seinen Assistenzarzt an, nach dem Neugeborenen zu suchen und die Polizei zu rufen, dann bereitete er die Mutter auf die Narkose vor und schickte ihren Begleiter nach Hause. Bei der Patientin mussten diverse Verletzungen am Geburtskanal genäht werden, außerdem nahm er eine Ausschabung der verbliebenen Plazenta vor.

Als Herr Dr. Schöfer den OP verließ, hatte sich vor der Besuchertoilette eine Traube von Menschen gebildet. Ein Polizist trat auf ihn zu und bat ihn, die Situation rund um die Aufnahme der Patientin im Detail zu beschreiben. Herr

Dr. Schöfer erfüllte ihm den Wunsch, fragte dann aber sofort nach dem Zustand des Neugeborenen.

»Ach, Sie wissen es noch gar nicht«, der Polizist zog die Brauen hoch.

»Nein«, sagte Herr Dr. Schöfer, »was ist mit dem Kind?«

»Es ist keines da.« Der Beamte seufzte. »Die Mutter ist noch nicht ansprechbar, schätze ich?«

»Nein.« Herr Dr. Schöfer schüttelte den Kopf. »Es wird noch eine Weile dauern, bis die Narkose nachgelassen hat… Aber das kann doch nicht so schwierig sein.« Er musste beinahe laut lachen. »Unser Personal hat gesehen, wie sie schwanger auf die Toilette gegangen ist und frisch entbunden wieder herauskam. Ihr Begleiter saß vor der Tür. Das Kind ist dort drin!« Er zeigte auf die Menschenmenge vor dem kleinen Raum.

Der Polizist sah ihn an, seufzte und kratzte sich am Kopf. »Theoretisch gebe ich Ihnen recht. Wir haben dort auch das meiste Blut gefunden. Ganz praktisch wäre ich Ihnen dennoch dankbar, wenn Sie sich an der Suche beteiligen könnten. Sie kennen die Räumlichkeiten schließlich gut. Ich für meinen Teil bin mit meinem Latein am Ende.« Er machte eine einladende Handbewegung. Herr Dr. Schöfer schüttelte den Kopf über so viel Unfähigkeit, drängte sich an einer Reihe von Polizisten und Kollegen vorbei und betrat die Besuchertoilette.

Es handelte sich um einen einzigen Raum von höchstens zehn Quadratmetern. Das Milchglasfenster ließ sich nicht öffnen, von der Tür aus rechts befand sich das Waschbecken, links die behindertengerechte und dementsprechend geräumigere Toilette. Sonst gab es dort nichts, keine Schränke, keine Behältnisse, keine Nischen. Als Herr Dr. Schöfer den Raum an diesem Abend betrat, sah er aus wie immer, nur der Boden war bedeckt von dem Blut der Geburt, die hier ganz offensichtlich stattgefunden hatte.

Gemeinsam mit seinen Kollegen, den Schwestern, Pflegern und der Polizei lief er durch das Blut und suchte, wo es nichts zu verstecken gab. Aus schierer Verzweiflung schraubten sie zuletzt sogar die Toilettenschüssel ab. Das Kind blieb verschwunden. Der Suchtrupp gab auf, die Polizei versiegelte die Toilette als möglichen Tatort, und Herr Dr. Schöfer beendete seine Schicht zum ersten Mal in seinem Berufsleben mit einer Vermisstenmeldung.

Noch in der Nacht vernahm die Polizei den Mann der unbekannten Patientin, Vahit Idrisov. Herr Idrisov war sichtlich empört darüber, dass die Polizei ermittelte. Seine Frau habe Probleme im Unterleib gehabt, deshalb sei er mit ihr ins Krankenhaus gefahren. Er habe sie dazu überredet, endlich zum Arzt zu gehen, sie selbst habe davor große Angst gehabt, und wenn er sah, wie sie hier behandelt wurde, könne er sie auch verstehen. Ihm war völlig unverständlich, was die Polizei mit dieser Geschichte zu tun hatte.

»Wie lange sind Sie schon verheiratet?«, fragte der Beamte.

»Seit einem Monat«, sagte Herr Idrisov.

»Und wann hatten Sie Ihren ersten Intimverkehr mit Ihrer Frau?«

Herr Idrisov sah den Beamten entgeistert an. »Ich weiß schon, dass Sex vor der Ehe nicht richtig ist, aber ist dafür in Deutschland die Polizei zuständig? Bei uns macht das der Imam.«

Der Beamte schüttelte den Kopf und wiederholte seine Frage.

»Vor acht Monaten«, gab Herr Idrisov zu.

»Wann hatten Sie das letzte Mal Intimverkehr mit Ihrer Frau?«

»Vor zwei oder drei Tagen.«

»Und dabei ist Ihnen nicht aufgefallen, dass sie schwanger war?«

Herr Idrisov begann zu stammeln und griff nach dem Türstock. Nein, ihm war nicht aufgefallen, dass seine Frau schwanger war, das sei auch gar nicht möglich. Nein, sie hatten nicht verhütet, sie wollten schließlich beide ein Kind, aber er hätte es doch gemerkt, wenn sie schwanger gewesen wäre, sie hätte es ihm auch mit Sicherheit gesagt, er hätte sich schließlich gefreut! Als der Polizist sich verabschiedete, war Herr Idrisov den Tränen nahe und starrte mehrere Minuten lang in das dunkle Treppenhaus, bevor es ihm gelang, hinter dem Beamten die Wohnungstür zu schließen.

Am nächsten Morgen, als die Patientin aus ihrer Narkose erwacht und wieder ansprechbar war, vernahm die Polizei auch sie. Man hatte in weiser Voraussicht einen Polizisten mit tschetschenischen Wurzeln zu ihr geschickt, da die junge Frau nach Angabe der Ärzte so gut wie kein Deutsch sprach.

Freundlich teilte sie dem Beamten in ihrer Muttersprache ihren Namen mit, Malika Edilova, und dass sie 24 Jahre alt war.

»Ich komme aus Sadovoye«, erzählte Frau Edilova. »Das ist ein Dorf ganz in der Nähe unserer Hauptstadt Grosny.«

»Wann und weshalb sind Sie nach Deutschland gekommen?«, fragte der Beamte.

»Vor zwei Jahren. Ein Onkel von mir lebt schon lange hier und hat mich eingeladen herzukommen, weil es hier Arbeit für mich gibt. Meine Mutter war dafür, wegen des Krieges, und dann ging alles sehr schnell. Ich habe mich von meiner Familie verabschiedet, bin zu meinem Onkel nach Osnabrück gezogen und habe begonnen, als Putzfrau zu arbeiten. In Deutschland gibt es wirklich sehr viele Jobs. Ich habe meinem Onkel das erst nicht geglaubt, aber er hatte recht! Ich könnte Tag und Nacht arbeiten. Haben die in Deutschland nicht genug Putzfrauen?« Sie sah den Beamten an.

»Wann haben Sie Ihren Mann kennengelernt, und seit wann sind Sie verheiratet?«, fragte der Polizist.

»Mein Onkel hat mir meinen Mann vorgestellt, kurz nachdem ich nach Deutschland gekommen bin. Ich war sofort mit ihm einverstanden, auf den ersten Blick. Zwei Wochen später war mein Mann dann auch mit mir einverstanden. So ganz offiziell verheiratet sind wir nicht, weil wir noch nicht alle notwendigen Papiere haben, aber vor einem Monat haben wir eine religiöse Hochzeit gefeiert, und die staatliche kommt auch bald, hoffe ich.« Frau Edilova lächelte den Beamten an. »Das ist sehr nett, hier im Krankenhaus einen Landsmann zu treffen, aber müssen Sie nicht eigentlich arbeiten?«

Der Polizist glaubte, sich verhört zu haben.

»Ich bin am Arbeiten! Wo ist das Kind?«, kam er zum Punkt.

»Welches Kind?«

»Na, Ihr Kind!«

Frau Edilova lachte. »Ich habe kein Kind. Leider!«

»Sie waren doch schwanger«, hakte der Polizist nach.

»Das wüsste ich aber«, sagte Frau Edilova und sah den Beamten mit großen Augen an.

Am selben Tag gegen 14 Uhr trat die Putzfrau der Abteilung ihren Dienst an und nahm sich als Erstes die von der Polizei inzwischen freigegebene blutige Toilette vor. Um den Boden wischen zu können, stellte sie den Mülleimer auf die zwischenzeitlich wieder montierte Toilettenschüssel. Verwundert über sein Gewicht öffnete sie den Deckel, erschrak zu Tode und brachte dem Stationsarzt weinend das leblose, so verzweifelt gesuchte Neugeborene.

Herr Dr. Schöfer sank auf seinen Bürostuhl und fuhr sich mit der Hand über die plötzlich schweißnasse Stirn. Dann rief er nach seinem Stationsarzt. Die beiden Kollegen saßen sich gegenüber und rekapitulierten mehrfach Schritt für Schritt den vergangenen Abend. So oft sie die Ereignisse aber auch durchspielten, eine Frage blieb ungeklärt: Hatte wirklich keiner von ihnen in den Mülleimer gesehen? Waren sie tatsächlich so nachlässig gewesen? War der kleine Junge gestorben, weil sie vergessen hatten, den Deckel des einzig verfügbaren Behältnisses im Raum anzuheben?

Der Stationsarzt stand auf und füllte zwei Gläser mit Wasser.

»Gehen wir einmal davon aus, dass wir wirklich beide auf dem Schlauch standen«, sagte er und begann, in dem kleinen Raum auf und ab zu gehen. »Was war dann mit den Kollegen, den Pflegern und Krankenschwestern? Das gesamte Nachtpersonal hat sich an der Suche beteiligt. Ist denn wirklich niemand auf die Idee gekommen, im Mülleimer zu suchen?« Er schüttelte den Kopf.

»Hätten nicht wenigstens die Polizisten daran denken müssen?« Herr Dr. Schöfer richtete sich auf. »Die sind doch dafür ausgebildet, Wohnungen zu durchsuchen, die tun das sicher ständig. Gehört ein Blick in den Mülleimer für einen Polizisten nicht zum absoluten Standard?«

»Noch dazu, wenn sich die Suche auf einen winzigen Raum

beschränkt, in dem es keinerlei Staumöglichkeiten gibt?«, warf der Stationsarzt ein.

Herr Dr. Schöfer rieb sich die Augen. Zwei Dutzend Menschen waren über Stunden hinweg nur Zentimeter von dem Baby entfernt gewesen. Wie war es möglich, dass niemand es gefunden hatte?

Das Amtsgericht Osnabrück erhob Haftbefehl gegen Malika Edilova mit dem Vorwurf, ein lebensfähiges Kind geboren und anschließend im Stich gelassen zu haben. Die zuständige Ermittlungsrichterin beauftragte mich mit der Begutachtung, weil sie, wie sie schrieb, bei einem solchen Delikt erhebliche Zweifel an der Schuldfähigkeit hatte. Ich stimmte ihr zu, Kindstötungen sind in der Regel Ergebnisse von erheblichen emotionalen Ausnahmesituationen. Dieser spezielle Fall interessierte mich aber auch unter einem weiteren Gesichtspunkt. Ich konnte mir nicht erklären, dass so viele Menschen in einem kleinen und beinahe leeren Raum ein Kind nicht gefunden hatten. Ich wollte verstehen, wie es dazu hatte kommen können. Hierfür musste ich erst einmal herausfinden, wie die junge Mutter in eine so ungewöhnliche Geburtssituation geraten war.

Ich erhielt den Gutachtensauftrag unmittelbar nach dem Fund des toten Kindes an einem Mittwochnachmittag und fuhr sofort in die Entbindungsabteilung des Krankenhauses, um mit der jungen Patientin zu sprechen. Da sich so schnell kein tschetschenischer Dolmetscher fand, führten wir unser erstes Gespräch mithilfe einer tschetschenischen Wöchnerin, die auf derselben Station lag und sich bereit erklärte, für uns zu übersetzen. So ungewöhnlich bereits diese Tatsache war, so skurril erschien mir die ganze Situation der Begutachtung.

Frau Edilova war in deutscher Gründlichkeit mit beiden Füßen ans Bett gefesselt und über meinen Besuch mindestens ebenso überrascht wie über den des netten Polizisten am Vormittag.

Wie üblich fragte ich sie zuerst nach ihrer Familie.

»Mein Vater ist gestorben, als ich noch ein Kind war«, erzählte sie sofort. »Ich habe eine Schwester und einen Bruder, Lida und Shamil. Shamil war immer der Besondere von uns.« Sie lehnte sich vor. »Wissen Sie, das war nämlich ganz außergewöhnlich. Mein Vater starb um fünf Uhr morgens, und nur fünf Minuten später wurde Shamil geboren. Dabei war es noch viel zu früh, die Geburt sollte erst ein paar Wochen später sein, aber irgendwie wollte er auf die Welt kommen.« Sie schüttelte den Kopf.

»Es war eine furchtbare Nacht. Wir saßen viele Stunden bis zum Morgen am Bett meines Vaters, um bei ihm zu sein, wenn er von uns geht. Wir wussten, dass er in dieser Nacht sterben würde, er hatte schon den ganzen Tag keine Luft bekommen. Sein Körper war voller Schweiß und wurde von Stunde zu Stunde grauer. Ich habe nicht bemerkt, wann er aufhörte zu atmen, aber ich wusste es sofort, als er tot war. Sein Gesicht hatte sich verändert. Man konnte sehen, dass er nicht schläft, sondern dass …«, sie suchte nach Worten, »… dass seine Seele gegangen war. Dass er uns allein gelassen hatte.« Frau Edilova liefen Tränen über die Wangen, die sie immer wieder mit dem Ärmel ihres Nachthemdes wegwischte. Unsere provisorische Dolmetscherin hatte ihre Taschentücher schneller gefunden als ich und reichte ihr eines. Frau Edilova putzte sich die Nase.

»Als er dann tot war und wir so müde, dass wir nicht mehr weinen konnten, wollten wir uns eigentlich hinlegen. Auf einmal ist meiner Mutter aber schlecht geworden. Sie hat sich zusammengekrümmt und angefangen zu schreien. Ich habe überhaupt nicht verstanden, was los war. Erst habe ich gedacht, dass sie um meinen Vater weint.« Frau Edilova schluchzte. »Aber meine Oma und ich haben dann ziemlich schnell gemerkt, dass meine Mutter nicht nur traurig war, sondern dass es ihr auch körperlich schlecht ging. Wir haben es noch nicht einmal bis ins Krankenhaus geschafft. Mitten auf der Straße ist Wasser aus meiner Mutter herausgelaufen, und meine Oma hat ihr gesagt, dass sie sich hinlegen soll. Meine Oma hat meine Mutter gestützt und ihr gesagt, was sie tun soll, sie hat ihr geholfen. Ich selbst habe nur dumm geschaut und nichts getan!« Frau Edilova schlug die Hände vors Gesicht.

»Ich habe nichts getan, außer zu weinen und schreckliche Angst zu haben. Ich dachte, sie schafft es nicht!« Sie atmete tief ein und aus.

»Aber sie hat überlebt. Schreiend und blutend hat sie ein verschmiertes, verknäultes Kind aus sich herausgepresst. Mitten auf der Straße kam Shamil auf die Welt. Sein Leben begann und meines endete. Jedenfalls das Leben, das ich bis dahin gekannt hatte.

Meine Mutter ist mit Shamil gar nicht mehr ins Krankenhaus. Wir haben es nicht so mit Ärzten, wissen Sie. Unsere Nachbarn sind gekommen, haben sie in eine Decke gewickelt und nach Hause getragen.« Frau Edilova schnäuzte sich noch einmal, dann steckte sie die Taschentücher weg.

»Ab dann ging es nur noch um das Baby. Meine Mutter hat ihn Shamil genannt, nach meinem Vater, und Sie werden es nicht glauben, aber die beiden sind sich tatsächlich sehr ähnlich – das sagt jedenfalls meine Mutter.« Sie hielt inne.

»Abgesehen davon ist wenig Gutes passiert«, fuhr sie fort.

»Wir hatten kein Geld, weil meine Mutter nie gearbeitet hat und mit drei kleinen Kindern auch keinen Job fand. Wenn wir kein Holz mehr hatten, mussten wir zu den Nachbarn betteln gehen. Deshalb mag man Witwen bei uns im Dorf auch nicht besonders, weil sie es nicht hinbekommen, sich und ihre Bälger alleine durchzubringen. Eine Witwe hilft dem Dorf nicht weiter, sie macht allen nur Arbeit.«

Frau Edilova legte den Kopf in den Nacken und schloss einen Moment lang die Augen.

»Als es Krieg gab, wollte meine Mutter, dass Lida und ich aus Tschetschenien weggehen. Hübsche junge Frauen hätten im Krieg nichts zu suchen, hat sie gesagt. Damit hat sie ja recht, aber im Krieg hat niemand was zu suchen. Unser Dorf ist zerstört, alles ist niedergebrannt. Die Dorfbewohner sind auf der Flucht, auch meine Familie. Keine Ahnung, wo sie sind. Ich bete jeden Tag, dass sie noch leben. Wir hätten alle gehen sollen!«

Unsere Dolmetscherin nickte.

»Außerdem bin ich aus Tschetschenien weg, weil ich keine Arbeit hatte. Ich hatte keine Arbeit, weil ich keine Ausbildung hatte, und ich hatte keine Ausbildung, weil ich keinen Vater hatte. So einfach ist das.« Frau Edilova lächelte. »Meine Mutter konnte es sich nicht leisten, uns länger in die Schule zu schicken, als sie musste. Für Shamil zahlte mein Onkel die Ausbildung, der konnte nach der Schule weitermachen, aber für mich reichte es nicht, mein Onkel hatte ja selber sechs Kinder. Deswegen durfte ich nach ein paar Jahren nicht mehr zur Schule. Eine Ausbildung war sowieso nicht drin. Das ist ganz komisch, sage ich Ihnen, wenn Ihre Freunde weiter zur Schule gehen und Sie nicht. Als ob man Ihnen etwas weggenommen hätte.

Ich habe das Gebäude seit meinem letzten Schultag nicht mehr gesehen. Nie mehr. Ich bin da nicht mehr hin. Wenn ich meine Cousins besucht habe, bin ich immer den Umweg über die Felder gegangen. Aber gut, immerhin konnte ich mich dann um meine Mutter kümmern und ihr helfen, für sie war das Leben nicht gerade leicht.«

»Und wie war es für Sie?«, fragte ich Frau Edilova.

»Für mich war es auch nicht schön. Ich hatte eine traurige Kindheit, als mein Vater nicht mehr da war. Meine Mutter hatte uns alle drei gern, aber Shamil liebte sie einfach am meisten. Bei meinem Vater war das anders, da war ich seine kleine Fee. Außerdem kann man seit dieser Nacht mit meiner Mutter kaum sprechen, weil sie mehr oder weniger ständig weint.«

»Wie geht es Ihnen heute?«, fragte ich sie.

»Gut geht es mir, danke«, sie lächelte. »Viel besser als gestern. Ich habe nicht mehr so schreckliche Schmerzen. Nur diese Fesseln an den Füßen sind unangenehm. Habe ich die bekommen, weil ich nicht krankenversichert bin? Darum hat sich bisher einfach keiner gekümmert. Mein Onkel bezahlt das Krankenhaus ganz sicher, da brauchen Sie sich keine Sorgen zu machen.«

»Ich meine, wie es Ihnen nach dem Tod Ihres Kindes geht«, sagte ich. »Sie haben gestern auf der Besuchertoilette des Krankenhauses einen Sohn bekommen. Er lebte und war gesund. Nachdem Sie operiert worden waren, hat das Krankenhauspersonal gemeinsam mit den Ärzten nach ihm gesucht, aber ohne Erfolg. Erst die Putzfrau hat Ihren Sohn heute Nachmittag gefunden. Da war er tot. Ich bin hier, weil man Ihnen vorwirft, Ihr Kind nach der Geburt nicht ausreichend versorgt zu haben.«

Frau Edilova sah zum Fenster hinaus und lächelte.

»Ich kann mir vorstellen, dass Sie gestern Abend große Angst hatten. Eine Geburt ist schon mit dem Beistand von Ärzten und Familienangehörigen eine beängstigende Angelegenheit. Für Sie so ganz alleine war das mit Sicherheit sehr schwer.«

Unsere provisorische Dolmetscherin machte ihren Job hervorragend, sie hielt sich im Hintergrund und übersetzte zügig. In diesem Moment konnte sie aber nicht verhindern, dass ihr mitten im Satz die Tränen kamen.

Frau Edilova sah unsere Dolmetscherin an. »Warum weint die Frau?«, frage sie mich. »Tut ihr was weh?«

»Die Frau trauert mit Ihnen um Ihr Kind«, sagte ich.

Frau Edilova starrte mich an. Sie hörte endlich auf zu lächeln, verstummte und wurde blass. Kurz sah man ihre Kiefermuskeln arbeiten. Doch schon einen Moment später tätschelte sie die Hand der Dolmetscherin und zeigte auf den Flur hinaus. »Draußen steht ein Automat. Holen Sie sich eine Cola, dann geht es gleich besser.«

Der jungen Wöchnerin verschlug es die Sprache.

Was war mit Malika Edilova los? Wie konnte sie angesichts des Todes ihres Kindes so unbeteiligt sein? Warum in aller Welt hatte sie ihren Sohn unmittelbar nach der Geburt kopfüber in einem Mülleimer liegen lassen?

Die Staatsanwaltschaft hatte sich positioniert und forderte eine Verurteilung wegen Totschlags. Die zuständige Richterin, so mein Eindruck, wollte verstehen, wie es zum Tod des Kindes hatte kommen können.

»Hat sie wirklich nicht bemerkt, dass sie schwanger war?«, fragte sie mich. »Ist das möglich?«

Verleugnete Schwangerschaften sind selten, aber sie kommen vor. Die Gründe dafür sind unterschiedlich. Bei Frau Edilova brach mit ihrer Schwangerschaft eine alte psychische Wunde wieder auf.

Sie hatte in ihrem Leben exakt eine Geburt erlebt, nämlich die Geburt ihres Bruders Shamil am 7. Mai 1986. Shamil war unter schwierigen Umständen geboren worden, in einer Nacht, die das Leben der damals achtjährigen Malika auf einen Schlag grundlegend veränderte.

Bis zur Geburt ihres Bruders war aus der Perspektive von Frau Edilova die Welt in Ordnung gewesen. Sie hatte eine große Schwester, eine lebensfrohe Mutter und einen Vater, dessen kleine Fee sie war. Die Familie war ein anerkanntes Mitglied der Dorfgemeinschaft und dank der Berufstätigkeit ihres Vaters finanziell solide aufgestellt.

In der Nacht vom 6. auf den 7. Mai 1986 geriet das zufriedene Leben von Malika Edilova aus den Fugen. Ihr Vater war schwer erkrankt, was die Eltern ihren Kindern in der Hoffnung auf Besserung nur angedeutet hatten. Erst in dieser Nacht wurde ihr klar, dass ihr Vater sterben würde. Als nur Minuten darauf ihre Mutter schreiend und blutend mitten auf der Straße zu Boden ging, musste das Mädchen glauben, dass nach dem Vater nun auch die Mutter schwer erkrankt war und sie Gefahr lief, auch sie zu verlieren.

Diese befürchtete Katastrophe blieb aus, dennoch verschlechterte sich die Lebenssituation von Frau Edilova nach der schicksalsträchtigen Nacht erheblich. Die Familie hatte ihren Ernährer verloren und wurde von der Dorfgemeinschaft bald als Belastung wahrgenommen. Alle mussten sich einschränken.

»Insofern kann man sagen, dass Frau Edilova mit der Geburt eines Jungen die bislang größte Katastrophe ihres Lebens verband«, sagte ich zu der Richterin. »Die Erinnerung war so schmerzhaft, dass sie eine Wiederholung der Ereignisse mit aller Macht verhindern musste, sie durfte einfach nicht schwanger sein. Deshalb ließ sich ihr Unterbewusstsein eine Menge Gründe dafür einfallen, warum eine Schwangerschaft ausgeschlossen war.«

»Unsinn«, unterbrach mich die Staatsanwältin, »das sind alles Ausreden. Jede Frau, die schon einmal schwanger war, weiß, dass man so grundlegende Veränderungen nicht einfach übersehen kann.«

»Mit den meisten Schwangeren haben Menschen übers Kinderkriegen gesprochen und über die Veränderungen, die damit einhergehen«, entgegnete ich.

Für Frau Edilova war die Situation eine andere, wie ich bei unserem zweiten Gespräch erfuhr. Nach meinem ersten Besuch in der Klinik setzte ich die Begutachtung vorerst aus, weil sich ihr körperlicher Zustand stark verschlechtert hatte und sie noch einmal operiert werden musste. Einmal hatte ich sie im Krankenhaus besucht, aber sie fieberte und war offensichtlich nicht in der Lage, die Begutachtung fortzusetzen. Sie weinte, weil ihr die bevorstehende Operation Angst machte, außerdem vermisste sie ihren Mann und ihre Mutter. Immer wieder fuhr sie sich mit einem kleinen Kissen über das Gesicht, um ihre Tränen wegzuwischen, dann drückte sie es wieder an ihre Brust. Ich konnte die Einsamkeit der jungen Frau beinahe körperlich spüren und tat mich schwer, sie allein zu lassen.

Erst nachdem sie wieder vernehmungsfähig war, führten wir die Begutachtung fort, diesmal mit einem offiziellen Dolmetscher. Das Gespräch fand ein paar Wochen später im Gefängnis statt und sollte auch inhaltlich deutlich anders verlaufen als das erste.

»Guten Morgen, Frau Ziegert«, begrüßte mich Frau Edilova. »Sprechen wir heute über das Kind?«

Erstaunt bejahte ich ihre Frage und nahm Platz. Während ich meine Unterlagen auspackte, betrachtete ich meine Patientin. Sie wirkte endlich wie eine Frau, die ein Kind verloren hatte, also traurig, war aber gleichzeitig viel aufgeräumter als bei unserem letzten Treffen. Man merkte ihr an, dass sie sich in der vergangenen Zeit mit den Ereignissen auseinandergesetzt hatte. Sie hatte zwar nicht »*mein* Kind«, sondern »*das* Kind« gesagt, aber immerhin leugnete sie nun weder ihre Schwangerschaft noch die Geburt auf der Krankenhaustoilette.

»Wie geht es Ihnen heute?«, fragte ich sie.

»Nicht gut. Auf der Mutter-Kind-Abteilung gibt es so viele Kinder. Sehen muss ich sie nicht, aber ich kann sie hören.« Frau Edilova biss sich auf die Lippe.

»Wussten Sie, wie Kinder gezeugt und geboren werden?«

»Ich habe es mir gedacht. Freundinnen haben gesagt, dass man von Männern Kinder bekommt. Ich dachte aber, dass die Kinder da herauskommen, wo auch der Urin herauskommt.«

Sie erzählte, dass sie ihre Eltern nie nackt gesehen hatte und mit ihrem Bruder auch nicht hatte baden dürfen. Als sie ihre Periode bekam, zeigte ihre Mutter ihr, wie sie sich sauber hielt, erklärte ihr aber nicht, warum sie in regelmäßigen Abständen blutete.

»Hat Ihr Mann mit Ihnen über diese Dinge gesprochen?«

»Nein, wir haben nicht gesprochen, wir haben es gemacht. Wir wollten es beide. Es war schön. Ich weiß, dass wir es nicht hätten tun sollen, bevor wir verheiratet waren.« Sie senkte den Blick.

Frau Edilova war religiös erzogen worden und wusste, dass sie durch die Sexualität vor der Eheschließung gegen Regeln ihres Glaubens verstieß. Sie begründete diesen Schritt vor sich selbst damit, dass nur die komplizierten Formalia bei den Behörden in Tschetschenien und Deutschland sie bislang von einer standesamtlichen Heirat abgehalten hatten. Ein latent schlechtes Gewissen hatte sie dennoch.

»Ist Ihnen nicht aufgefallen, dass Sie Ihre Periode nicht mehr bekommen haben?«

Frau Edilova seufzte. »Ich habe meine Periode nur zweimal nicht bekommen, dann wieder. Als ich beim Arzt war, hat der mich gar nicht untersucht, er hat nur gesagt, dass ich mich irre, dass ich nicht schwanger sein kann, wenn ich Blutungen habe. Also dachte ich, ich habe recht. Nach allem, was ich wusste, war ich nicht schwanger!« Sie zählte die Aspekte, die gegen ein Kind sprachen, an den Fingern ab: »Mein Busen wurde nicht größer, und es kam auch keine Milch. Außerdem habe ich von dem Kind nichts gespürt, es hat sich nicht bewegt. Egal, was war, ob ich ging oder lag, bei der Arbeit oder zu Hause, da war keine Bewegung.« Sie begann zu weinen.

»Haben Sie sich nicht darüber gewundert, dass Ihr Bauch größer wurde?«

»Doch, ich habe mich gewundert. Kurz habe ich gedacht, ich bin schwanger, aber weil sonst alles dagegensprach, war ich sicher, dass ich mich irre. Irgendwann habe ich überlegt, dass eine Krankheit in meinem Bauch ist. Ich dachte, da wächst ein Geschwür. Ich hatte Angst, mit meinem Mann zu schlafen, weil ich dachte, ich könnte ihn anstecken.« Sie verdeckte ihre Augen mit den Händen.

»Wenn ich in den Spiegel schaue, dann weiß ich nicht, ob ich das bin, die ich da sehe. Manchmal hoffe ich, dass es jemand anderes ist. Ich will nicht glauben, dass ich es war, die die einfachste und klarste Antwort nicht gesehen hat. Ich will, dass das einer anderen Frau passiert ist, dass eine andere Frau ihr Kind verloren hat, weil sie es nicht erkannt hat. Ich würde so gern die Zeit zurückdrehen, nur diese paar Tage.« Sie atmete tief ein. »Jede Nacht bete ich für einen zweiten Versuch.«

Frau Edilovas Knöchel traten weiß hervor. Ich widerstand dem Impuls, ihre Hände von ihrem Gesicht zu ziehen. Stattdessen legte ich meine Hand auf ihren Ellbogen.

Weder bei der Geburt ihres Bruders noch bei ihrer eigenen Niederkunft hatte Malika Edilova verstanden, was vor sich ging. Sie war niemals über Schwangerschaft und Geburt aufgeklärt worden und blieb damit in kindlich-mystischen Vorstellungen von der Geburtssituation gefangen. Der Moment der Niederkunft ist für jede Frau, neben der Freude über das neue Leben, mit Ängsten verbunden, vor allem mit der Angst vor Veränderung und vor Schmerzen.

Frau Edilova hatte die Erfahrung gemacht, dass bei der Geburt eines Jungen ein geliebter Mann sterben musste. Während sie damals ihren Vater verloren hatte, fürchtete sie nun unbewusst um das Leben ihres Ehemannes. Sie erzählte mir ja selbst, dass sie nicht mehr mit ihm schlafen wollte, weil sie Sorge hatte, ihn mit ihrem »Geschwür« anzustecken. Geburt und Tod gehörten für sie zusammen, und beides musste mit allen Mitteln verhindert werden. Beides durfte nicht sein. Insofern suchte Frau Edilova, als sie Anzeichen einer beginnenden Schwangerschaft entdeckte, beständig nach Gründen, weshalb es sich um einen Irrtum handeln musste und sie nicht schwanger sein konnte. Mit ihrem bescheidenen Wissen über

Schwangerschaften gelang es ihr, die Ereignisse erfolgreich zu verdrängen. Acht Monate lang wuchs ein Kind in ihr, ohne dass sie sich dessen bewusst wurde.

»Aber bei der Geburt«, sagte die Staatsanwältin, »spätestens bei der Geburt muss sie es bemerkt haben. Spätestens wenn mir ein Kind in die Hände fällt, muss ich doch verstehen, was gerade passiert!«

Das sagte sich Frau Edilova im Nachhinein auch. Sie sah in den Spiegel und fragte sich, ob sie sich selbst erkennen konnte, wenn sie es bei ihrem Kind nicht getan hatte. Sie fragte sich, was für ein Mensch sie da aus dem Spiegel heraus ansah. Tatsächlich hatte sie ihre Taktik der Verdrängung bis in die Geburtssituation hinein fortgeführt.

Fragte man Frau Edilova nach dem Verhältnis zu ihrem Bruder Shamil und zu ihrer Mutter, so sagte sie, dass sie beide liebe und insbesondere auf ihre Mutter niemals böse gewesen sei. Das erschien mir fragwürdig. Es ist nicht ungewöhnlich, dass große Geschwister auf die kleinen Nachzügler eifersüchtig sind und der Zeit nachtrauern, als ihnen die volle Aufmerksamkeit der Eltern noch sicher war. Außerdem sind Kinder hin und wieder auf ihre Eltern wütend, weil die ihnen im Rahmen der Erziehung Grenzen aufzeigen – zumindest im Idealfall – und Grenzen von Kindern im ersten Moment nicht zwingend als angenehm empfunden werden.

Im Fall von Frau Edilova gab es für die Gefühle der Eifersucht gegenüber dem kleinen Bruder und einer gewissen Wut gegenüber der Mutter deutlich triftigere Gründe. Die Mutter benannte Shamil nach dem verstorbenen Vater und lenkte ihre ganze Aufmerksamkeit auf den kleinen Stellvertreter ihres Ehemannes. Wenn sie sich nicht um ihren Sohn kümmerte, versank sie in tiefer Trauer und war für ihre beiden Töchter, die den Verlust ebenfalls verarbeiten mussten, kein Ansprechpartner und keine emotionale Stütze mehr.

Ihre Wut konnte Frau Edilova aber nicht äußern, weil die Mutter aufgrund ihrer Trauer geschont werden musste und sich das Verhältnis zu ihr durch Protest möglicherweise noch weiter verschlechtert hätte. Ihr blieb damit nichts übrig, als sich den Bruder im Stillen vom Hals zu wünschen. In ihren kindlichen Augen wäre ihr Leben besser verlaufen, wenn es die Geburt des Bruders – und den damit zusammenhängenden Verlust des Vaters – nie gegeben hätte, wenn sie die besagte Nacht nie hätte erleben müssen.

Als sich das katastrophale Erlebnis ihrer Kindheit nun zu wiederholen drohte, ebenso unerwartet wie beim ersten Mal, verfestigte sich in Malika Edilovas Kopf ein einziger Gedanke: »Es darf nicht sein!« Es durfte kein Junge geboren werden, weil sie bei einem solchen Ereignis damit rechnen musste, dass sie ihren Ehemann verlieren und sich ihr Leben katastrophal ändern würde. Um also dem schlimmsten aller Szenarien zu entgehen, suchte ihr Unterbewusstsein verzweifelt nach einer Alternativlösung und beschloss, sie müsse schwer krank sein.

Fragte man Frau Edilova nun nach der Geburtssituation, dann sprach sie von einem »Klumpen«, der zwischen ihre Füße gefallen war. Der »Klumpen« machte ihr Angst, sie dachte, es wäre eine Krankheit aus ihr herausgekommen. Sie überlegte kurz, ob es ein Kind sein könnte, das da vor ihr lag, aber nachdem der »Klumpen« sich weder bewegte noch schrie, verwarf sie den Gedanken wieder. Wenn es denn ein Kind wäre, dachte sie, dann wäre es jedenfalls tot.

Die Abwehr der jungen Mutter war stark. Es gelang ihr, eine Schwangerschaft einschließlich der Geburt eines gesunden Kindes zu leugnen. Die einschneidenden Ereignisse drangen nicht bis zu ihr durch. Erst eine Weile nach der Tat, im Krankenhaus und im Gefängnis, als sie immer wieder mit den Ereignissen konfrontiert wurde, kam es zu einer sogenannten Rückkehr des Unbewussten, und Frau Edilova verstand, dass sie ein Kind geboren hatte. Hierbei kam ihr entgegen, dass jedenfalls die erwartete Katastrophe nicht eingetreten war: Der kleine Junge, der ihr solche Angst gemacht hatte, war tot, ihr Ehemann am Leben. Erst zu diesem Zeitpunkt war sie bereit, die Realität als solche anzuerkennen.

»Das sind alles Theorien«, sagte die Staatsanwältin, »Gedankenkonstrukte. Nehmen Sie doch den Ehemann. Der will zwar zwei Tage vor der Geburt noch mit seiner Frau geschlafen, dabei aber von der Schwangerschaft nichts mitbekommen haben. Er erwartet doch nicht ernsthaft, dass wir das glauben. Oder haben Sie in dessen Kindheit auch schnell ein Trauma gefunden?«

Nein, das hatte ich nicht, aber Herr Idrisov brauchte gar kein eigenes Trauma, das seiner Frau reichte locker für sie beide. Frau Edilovas »Es darf nicht sein!« war ansteckend.

Wäre er ein außenstehender Beobachter gewesen, hätte Herr Idrisov die Schwangerschaft seiner Frau erkannt. Er wäre mit ihr zum Arzt gegangen und hätte sie ernsthaft untersuchen lassen, er hätte mit ihr über alles gesprochen und ihr damit vielleicht die Augen geöffnet. Er hätte den Tod seines Kindes verhindern können.

Herr Idrisov war aber kein Außenstehender, er war mit seiner Frau emotional verbunden und verbrachte viel Zeit mit ihr. Auch wenn er sich dessen nicht bewusst war, erlebte er ihre Angst und den schleichenden Weg in die Verdrängung mit. Ein- oder zweimal hatte er seine Frau gefragt, ob sie nicht schwanger sei, glaubte ihr aber, als sie das verneinte. Er spielte ihr Spiel mit, hatte sich von der Macht ihrer Verdrängung überrumpeln lassen. Dementsprechend schockiert war er, als die Polizei ihm erzählte, dass er soeben ein Kind verloren hatte.

»Ach was, Macht der Verdrängung«, sagte die Staatsanwältin. »Entweder er lügt, oder er hat sich in dieser Sache eben auf die Aussage seiner Frau verlassen. Vahit Idrisov ist davon ausgegangen, dass seine Frau am besten weiß, was sich in ihrem Körper abspielt – oder eben nicht. In diesem Fall hätte sie nicht nur uns, sondern auch ihm etwas vorgemacht.«

»Aber was ist mit den Leuten im Krankenhaus, mit den Ärzten, den Krankenschwestern und der Polizei?«, fragte die Richterin. »Warum haben die das Kind nicht gefunden? Sie sind sich in der kleinen Toilette gegenseitig auf die Füße getreten und haben die Einrichtung demoliert. Aber das Kind im Mülleimer hat niemand entdeckt. Das gibt es doch gar nicht! Der Mülleimer war das einzig verfügbare Versteck in diesem Raum, und jeder vernünftige Mensch hätte ihn aufgemacht. Es ist schon seltsam, dass das Krankenhauspersonal nicht auf diese Idee gekommen ist, aber dass die Polizeibeamten den Mülleimer übersehen oder vergessen haben sollen, ist absurd. Die hatten auch keinerlei eigenes Interesse daran, das Kind nicht zu finden. Was war mit denen los? Haben die sich auch angesteckt?«

In meinen Augen ja. Malika Edilovas Unterbewusstsein hat nicht bei ihrem Ehemann Halt gemacht, es hat auch das Personal des Krankenhauses und die herbeigerufene Polizei infiziert. Auf der Suche nach dem Kind hatte ihr starkes »Es darf nicht sein!« die Oberhand über ein Dutzend Menschen gewonnen.

Natürlich ließe sich behaupten, im Mülleimer zu suchen, war derart naheliegend, dass jeder der zahlreichen Beteiligten davon ausgegangen war, der jeweils andere hätte bereits hineingesehen. Ich sehe das anders.

Nehmen wir ein Ehepaar, das Koffer packt, um in den Urlaub zu fliegen. Nach Ansicht der Ehefrau sind sie viel zu spät dran, das Taxi sei zu knapp bestellt, und wenn nicht ein Wunder geschähe, würden sie das Flugzeug verpassen. Der Ehemann schüttelt den Kopf über die ständige Hektik und Besorgnis seiner Frau, in seinen Augen hat er das Taxi zur genau richtigen Zeit gebucht, mit mehr als ausreichend Puffer zum Abflug. Er fühlt sich tiefenentspannt und gibt sich redlich Mühe, die halb vorwurfsvollen, halb ängstlichen Kommentare seiner Frau zu ignorieren. Das auf 20 Uhr bestellte Taxi kommt um 20.02 Uhr. Der tiefenentspannte Ehemann schnauzt den verdutzten Taxifahrer wegen seiner Unpünktlichkeit an, im Auto sitzend, ertappt er sich dabei, minütlich auf die Uhr zu sehen und dabei die ein oder andere Schweißperle von seiner Stirn zu wischen. »Du steckst mich an mit deiner Hektik«, fährt er seine Frau an. Recht hat er!

Wir nehmen von den Gefühlen unserer Mitmenschen mehr wahr, als wir uns bewusst sind. Würden wir besser darauf achten, was wir von ihnen »mitbekommen«, könnten wir eine Menge über sie erfahren.

Das Klinikpersonal hatte von Frau Edilova ein »Es darf nicht sein!« sozusagen emotional entgegengeschrien bekommen. Die vielen Menschen, die sich an der Suche beteiligten, Ärzte, Pfleger, Polizisten, kannten die Lebensgeschichte der jungen Mutter nicht und verbanden selbst vermutlich keine traumatischen Erlebnisse mit Geburtssituationen. Für ihr Bewusstsein gab es keinen Grund, das Kind an einem so naheliegenden, leicht zugänglichen Ort zu übersehen.

Für ihr Unterbewusstsein lag die Situation anders. Als der diensthabende Stationsarzt auf Malika Edilova traf, hatte deren Unterbewusstsein bereits acht Monate Zeit gehabt, einen starken emotionalen »Wall« gegen das Erkennen der Schwangerschaft zu errichten. Das Unterbewusstsein der jungen Mutter rief mit einer aus Verzweiflung geborenen Heftigkeit: »Es darf nicht sein! Es gibt kein Kind!« Das Unterbewusstsein des Stationsarztes, später auch das von Herrn Dr. Schöfer, verstand die vehemente Botschaft und gab sie ähnlich deutlich an die Kollegen weiter. Als die Polizisten eintrafen, wurden sie von allen Seiten mit der Vorgabe »Es gibt kein Kind!« begrüßt, und verstanden die emotionale Botschaft ebenfalls. Alle an der Suche Beteiligten wurden so »infiziert« und hielten sich an Malika Edilovas unbewusste Anweisung.

Dieses Phänomen kann man als Ergebnis des sogenannten kollektiven Unterbewusstseins beschreiben, als eine Ebene der Kommunikation, die ganz offensichtlich auch zwischen fremden Menschen funktioniert, aber nicht bis in unser Bewusstsein vordringt. Auf dieser Ebene liegt eine nicht unerhebliche Macht: Im Fall von Malika Edilova hatte die unbewusste Zusammenarbeit zwischen einem Dutzend Menschen das Leben eines Kindes gekostet.

So ist es auch schlüssig, dass die Putzfrau der Klinik, die am nächsten Tag an die Arbeit ging, sofort den naheliegenden Griff tat und den Jungen fand, obwohl – oder gerade weil – sie nicht nach ihm gesucht hatte: Sie war unbehelligt von allen »Infizierten« und hatte die unbewusste Arbeitsanweisung nicht erhalten. Damit konnte sie es sich erlauben, das Kind zu finden.

»Was bedeutet das nun für unser Verfahren?«, fragte mich die Richterin. »Was meinen Sie zur Schuldfähigkeit?«

Das Gesetz bestimmt, dass ein Mensch dann nicht für eine Tat bestraft werden kann, wenn er die relevanten Geschehnisse nicht erkennen und deshalb nicht angemessen auf sie reagieren konnte. Ich hatte nun zu prüfen, ob das auf Malika Edilova im Moment der Geburt und kurz danach zutraf.

Als sie auf der Krankenhaustoilette ein Kind bekam, hatte sie vor lauter Angst seit Längerem nicht geschlafen und während des ganzen Tages nichts gegessen. Sie hatte seit mindestens drei Tagen starke Schmerzen, die über das bei einer Geburt normale Maß hinausgingen. Weiß eine Frau über Schwangerschaft und Geburt Bescheid, so machen ihr die Schmerzen und sonstigen Veränderungen ihres Körpers wahrscheinlich immer noch ein wenig Angst, aber sie weiß, dass die Wehen einen Sinn haben, und gibt sich Mühe, die Impulse ihres Körpers zu unterstützen, beispielsweise ruhig zu atmen. Malika Edilova tat das genaue Gegenteil. Sie verstand nicht, was mit ihr passierte, und versuchte krampfhaft, die Ereignisse zu verhindern. Sie unterstützte den Geburtsvorgang nicht, sondern arbeitete dagegen, wodurch sie sich schmerzhafte Risse am Gebärmutterhals und der Scheide zuzog. Sie empfand die Schmerzen nicht, wie gut betreute Schwangere, als Vorboten eines ersehnten Kindes, sondern als Alarmsignale ihres Körpers, die noch dazu über Tage andauerten. Ihre starken Blutungen, die längst zu einer Blutarmut geführt hatten, konnte sie ebenso wenig einordnen. Sie hatte mehr und mehr Angst vor dem immer größer werdenden Schmerz und ihrer, wie sie glaubte, schweren Krankheit. Zuletzt ging sie davon aus, auf dem Boden der Krankenhaustoilette sterben zu müssen. Mehrfach sagte sie mir, sie sei sicher gewesen, aus dem Krankenhaus nicht mehr lebendig herauszukommen.

»Ich glaube Ihnen sofort, dass es Malika Edilova in diesem Moment nicht gut ging«, sagte die Richterin, »aber führte das tatsächlich dazu, dass sie das Unrecht ihrer Tat nicht erkennen konnte?«

Im Laufe der Begutachtung telefonierte ich mit mehreren Frauenärzten. Ich bat sie, mir zu beschreiben, ob Frauen während einer Geburt ihre Umgebung anders wahrnehmen und sich anders verhalten als sonst. Die Ärzte berichteten mir, dass Frauen schon in Geburtssituationen, die ohne größere Komplikationen verlaufen, ihre Wahrnehmung verändern. Das rationale Denken tritt zurück, und das Unbewusste übernimmt die Führung. Manche Frauen erleben Realitätsverzerrungen und deliriumartige Träume, andere sind nicht mehr ansprechbar und erkennen ihre Umwelt nicht. Sie haben ein großes Bedürfnis nach Zuwendung und Zärtlichkeit, nach jemandem, der ihnen stark und leitend zur Seite steht. Selbst bei gut organisierten Geburten, berichteten meine Kollegen, sind Gebärende nicht immer in der Lage, realistisch und logisch ihre Umgebung wahrzunehmen und entsprechend zu handeln.

Malika Edilova stand niemand helfend zur Seite, der sie beruhigen und ihre Wahrnehmung an die Realität hätte anpassen können. Übermannt von Schmerz, Angst und Erschöpfung, war sie nicht in der Lage zu begreifen, dass sie ein lebendiges Kind geboren hatte. Die sowieso schon stark belastende Situation wurde überlagert von dem Trauma rund um den Tod ihres Vaters und die Geburt des kleinen Bruders, die sie nie angemessen verarbeitet hatte. Aufgrund dieses Traumas hatte sie schon nicht wahrnehmen können, dass sie schwanger war.

In der Geburtssituation nun erkannte sie ihr lebendiges Kind nicht als solches. Wenn ich aber nicht begreife, dass ich ein lebendiges Kind vor mir habe, dann unternehme ich natürlich nichts zu dessen Versorgung.

»Meiner Meinung nach«, schloss ich meinen Vortrag, »war Malika Edilova weder in der Lage, das Unrecht, das sie tat, nämlich ein neugeborenes Kind sich selbst zu überlassen, zu erkennen, noch sich dementsprechend zu verhalten, also das Kind ausreichend zu versorgen. In meinen Augen darf sie aus strafrechtlicher Perspektive nicht verurteilt werden.«

Dann geschah etwas Seltenes: Das Gericht stimmte mir vollumfänglich zu. Die Richterin war, wie ich, der Ansicht, dass Malika Edilova im Moment der Tat nicht schuldfähig gewesen war. Sie wurde vor Gericht freigesprochen und verließ den Sitzungssaal am Arm ihres so lange vermissten Ehemannes als freie Frau. Frau Edilova und ich, wir waren uns dabei bewusst, dass sie noch viel Zeit und Kraft brauchen würde, um die alten Ereignisse ihrer Kindheit und die neuen ihres jungen Erwachsenendaseins zu verarbeiten.

Als ich Malika Edilova einige Jahre später besuchte, um mit ihr über die Veröffentlichung ihrer Geschichte zu sprechen, öffnete mir ein kleines Mädchen die Tür.

»Ach, Sie sind die Pschüschaterin, von der meine Mama erzählt hat«, sagte sie und legte den Kopf schräg. »Sie haben aber viele Locken. Sollen die so abstehen?«

Ich lächelte und fragte mich einen Moment lang, ob ich Malika Edilova jemals kennengelernt hätte, wenn sie schon damals mit einem weiblichen Kind schwanger gewesen wäre, ob ihr Unterbewusstsein eine Tochter vielleicht hätte überleben lassen. Wusste ihr Unterbewusstsein denn überhaupt, ob sich in ihrem Bauch ein Mädchen oder ein Junge befand? Ich schob die Gedanken beiseite. Auf diese Art von Fragen würde ich so schnell keine Antwort erhalten.

»Ja, Seda, das ist die Frau Ziegert.« Malika Edilova trat hinter die Kleine. »Kommen Sie doch herein. Das ist wirklich schön, Ihnen zu sehen!«

»*Sie* zu sehen«, sagte das Mädchen. »Es ist schön, *Sie* zu sehen. Das habe ich dir schon so oft gesagt!« Seda sah zu mir hoch.

»Meine Mama macht viele Fehler, ich weiß, aber zusammen kriegen wir das hin mit dem Deutsch. Ich finde, sie macht das schon richtig gut!«

Malika Edilova legte ihrer Tochter die Hände auf die Schultern, grinste und gab sich große Mühe, nicht stolzer auszusehen als unbedingt notwendig.

Von Hexen und Königinnen

Renningen, 11. Juli 2010, 12.34 Uhr

Nele Buchholz wurde langsam wach. Das Fenster war gekippt, sie hörte ihre Mutter Sybille und deren Lebenspartner Bernhard Jansen im Garten arbeiten. Auf dem Balkon knabberte das Kaninchen Fred vorwurfsvoll an seinem Käfig. Sie konnte es ihm nicht verübeln, immerhin hatte sie sein Frühstück verschlafen. Sie rutschte zurück, stieß mit dem Rücken gegen die Wand und seufzte. Die Sonne schien auf das untere Ende ihres Bettes und heizte ihre Füße auf. Eine Weile konnte sie der Wärme ausweichen, indem sie in Richtung Wand rutschte, aber der Gnadenmeter war aufgebraucht. Zeit aufzustehen.

Vorsichtig richtete sie sich auf und neigte den Kopf seitwärts. Die Schmerzen waren erträglich. Sie schirmte die Augen mit der Hand ab und blinzelte. Verdammt heller Tag heute.

In T-Shirt und Unterhose ging sie die Treppe hinunter. Ihr Plan, ungesehen in die Küche zu kommen, zerschlug sich schnell.

»Frühstück steht auf dem Tisch«, rief Bernhard aus dem Garten. Das Wort »Frühstück« dehnte er ins Lächerliche und schüttelte den Kopf. Nele setzte sich an den Küchentisch und betrachtete lustlos die überschaubare Auswahl: Ein paar Scheiben Brot wellten sich im Körbchen, zwei offene Marmeladen boten sich an, und die Butter stand angesichts der Temperatur kurz davor, aus ihrer Dose zu fließen.

Nele entschied, ihren beanspruchten Magen nicht mit dieser Art Nahrung zu reizen, und rief in Richtung Garten: »Dass es bei euch immer nur Scheiß zu fressen gibt!«

Sie hörte den Spaten auf die Fliesen der Terrasse fallen und Bernhards schwere Schritte im Gang.

»Sag mal, geht's noch?« Seine Worte hallten in dem kleinen Raum. »Madame schlägt sich die Nächte um die Ohren, steigt mittags aus dem Bett und erwartet dann ein Luxusfrühstück? Geh doch was einkaufen, wenn dir das hier nicht passt! Ist dir vielleicht noch nicht aufgefallen, aber das Essen wächst nicht im Kühlschrank!«

»Kühlschrank ist ein guter Vorschlag«, sagte Nele und steckte den Finger in die Butter.

»Du hast sie wohl nicht alle!«, brüllte Bernhard und warf den Spülschwamm nach ihr. Nele hob die Hände vors Gesicht.

»Wie oft habe ich dir schon gesagt, dass du nicht nach 22 Uhr nach Hause kommen sollst? Ist noch nicht volljährig und treibt sich wie 'ne Schlampe bis mitten in der Nacht draußen rum!«

»Du hast mir überhaupt nichts zu sagen, du bist nicht mein Vater! Nur weil du meine Mutter fickst, bist du nicht für meine Erziehung zuständig!« Neles Kopfschmerzen wurden vom Schreien nicht besser, außerdem war ihr bewusst, dass sie sich in einer schlechten Ausgangssituation befand – Bernhard stand zwischen ihr und der Tür. Mit rotem Kopf kam er auf sie zu.

»Dein Vater ist tot! Mausetot! Kein Wunder, dass dir keiner Manieren beigebracht hat!«

»Mein Vater hätte sich um mich gekümmert!« Nele schluckte und suchte nach einem Weg um Bernhard herum. Der lachte laut auf.

»Dein Vater hätte sich um dich gekümmert? So wie um seine zwölf anderen Kinder? Und die vier anderen Frauen?« Bernhard hielt sich den Bauch vor Lachen. »Aber gut, als Arbeitsloser hätte er auf jeden Fall Zeit gehabt.«

»Lass Nussel aus dem Spiel.« Neles Mutter erschien im Gang. »Er war ein guter Vater.«

Bernhard wandte sich ihr zu. »Sybille, ich wollte nicht…«

Nele stand auf und zog ihr neues T-Shirt herunter, das nicht ganz bis zu ihrem Slip reichen wollte. Langsam drückte sie sich an der Arbeitsplatte entlang Richtung Tür.

»Wo ist denn das T-Shirt her?«, fragte Sybille. »Kann mich nicht erinnern, dass wir dir Geld gegeben haben.« Sie stieß Luft zwischen den Lippen hindurch. »Wo hast du das denn wieder geklaut?«

Nele schwieg und bewegte sich weiter auf den Flur zu. Mit dem Ellbogen stieß sie gegen eine frische Packung Kaninchenfutter.

»Ist die noch zu, die Tüte?« Bernhard kniff die Augen zusammen.

»Ne«, sagte Nele und griff danach. Bernhard riss ihr die Packung aus der Hand.

»Ist sie wohl!« Er holte Luft. »Hast du Scheißgöre es heute noch nicht mal fertiggebracht, das Kaninchen zu füttern?«

Nele wischte sich seine Spucke aus dem Gesicht.

»Fred hatte keinen Hunger.«

»Ich glaub, es hackt!« Bernhard holte aus und schlug ihr die Rückseite seiner rechten Hand ins Gesicht. »Kannst du nicht mal den einen Job machen, den du zu tun hast?« Er schubste sie, und Nele fiel auf die Fliesen. Liegend begann sie, nach ihrem Stiefvater zu treten. Der trat zurück, öffnete seinen Gürtel und zog ihn aus den Laschen seiner Jeans. Nele robbte rückwärts in den Gang, rappelte sich auf und rannte in das Schlafzimmer von Bernhard und ihrer Mutter. Sie wusste, dass dort ein Schlüssel steckte. Schwer atmend warf sie sich gegen die Tür und drehte ihn herum. Bernhard hämmerte mit seiner Faust und der Schnalle seines Gürtels dagegen. »Lass mich rein, du Miststück!«

»Hör auf«, sagte Sybille. »Wir machen uns was zu essen. Irgendwann kommt die da von alleine wieder raus.« Nele ließ sich an der Tür entlang auf den Boden gleiten und atmete auf.

Bremen, 18. Oktober 2010, 21.56 Uhr

Chiara Manzi biss die Zähne zusammen und schüttelte sich den Regen aus dem Gesicht. Angestrengt fixierte sie die dunkle Straße. Sie hätte die Reisetasche gern von der rechten auf die linke Schulter verlagert, aber ihr verdammtes linkes Bein hielt so viel Gewicht nicht mehr aus. Noch vier Häuser, zählte sie, vier zu viel. Sie schwitzte und bewegte unablässig die schmerzenden Gelenke ihrer Finger. Ihre Lippen waren rissig, der Mund trocken, und jeder einzelne Muskel ihres Körpers brannte. Es wurde Zeit.

»Chiara!« Matteo stand mit offenem Mund und Schlafanzug in der Tür. »Was machst du denn hier?«

»Trocknen«, sagte Chiara, schob ihn zur Seite und trat in die Wohnung. Die drei Etagen ohne Aufzug hatten ihr den Rest gegeben. Das Polyester ihrer schweißnassen Bluse biss in ihre Haut, jede Bewegung schmerzte, sie musste sich beeilen. Matteo aber wich ihr nicht von der Seite. Als sie ihre Tasche in eine Ecke fallen ließ und sich umdrehte, trat sie ihm beinahe auf die Füße.

»Matteo, du Vollidiot!« Sie stieß ihn vor sich her bis auf den Flur, knallte die Tür zu und schloss ab. Hektisch stürzte sie zu ihrem Gepäck und ging auf die Knie. Das linke Bein zog sie mit beiden Händen an seinen Platz und zwang sich, regelmäßig zu atmen. Ihre Finger waren so flatterig, dass es ihr nicht gelang, das Besteck aus dem Seitenfach der Tasche zu befreien. Sie hätte schreien können. Stattdessen biss sie sich vor Konzentration die Unterlippe blutig und sah ihren verkrampften Fingern dabei zu, wie sie wieder und wieder am Reißverschluss vorbeigriffen. Als sie das Fach endlich geöffnet hatte, spuckte sie fluchend auf den Löffel und brachte all ihre Willensstärke auf, um das Feuerzeug wenige Momente lang ruhig zu halten. Augenblicke später lag sie auf dem Boden, schloss die Augen und fühlte, wie sich die Wärme in ihrem Körper ausbreitete und alle Schmerzen vertrieb. Sie atmete bewusst und wartete darauf, dass ihr Körper sich Stück für Stück entspannte. Chiara wurde wieder Mensch.

Renningen, 11. Juli 2010, 13.56 Uhr

Im Schlafzimmer war es kühl. Das T-Shirt, das Nele in einem Kaufhaus hatte mitgehen lassen, mochte schick sein, war aber eindeutig zu kurz. So sehr der Sommertag ihr Zimmer unter dem Dach aufgeheizt hatte, so wenig erreichte er das Erdgeschoss. Die beiden auf der anderen Seite der Tür hatten zwischenzeitlich Mittag gegessen, aber Neles Hoffnung, sie würden wieder in den Garten verschwinden, erfüllte sich nicht. Bernhard polterte in kurzen Abständen an seinem Schlafzimmer vorbei und war offenbar nicht gewillt, Nele in einem günstigen Moment entkommen zu lassen. Vorsichtshalber hatte sie den Rollladen heruntergelassen, sodass das Licht nun in präzisen Bahnen durch die Schlitze ins Zimmer fiel, an Flucht hingegen war vorerst nicht zu denken. Bislang hatte sie auf dem Boden gesessen und sich nicht vom Fleck gerührt, einerseits, um sich nicht unnötig durch Geräusche in Erinnerung zu rufen, andererseits, weil das Schlafzimmer für sie stets verbotenes Terrain gewesen war. Inzwischen fror sie jedoch so sehr, dass sie etwas unternehmen musste. Den Raum zu verlassen, kam nicht infrage, stattdessen öffnete sie mit Unbehagen den fremden Kleiderschrank. Die Schiebetür glitt zur Seite und gab den Blick auf das erwartete Chaos frei. Hosen, T-Shirts und Pullover lagen wild durcheinander. Auf den zweiten Blick erkannte Nele aber immerhin, dass der rechte Teil des Schrankes ihrer Mutter gehörte. Schon etwas mutiger machte sie sich auf die Suche nach dem hellblauen Trainingsanzug, den sie sich trotz mehrfachen Bettelns nie hatte ausleihen dürfen. Sie fand ihn im untersten Fach neben einer weißen Tagesdecke und zog beides aus dem Schrank. Dahinter kam eine Reihe überraschend ordentlich angeordneter, farbig gebundener Bücher zum Vorschein. Sie schlüpfte erleichtert in den warmen Jogginganzug, dann kniete sie sich hin und griff nach einem rosafarbenen Buch, das relativ weit links in der Reihe stand. Sie setzte sich im Schneidersitz vor den Schrank, schlang die Decke um sich und begann zu lesen.

Bremen, 18. Oktober 2010, 22.28 Uhr

»Chiaaaraaa«, hörte sie Matteo rufen. »Lass mich ins Wohnzimmer!«

Sie rappelte sich auf, versteckte das Besteck und drehte den Schlüssel herum. Sofort schoss er ihr entgegen. Als sie ihm durch die Haare fuhr, wunderte sie sich wieder einmal, wie groß er geworden war. Vor Kurzem hätte sie ihm noch auf den Kopf spucken können.

»Jetzt mal ehrlich.« Er sah sie an. »Wenn Mama dich einlädt, kommst du nicht, und dann stehst du auf einmal vor der Tür und sperrst dich im Wohnzimmer ein? Wieso bist du nicht im Mädchenheim?«

Chiara versetzte es einen Stich, wenn Matteo zu ihrer Mutter Mama sagte. Früher hatte er das zu ihr gesagt.

»Bruderherz, du wirst es nicht glauben, aber sie haben mich rausgeworfen.« Sie legte den Kopf schräg und bemühte sich zu lächeln.

»Warum?« Er ließ sich aufs Sofa fallen, grinste und zeigte auf ihre Brust. »Wegen der Bluse?« Chiara warf ein Kissen nach ihm.

»Die hat Federica mir geschenkt.« Sie sah an sich herab. Auch sie hatte sich noch nicht an das bunte Blumenmuster gewöhnt.

»Die ist von Mama?« Er lachte. »Wie ist sie denn auf die Idee gekommen? Als ob du so bunte Sachen tragen würdest. Du siehst aus, als hättest du dich verkleidet!«

Chiara seufzte. »Sie hat einen ganzen Stapel davon im Mädchenheim vorbeigebracht, sogar einen Rock und Nylon-Strumpfhosen.«

»Weißt du denn überhaupt, wie man die anzieht?« Matteo amüsierte sich bestens. Als er sah, dass es ihr nicht gelang mitzulachen, wurde er still. »Nein, Chiara, jetzt echt: Warum haben sie dich rausgeworfen? Dürfen die das überhaupt?« Es gelang ihr nicht, seinem Blick auszuweichen.

»Ja, wahrscheinlich dürfen die das.« Sie wandte sich ab. »Weil ich schreie. Und weil ich damit *ein geordnetes Zusammenleben unmöglich mache*.« Die letzten Worte sprach sie durch die Nase.

»Immer noch?« Er zog die Augenbrauen hoch. »Nur nachts oder auch tagsüber?«

»Immer, wenn es zu still ist.«

»Ich habe nie verstanden, warum.«

»Ich auch nicht«, sagte Chiara und trat ans Fenster, damit er nicht sah, dass sie log. Sie wusste genau, warum sie schrie: um lauter zu sein als die Stimmen. Die Stimmen, die in ihrem Kopf auftauchten, mit ihr sprachen und ihr Angst machten. Es gab zwei Wege, sie loszuwerden. Entweder man war lauter als sie – oder man gab ihnen Chemie. Viel Chemie.

»Du, Matteo, ich würde jetzt ins Bett gehen.« Sie sah ihn an und verzog den Mund. »Also aufs Sofa. Bin ganz schön müde.«

»Ja klar, ich hab auch schon im Bett gelegen.« Er stand auf und steckte die Hände in die Taschen seines Schlafanzuges. »Mach es dir gemütlich, Mama hat Nachtschicht.«

Chiara schloss hinter Matteo die Tür und setzte sich aufs Sofa. Sofort stand sie wieder auf. Seit ihr Bruder das Wohnzimmer verlassen hatte, kam es ihr dunkler vor. Sie schaltete neben der Deckenleuchte auch noch die Leselampe am Sofa ein, aber das Licht weigerte sich, seine Arbeit zu tun, die Wände blieben Schemen. Sie wichen vor ihr zurück und verschwanden im Nichts. Chiara öffnete das Fenster und atmete die nasskalte Nachtluft ein. Sie stellte das Radio an, leise, um Matteo nicht zu stören, und hörte zwei Menschen beim Sprechen zu. Doch trotz der Geräusche war das Wohnzimmer kein bisschen weniger leer.

Sie spürte den Druck auf ihrer Brust und wusste, was passieren würde: Der Knoten in ihrem Magen würde anschwellen, bis sie kaum mehr Luft bekam, dann würde er sich ausbreiten und ihren ganzen Körper überziehen. Er würde sie einhüllen in einen Kokon aus Kälte und Taubheit und Stille.

Chiara begann, zwischen Fenster und Tür Kreise zu ziehen. In ihren Hosentaschen suchte sie umsonst nach einem Taschentuch. Das Fenster war offen, Licht und Musik waren an, sie war in Bewegung, und doch wurde sie von Minute zu Minute trauriger. Sie fuhr sich mit der Hand über die Augen. Es blieb ihr nichts übrig, als sich einzugestehen, dass auch das halbe Gramm nicht mehr ausreichte.

Chiara setzte sich neben ihre Tasche auf den Boden und suchte aus einem Plastiktütchen eine Pille heraus. Rot wie die Freude. Sie wusste, dass es Irrsinn war, in ihrem Zustand eine Pille einzuwerfen, aber die Hoffnung auf einen guten Rausch schob ihre Zweifel beiseite. Sie schluckte, setzte sich aufs Sofa und wartete.

Renningen, 11. Juli 2010, 14.21 Uhr

15. November 1978, las Nele Buchholz in dem rosafarbenen Buch, das sie im Schrank ihrer Mutter entdeckt hatte, *ich bin bei der Omi und sitze zwischen dem Kachelofen und der Eckbank auf dem Boden. Das ist mein Lieblingsplatz bei der Omi, weil man so einen schönen warmen Rücken bekommt. Ich weiß, dass die Mama sauer wird, weil ich schon wieder rübergelaufen bin zur Hinke-Oma. Sie nennt die Omi immer Hinke-Oma. Ich finde das nicht nett. Manchmal wünsche ich mir, dass die Mama wieder ins Krankenhaus muss, damit ich bei der Omi bleiben darf. Ich weiß, dass das von mir nicht richtig ist, aber die Omi freut sich immer, wenn ich da bin, und hat Zeit für mich, und es gibt etwas Warmes zu essen. Die Mama stellt einfach die Pfanne auf den Tisch, und über den Nachmittag nimmt sich jeder was, aber das ist dann längst kalt. Renate und Elke haben es gut, die können zu ihren Papas, wenn die Mama keine Zeit hat, aber wer mein Papa ist, will die Mama ja nicht sagen. Na gut, ich glaube, ich muss jetzt wieder zurück.*

Den dünnen Kochlöffel habe ich unterm Bett versteckt, dann muss sie den dicken nehmen, der tut nicht so weh. Wenn ich mal Kinder habe, die nicht hören, mache ich das wie die Omi: Ich schimpfe mit ihnen. Und dann nehme ich sie in den Arm.

Nele stellte das rosafarbene Buch zurück in den Schrank, zog ein lindgrünes heraus und wickelte sich fester in die Decke.

4. August 1986, ich ziehe aus. Es reicht. In drei Wochen werde ich 18, und dann bin ich weg. Falsch, in 19 Tagen werde ich 18. Unter meinem Kopfkissen liegt ein Maßband, von dem ich jeden Tag einen Zentimeter abschneide. Mamas neuester Typ hat gesagt, dass die das beim Bund so machen, und irgendwas muss ich von ihm ja gelernt haben. Freu mich schon, wenn ich weg bin und er merkt, dass sein Maßband keine zwei Meter mehr hat! Wobei er mit den 1,23 m auch noch blaue Flecken hinkriegen würde. Das ist echt Wahnsinn, der schlägt mit allem zu, was er in die Finger bekommt, Haarbürste, Gürtel, Nudelholz, Besen, Luftpumpe, Gartenschlauch, der findet immer was, das wehtut. So ein *****!

Kenn ich, dachte Nele und blätterte um.

Wenn der in der Wüste einen Wutanfall kriegen würde, würde er zur Klapperschlange greifen. Die machen sicher schöne Striemen.

Nele klappte das Buch zu, lehnte sich mit dem Rücken gegen das Fußende des Doppelbettes und stellte die Füße gegen den Kleiderschrank. Ihr Blick folgte den Linien von Licht, die sich durch den Raum zogen. Immer wieder schüttelte sie den Kopf. Ihre Mutter hatte sich mit Händen und Füßen dagegen gewehrt, als sie in eine Wohngruppe gezogen war. Sie war tief gekränkt gewesen, dass Nele wegwollte, und hatte immer wieder betont, dass sie den Wunsch ihrer Tochter nicht verstehen könne. Dabei hatte sie doch selbst von daheim weggewollt! Also wenn meine Tochter mal ausziehen will, beschloss Nele, dann werde ich ihr dabei helfen. Wobei meine Tochter sicher zu Hause leben möchte, dachte sie, weil ich das nämlich mal besser machen werde, ohne Kochlöffel und ohne fremde Männer. Sie schob das grüne Buch vorsichtig wieder zurück und griff nach einem blauen, das mittig in der Reihe stand.

5. März 1992, der Kinderarzt hat ein Rad ab. In Neles erstem Jahr war ich zweimal in der Woche dort zum Wiegen, weil das Kind ja nicht essen wollte. Da haben mir seine Tussis also alle paar Tage gesagt, dass das Kind in Ordnung ist und ich mir keine Sorgen machen soll, dabei hat sie wirklich kaum was gegessen!

Heute war ich bei ihm, da fragt er mich, ob sie schon trocken ist.

»Klar ist sie trocken«, sage ich. »Tagsüber und auch nachts.« Ich war ganz stolz.

»Mit 19 Monaten ist das eigentlich zu früh«, sagt er. Ernsthaft. ZU FRÜH! Als ob ein Kind zu früh trocken sein könnte! Wie ich das gemacht habe, will er wissen. Da habe ich ihm also erzählt, dass ich Stoffwindeln und eine Gummihose gekauft habe, damit sie ein Gefühl von Nässe bekommt, und dass das dann eigentlich ganz schnell ging. Statt dass der aber was von »ganz schön clever« sagt, schüttelt er seinen dummen Kopf und murmelt was von »Dressur«. Das war's, ich such mir einen anderen!

Bernhard hämmerte gegen die Tür. Nele zuckte zusammen.

»Ich will, dass du da rauskommst, du Scheißgöre! Gib mir meinen Schlüssel zurück! Sofort! Du hast hier nicht zu kommen und zu gehen, wie es dir passt! Ich hab die Schnauze voll davon, dass du nur zum Schmarotzen auftauchst!«

Nele dachte nicht im Traum daran, die Sicherheit des Schlafzimmers und ihre spannende Lektüre aufzugeben. Sie stellte sich taub, verstaute sorgsam das blaue Buch und griff nach einem grauen, ganz rechts im Fach.

13. April 2004, ich kann Nele nicht mehr vertrauen.

Nele zog die Brauen hoch und beugte sich tiefer über das Buch.

Schlimm genug, dass sie hin und wieder in Läden was klaut, vor allem Klamotten und Schminkzeug, aber jetzt geht sie auch an mein Geld. Wenn sie einkaufen geht – selten genug –, behält sie das Wechselgeld, ohne es mit mir abzusprechen. Könnte sein, dass sie es einfach vergisst, habe ich gedacht, aber von wegen: Als ich sie gebeten habe, die Kassenzettel mitzubringen, hat sie mir falsche Bons mit höheren Beträgen untergejubelt und gedacht, ich merke es nicht.

Nele schlug die Hand vor den Mund.

Die Sache war mir so peinlich, dass ich vor allem Bernhard nichts sagen wollte. Der denkt sonst noch schlechter von ihr als sowieso schon. Also lasse ich sie einfach nicht mehr einkaufen gehen.

Das ist dasselbe wie mit diesem sauteuren Reitzeug, das ich ihr gekauft habe. Sie musste es ums Verrecken haben, um mit ihren Schickimicki-Freundinnen mitzuhalten, und ich habe im Geschäft sogar Überstunden gemacht, damit ich es ihr kaufen konnte. Und dann? Dreimal benutzt, höchstens. Sie ist so undankbar! Sie sieht überhaupt nicht, wie viel Mühe ich mir für sie gemacht habe! Trotzdem habe ich die Sachen vorsichtshalber irgendwo hinten in ihrem Schrank versteckt, damit Bernhard das nicht merkt. Der würde ausrasten.

Nele biss sich auf die Unterlippe und blätterte weiter.

30. Oktober 2004, heute beim Arzt musste ich fast drei Stunden warten, bis ich drankam. Ich konnte kaum sitzen, also bin ich im Wartezimmer im Kreis gegangen. Die dumme Schmidt von gegenüber hat gesagt, ich mach sie verrückt, dabei ist sie das von ganz allein. Der Arzt hat dann gesagt, dass ich vielleicht einen Bandscheibenvorfall habe.

Also nur vielleicht, dachte Nele und holte Luft.

Ich soll mich schonen und abwarten, ob die Schmerzen im Rücken bleiben oder auch in die Beine gehen. Unglaublich, dass meine eigene Tochter mir das angetan hat! Ich habe ihr eine kleine Ohrfeige gegeben, und dann schubst sie mich so, dass ich mit dem Rücken auf den Sofatisch falle. Ich hatte das Gefühl, dass ich auf der Kante des Tisches einmal durchknicke. Das hat so wehgetan!

Nele schluckte.

Ja, ich hatte mir vorgenommen, meine Tochter nicht zu schlagen, aber das ist echt leichter gesagt als getan! Sie tut, was sie will, und benimmt sich ständig daneben. Als wir noch zu zweit waren, als Nussel noch da war, das war was anderes. Da waren wir ein Team, und gemeinsam ging das alles. Er fehlt mir so sehr!

Nele nickte. Sie erinnerte sich genau daran, wie leer die Wohnung nach dem Tod ihres Vaters gewesen war. Ihre Augen brannten, als sie weiterlas.

Ich schlage sie nur, wenn es sein muss, als Notlösung sozusagen. Weil es tut mir nämlich mindestens so weh wie ihr. Da weiß ich immer, dass ich keine gute Mutter bin. Und sie wird mir immer fremder. Manchmal erkenne ich sie kaum wieder!

Nele zog die Nase hoch und wischte sich mit dem Ärmel der Trainingsjacke über die Augen.

Wobei, genau genommen, ist das Schlagen was ganz Normales. War schließlich bei uns allen so. Man darf da auch nicht ganz so kleinkariert sein.

Nele klappte das Buch zu, legte den Kopf in den Nacken und starrte an die Decke. Sie versuchte, ihre Gedanken zu ordnen, aber die entglitten ihr, sprangen von hier nach dort und ließen sie verloren zurück. Sie konnte sich unmöglich sofort eine Meinung bilden über das, was sie gelesen hatte, sie brauchte Zeit – und Ruhe.

Vor der Tür hörte sie wieder Schritte.

»Ist ja in Ordnung, ich komme raus«, rief sie, stellte das letzte Buch zurück in die Reihe, zog den Trainingsanzug aus und knüllte ihn davor, »ich komme raus, und ich gebe euch auch den beschissenen Schlüssel.«

Im Gang blieb es still.

»Aber nur, wenn ihr mich nicht anfasst!« Sie blieb vor der verschlossenen Tür stehen. Keine Reaktion. Vorsichtig trat sie an die Tür heran, legte ein Ohr gegen das Holz und horchte.

Bremen, 18. Oktober 2010, 23.24 Uhr

Chiara bildete sich ein, sich ein wenig besser zu fühlen. Vielleicht hatte die Pille schon gewirkt. Vorsichtig stand sie auf, trat ans Fenster und atmete tief ein. Sie lehnte sich vor, streckte den Kopf so weit hinaus, bis der Regen ihr kühlend aufs Gesicht fiel – und erstarrte mitten in der Bewegung. Sie stieß sich vom Fensterrahmen ab, zurück in den Raum, knallte das Fenster zu, fuhr sich mit den Händen über das Gesicht und erstickte einen Schrei mit ihrer Faust. Es regnete Blut! Sie stürzte zum Sofa, wischte sich Hände und Gesicht an einem Kissen ab und warf es in die entgegengesetzte Ecke des Raumes. Da sie es nicht wagte, ins Bad zu gehen und sich zu waschen, rollte sie sich auf dem Sofa zusammen und zog eine Tagesdecke über ihren ganzen Körper. Sie schloss die Augen, atmete tief ein und aus und verfluchte sich für den Griff zur Pille.

Nach ein paar Atemzügen fiel ihr das Luftholen schwer. Sie gewann den Eindruck, die Decke würde sich um sie herum zusammenwinden und sie einschließen wie ein Sarg. Mit aller

Kraft trat sie den Stoff von sich und nahm nur im Augenwinkel wahr, wie die Leselampe auf dem Laminat zersprang.

Chiara begann zu weinen, streckte die Arme aus und rief nach Hilfe. Das Dunkel lichtete sich, sie fühlte, wie ihre Großmutter auf sie zukam, ihr über den Kopf strich und sie leise summend hochhob. Weiße Haare kitzelten ihre Nase, und das Parfum roch so vertraut, dass ihre Angst spürbar nachließ. Chiara schluchzte und vergrub ihr Gesicht am warmen weichen Hals ihrer *nonna*, kam einen Moment lang zur Ruhe.

Bis sie bemerkte, dass die Haut ihrer Großmutter längst kalt war und auf weiße Seide gebettet. Chiara schrak zurück und fiel über ihre eigenen Füße, als die alte Frau sich von ihrem weißen Kissen aufrichtete und von oben herab zu ihr zu sprechen begann.

»Warum weißt du nie, was du willst?«

Die Worte kamen aus dem Mund ihrer Großmutter, aber sie gehörten nicht ihr. Sie schwollen an und verschwammen ineinander, wechselten zwischen Italienisch und Deutsch.

»Erst wolltest du nicht nach Deutschland, und seit die *nonna* tot ist, wolltest du nie mehr zurück nach Italien.« Chiara hielt sich die Ohren zu. Sie sah, wie das Gesicht ihrer Großmutter seine Form veränderte. Mit einem Mal kam ihr die Stimme bekannt vor.

»Erst willst du bei mir wohnen, dann willst du zu deiner Mutter zurück. Dabei gehören wir doch zusammen, du und ich. Du musst endlich wissen, was du willst!«, schrie ihr Vater, bevor er zur Bierflasche griff. »Du kannst doch nicht aus jeder Veränderung in deinem Leben ein Drama machen!«

Chiara wandte sich ab und versuchte aufzustehen, aber der Boden schien sie mit mehr Kraft an sich zu ziehen als üblich. Sie kniff in ihr rechtes Bein und begann zu schwitzen, als sie keinen Schmerz spürte. Wie lange hatte sie gelegen? In welcher Position? Konnte es wirklich passiert sein, dass sie im Rausch diesmal auf dem rechten Bein eingeschlafen war? Sie konnte doch nicht ganz ohne Beine weiterleben! Tränen standen in ihren Augen. »Mama!«, rief sie und rollte sich auf dem Teppich zusammen. »Mama! Wann wird es denn endlich morgen?«

Renningen, 11. Juli 2010, 14.45 Uhr

Nele Buchholz drückte ihr Ohr gegen die verschlossene Schlafzimmertür, hörte aber nur Gemurmel von der anderen Seite.

»In Ordnung«, sagte ihre Mutter endlich. »Du kannst rauskommen. Wenn du uns den Schlüssel gibst, passiert dir nichts. Aber beeil dich!«

Nele schloss die Tür auf und trat in den Gang. Bernhard und ihre Mutter standen rechts von ihr Seite an Seite in der Tür zum Wohnzimmer. Er hielt die Hand auf.

»Den Schlüssel«, sagte er.

Wortlos drehte sich Nele nach links und lief die Treppe hinauf zu ihrem Zimmer. Dort angekommen, erstarrte sie in der Bewegung. Ihre Sachen waren verschwunden, das Bett gemacht, und Fred knabberte, wie sie mit einem Blick auf den Balkon feststellte, genüsslich an einem Stück Karotte. Wenn Bernhard und ihre Mutter trotz alledem den Schlüssel nicht gefunden hatten, konnte das nur eines bedeuten. Sie krabbelte über ihr Bett und sah in den Spalt zwischen Kopfende und Wand. Triumphierend zog sie die Jeans hervor, die sie am gestrigen Abend getragen hatte, schüttelte den Staub ab und erfühlte in deren Tasche den Hausschlüssel. Sie zog sie an und stieg die Treppe hinunter. Schon auf halber Höhe konnte sie sehen, dass die Haustür offen war und ihre Reisetasche draußen auf den Stufen stand.

»Her mit dem Schlüssel, und dann verpiss dich«, sagte Bernhard.

»Ihr könnt mich doch nicht einfach rauswerfen!«

»Das ist Bernhards Haus, der kann das sehr wohl«, sagte ihre Mutter und lehnte sich gegen ihren Lebensgefährten. Nele wurde kalt. Ihr Blick wanderte zwischen den beiden hin und her.

»Du Drecksau«, sagte sie schließlich und sah ihrer Mutter in die Augen. Die kniff die Lippen zusammen, wandte sich ab und rannte in die Küche, während Nele Bernhard den Schlüssel gab und langsam in Richtung Haustür ging. Fieberhaft dachte sie darüber nach, was sie anderes tun konnte, als sich dem Willen der beiden zu fügen. Nele hatte das Ende des Ganges noch nicht erreicht, als sie einen Schlag und einen heißen Schmerz unter dem rechten Schulterblatt fühlte. Sie drehte den Kopf und sah im Garderobenspiegel, dass das große Fleischmesser aus dem Messerblock in der Küche bis zum Schaft in ihrem Rücken steckte. Mit vor Schreck geweiteten Augen starrte sie einige Sekunden auf ihr surreales Spiegelbild, dann sackte sie in sich zusammen und verlor das Bewusstsein.

Bremen, 19. Oktober 2010, 07.17 Uhr

Als sie den Schlüssel ihrer Mutter im Schloss hörte, hätte Chiara weinen können. Die Nacht war unfassbar lang gewesen. Ihr Mund schmeckte, als wäre etwas darin verfault. Sie öffnete die Augen und überzeugte sich davon, dass wirklich ein grauer Lichtschein durchs Fenster fiel, dass es tatsächlich Tag geworden war, dann rappelte sie sich auf und band ihre Haare notdürftig zu einem Pferdeschwanz.

»Hallo Federica«, sagte sie und lächelte.

»Was machst du denn hier?«, fragte ihre Mutter und stellte die Einkaufstüten ab. »Du brauchst gar nicht so zu schauen, das ist für Matteo und mich. Nicht für dich.«

»Ich will doch gar nicht...«

»Das wäre aber mal ganz was Neues.« Federica zog sich die Jacke aus und hängte sie an die Garderobe. »Du kommst doch immer nur her, wenn du was willst. Geld, Essen, ein Bett... Was ist es diesmal?« Sie warf einen Blick ins Wohnzimmer, machte zwei Schritte in das Chaos hinein und hob die Stimme. »Du hast ja wohl den Arsch offen! Als du mir das Sofa vollgekotzt hast, habe ich dir gesagt, dass du hier nicht mehr schläfst. Jetzt schleichst du dich rein, wenn ich nicht da bin, obwohl du weißt, dass ich das nicht will, und dann demolierst du mir wieder die Bude. Die war teuer, verdammt!« Sie trat das geborstene Lampengestell gegen Chiaras Beine und griff sich an den Kopf. Dann atmete sie tief aus und wandte sich ab. »Ich gehe jetzt in die Küche und räume meine Einkäufe auf. Wenn ich damit fertig bin«, sie warf einen Blick über die Schulter, »dann bist du weg.«

Chiara blinzelte und sah an die Decke, um nicht zu weinen. Unschlüssig betrachtete sie das verwüstete Wohnzimmer.

»Ich bringe das wieder in Ordnung«, rief sie. »Ich kaufe dir auch eine neue Lampe!«

»Von meinem Geld?«, hörte sie die Mutter. »Das kann ich selbst!«

Chiara hatte mit einem Mal das überwältigende Bedürfnis,

ihre Hände zu waschen. Sie folgte ihrer Mutter in die Küche, griff zum Spülmittel und schäumte ihre Unterarme bis zum Ellbogen ein.

»Ich habe gesagt, du sollst verschwinden.« Federica Manzi knallte den Kühlschrank zu. »Ich hab keinen Bock mehr auf deine Spinnereien! Matteo, geh in dein Zimmer! Fehlt mir gerade noch, dass der auch damit anfängt, sich bis auf die Knochen zu schrubben und stundenlang das Spülbecken zu besetzen. Haben die dir das in dem Heim nicht abgewöhnt?« Chiara schwieg und seifte sich zum zweiten Mal ein.

»Weißt du was, Chiara?« Federica nahm ein großes Messer aus einer Schublade und halbierte schwungvoll eine Paprika. »Pack deinen Kram und geh zu deinem Daddy.« Sie nahm die Paprikahälften, schob Chiara beiseite und hielt das Gemüse unter das fließende Wasser. » Lass mich die Kerne ausspülen – du wolltest doch schon öfter zu deinem Daddy. Warum eigentlich nicht jetzt?« Chiara stand mir tropfenden Armen in der Küche. Federica legte die Paprika weg, griff nach dem Messer und ging auf ihre Tochter zu. »Sag mir doch mal«, sie zielte mit der Spitze der Klinge auf Chiaras Brust, »warum du ständig bei mir auftauchst und Probleme machst.« Mit der freien Hand öffnete sie den Kühlschrank und holte eine halbleere Flasche Weißwein heraus. »Ich finde, es könnte sich ruhig mal dein geliebter Vater um seine Problemtochter kümmern. Wenn er schon sonst zu nichts taugt.«

Federica legte das Messer auf die Arbeitsfläche, entfernte den locker aufgesetzten Korken und wandte sich ab, um ein Glas zu holen.

Chiara legte ihre Hand auf den noch warmen Griff des Messers. Der Griff war aus Holz, sodass ihre nassen Finger Halt fanden. Sie hörte nicht mehr, was ihre Mutter sagte, nur noch, dass sie sprach. Sie wollte, dass sie damit aufhörte, wollte ihr Schmerzen zufügen. Vor allem aber wollte Chiara etwas tun, selbst und aktiv, etwas verändern an ihrer Situation. Man muss etwas verändern, um etwas Neues zu beginnen, dachte sie.

Das Bild, wie das Messer bis zum Anschlag unter dem rechten Schulterblatt ihrer Mutter steckte, würde sie ihr Leben lang nicht vergessen.

Leonberg, 12. Juli 2010, 15.32 Uhr

Nele Buchholz erwachte in einem Krankenhausbett. Neben ihrem Kopf piepte ein Gerät. Eine junge Ärztin betrat das Zimmer, fühlte ihren Puls und machte sich Notizen auf einem Klemmbrett.

»Das Gröbste haben Sie überstanden«, sagte sie lächelnd, bevor sie den Raum verließ. Als sie die Tür öffnete, sprach ein Polizist sie an. »Ja, Sie können jetzt zu ihr. Aber nur kurz«, sagte die Ärztin.

Der Beamte trat an Neles Bett und bat sie, von den Geschehnissen des vergangenen Tages zu erzählen. Als er Nele berichtete, wer die Tat zwischenzeitlich gestanden hatte, verschlug es ihr die Sprache.

Nachdem der Polizist sich verabschiedet hatte, stieß er in der Tür beinahe mit ihrer Mutter zusammen. Als er Sybille Buchholz erkannte, hielt er in der Bewegung inne und sah zwischen den beiden Frauen hin und her.

»Ich will ihr nur Blumen bringen«, sagte die Besucherin und hielt einen kleinen Strauß in die Höhe. »Bin gleich wieder weg.«

»Ist schon in Ordnung.« Nele nickte dem Beamten zu, der die Brauen zusammenzog und hörbar in seinen Schnauzer hinein ausatmete, bevor er den Weg freigab. Er lehnte die Tür an, beobachtete Mutter und Tochter aber durch den Spalt hindurch.

Sybille Buchholz legte den Strauß auf den Nachttisch, bevor sie sich ans Bett ihrer Tochter setzte.

»Und ich Depp dachte, dass es Bernhard war«, sagte Nele und sah ihrer Mutter ins Gesicht.

Sybille Buchholz stand auf und verließ den Raum.

Bremen, 19. Oktober 2010, 12.23 Uhr

Chiara Manzi hob den Kopf, als die Tür ihres Zimmers entriegelt wurde. Eine Schwester betrat den Raum.

»Ihrer Mutter geht es besser. Sie möchte mit Ihnen sprechen.« Chiara begann zu weinen und vergrub ihr Gesicht in einem Kissen. Mit Mühe konnte die Schwester sie dazu bewegen, mit ihr zur Telefonzelle der Station zu gehen.

»Es tut mir leid«, sagte Chiara laut weinend, kaum dass sie den Hörer in der Hand hatte. »Es tut mir so leid!« Am anderen Ende der Leitung hörte man einen Seufzer.

»Mach, was die Leute in der Psychiatrie dir sagen«, sagte Federica Manzi und hustete. »Benimm dich zur Abwechslung mal.« Dann beendete sie das Gespräch.

Relativ kurz hintereinander wurde ich mit der Begutachtung von Frau Buchholz und Frau Manzi beauftragt. Die Parallelen der beiden Fälle waren, trotz der auf den ersten Blick vertauschten Rollenverteilung, frappierend.

Einer meiner ersten Gedanken war: Frauen haben keine Kampfkultur! Während Männer sich – typischerweise – beschimpft und im Allgemeinen frontal angegriffen hätten, hatten beide Frau wortlos in den Rücken ihres Opfers eingestochen. Folgerichtig wurde beiden vorgeworfen, »heimtückisch« gehandelt zu haben. Wer heimtückisch handelt, begeht keinen Totschlag, bei dem er eine Freiheitsstrafe von mindestens fünf Jahren zu erwarten hätte, sondern einen Mord, der mit lebenslänglicher Freiheitsstrafe geahndet werden muss. Juristen definieren die Heimtücke als »bewusstes Ausnutzen der Arg- und Wehrlosigkeit des Opfers«. Wer jemanden tötet, der nicht mit einem Angriff rechnet und sich deshalb nicht wehren kann, erhöht seine Strafe ganz erheblich. Ein solches Vorgehen wurde Frau Buchholz und auch Frau Manzi vorgeworfen. Nachdem hier beide Opfer überlebt hatten, ging es in beiden Verfahren zwar nur um den Vorwurf des versuchten Mordes, aber auch so hatten sie mit einer sehr langen Freiheitsstrafe zu rechnen. Meine Aufgabe war es einmal mehr, ihre Schuldfähigkeit zu überprüfen.

Als Erstes lernte ich Sybille Buchholz in der JVA Heimsheim kennen. Sie war inzwischen in Untersuchungshaft genommen worden und freute sich sichtlich über meinen Besuch. Dankbar biss sie in die Brezel, die ich ihr mitgebracht hatte, und erzählte mir ausführlich ihre Lebensgeschichte, angefangen bei ihrer Kindheit und der Beziehung zu ihrer Mutter bis hin zum heutigen Umgang mit ihrer Tochter Nele.

Mutter und Tochter Buchholz hatten Biografien, die sich vor allem in ihren traurigen Aspekten sehr nahe waren. Beide fühlten sich zu Hause nicht geborgen. Sybille Buchholz flüchtete schon als Kind zu ihrer Oma, Nele Buchholz zog bei der ersten Gelegenheit in eine Wohngruppe für Jugendliche. Ihre jeweiligen Mütter brachten diesen Fluchtbestrebungen ihrer Töchter Unverständnis entgegen. Beide Buchholz-Frauen wurden regelmäßig und heftig geschlagen, insbesondere von den neuen Partnern ihrer Mütter. Nele Buchholz verlor ihren Vater durch eine Krebserkrankung, Sybille Buchholz durfte ihn gar nicht erst kennenlernen.

Sybille Buchholz hatte als Kind also schmerzhaft erfahren, dass es traurig macht, wenn man zu Hause geschlagen wird und sich dort nicht wohlfühlt. Ihren Tagebüchern konnte man entnehmen, dass sie sich vornahm, als Erwachsene mit ihren Kindern einmal »besser« umzugehen. Warum gelang ihr das nicht?

»Seit wann gibt es Gewalttätigkeiten zwischen Ihrer Tochter und Ihnen?«, fragte ich sie.

»Seit Nussels Beerdigung«, antwortete sie leise, aber prompt, und richtete den Blick in ihren Schoß. »Als wir von der Trauerfeier nach Hause kamen, hat Nele in ihrem Bett eine Tasse Kakao verschüttet. Da ist mir zum ersten Mal die Hand ausgerutscht.« Sie seufzte. »Ab dann war das bei uns irgendwie normal.«

Ein Mensch sammelt, solange er aufwächst, ein Repertoire an Krisenbewältigungswerkzeugen. Diese Werkzeuge hebt er auf und wendet sie im weiteren Verlauf seines Lebens an. Sybille Buchholz' Werkzeugkasten war nicht sehr gut ausgestattet. Sie hatte hauptsächlich gelernt, dass man im Notfall zuschlägt.

Frau Buchholz wusste, dass diese Art der Problemlösung nicht empfehlenswert war. Solange es ihr einigermaßen gut ging, gelang es ihr deshalb, ihr destruktives Erbe zu ignorieren und ihre guten Vorsätze im Hinblick auf Nele umzusetzen, sie also nicht zu schlagen. In der großen Krise um den Verlust ihres Lebenspartners wie in den vielen folgenden kleinen Krisen als alleinerziehende Mutter war ihre emotionale Not jedoch so groß, dass sie sich diesen »Luxus« nicht mehr leisten konnte. In ihrer Hilflosigkeit griff Sybille Buchholz auf das einzige erzieherische Instrument zurück, das man ihr in ihrer Kindheit mit auf den Weg gegeben hatte: körperliche Gewalt. Sie hatte nicht gelernt, Differenzen durch Gespräche zu lösen, eigene Schwächemomente zu erkennen und dem anderen mitzuteilen, also zwischenmenschliche Nähe herzustellen. Deshalb konnte sie derart friedliche Möglichkeiten, Krisen zu lösen, nicht nutzen. Sie standen ihr nicht zur Verfügung.

Die Lebensbewältigungstaktiken, die Sybille Buchholz anwandte, bewährten sich für sie ebenso wenig wie für ihre Eltern: Sie war sehr unsicher im Umgang mit ihrer kleinen Tochter. Alle paar Tage fuhr sie mit Nele zum Wiegen, weil sie bezweifelte, dass das Kind genug aß. Auch wäre wohl nicht jede Mutter auf die Idee gekommen, ein Baby nachts bewusst in seinem Urin liegen zu lassen, damit es möglichst schnell trocken wird. Sybille Buchholz nahm die Bedürfnisse ihrer Tochter nicht wahr, es gelang ihr nicht, eine stabile Beziehung zu ihr herzustellen.

Nele wiederum lernte, indem sie – wie jedes Kind – das Verhalten ihrer Mutter kopierte: Mit dem Beginn ihrer Pubertät schlug sie zurück.

Nele und Sybille Buchholz hatten somit keine gute Bindung aneinander. Die fehlende emotionale Nähe machte die beiden nicht nur traurig, sie hinderte sie auch an der Bewältigung eines Konfliktes, der in nahezu jedem Mutter-Tochter-Verhältnis auftaucht. Das Phänomen ist so allgemeingültig, dass es sogar im Märchen abgebildet wird: Mit dem Heranwachsen des Kindes entwickelt die alternde Mutter eine Eifersucht auf die Jugend, Schönheit und Fruchtbarkeit der Tochter. Haben die beiden eine gute Beziehung, machen die Liebe und der Stolz auf das Kind die Ohnmacht gegenüber dem Gefühl, »abgelöst« zu werden, erträglich. Fehlt dieses emotionale Band, wird die Kränkung der »bösen Königin« nicht abgefangen und kann sich, wie im Fall der Frauen Buchholz, ungebremst gegen »Schneewittchen« entladen.

Chiara Manzi besuchte ich in der Psychiatrie in Bremen. Mit ihr ins Gespräch zu kommen, war nicht einfach. Der Entzug setzte ihr trotz ärztlicher Unterstützung stark zu, und sie hatte Schwierigkeiten, sich zu konzentrieren.

»Die Gedanken gehen manchmal einfach aus meinem Kopf heraus«, sagte sie. »Der ist dann ganz leer.« Als ich sie nach ihrem Vater fragte, sagte sie: »Den liebe ich sehr.« Kaum fragte ich aber nach ihren anderen Familienmitgliedern, wich sie aus: »Ich möchte nicht darüber reden. Es ist zu viel passiert.«

Nach dem ersten Tag der Begutachtung hatte ich Sorge, mangels ausreichender Informationen über Frau Manzi kein aussagekräftiges Gutachten schreiben zu können. Deswegen rief ich mit Chiaras Zustimmung ihre Betreuerin im Mädchenheim an, um zumindest Eindrücke von außen zu erhalten. Ich hatte Glück, Frau Nikolic kannte die Familie seit Jahren, Chiara Manzi war bei ihr schon mehrere Male ein- und wieder ausgezogen.

»Seit dem Tod ihrer Großmutter geht es mit Chiara bergab«, sagte Frau Nikolic. »Zu der hatte sie eine deutlich engere Bindung als zu ihrer Mutter. Überhaupt war die Familie ein bisschen schräg. Als Chiara das erste Mal hier wohnte und ihr Bruder sie besuchen kam, nannte er sie ›Mama‹, scheinbar weil sie diejenige war, die sich hauptsächlich um ihn kümmerte. Eine verwirrende Familienkonstellation.«

Was Frau Nikolic beobachtet hatte, war eine Störung in der Generationenfolge. Für Kinder ist das ähnlich irritierend wie für Außenstehende. Gerät die Generationenfolge durcheinander, so besteht die Gefahr, dass ein Kind die Orientierung an den erwachsenen Bezugspersonen verliert und in Rollen gedrängt wird, die außerhalb seiner »Zuständigkeit« liegen. Übernimmt ein Kind etwa in jungen Jahren die Verantwortung für ein kleineres Geschwisterchen, so muss es dieser Aufgabe seine volle Aufmerksamkeit widmen, ohne ihr auch nur annähernd gewachsen zu sein. In der Folge kann es Entwicklungsschritte, die eigentlich gerade auf seiner Tagesordnung stünden, nicht mehr bewältigen und lässt so wichtige emotionale Lerninhalte aus.

Frau Nikolic berichtete mir noch von einer weiteren Auffälligkeit: »Spätestens seit dem Auszug des Vaters durchzieht die Familie Manzi eine harte Frontlinie, Mutter und Sohn auf der einen Seite stehen Vater und Tochter auf der anderen Seite gegenüber. Chiara schwärmt von ihrem Vater, während ihre Mutter es ihr kaum recht machen kann.« Ich nickte. Diese Beobachtung deckte sich mit meinen Eindrücken von der Begutachtung.

Eine solche Parteienbildung birgt das Risiko, dass Kinder in eheliche Auseinandersetzungen eingebunden werden und ebenfalls Funktionen bekleiden, die sie überfordern.

Zusätzliche Belastungen für Chiara waren der Umzug ihrer Familie von Italien nach Deutschland, die Trennung ihrer Eltern und der Tod ihrer Großmutter als wichtigste Bezugsperson. So viele einschneidende Ereignisse in relativ kurzer zeitlicher Abfolge konnte sie nicht bewältigen, insbesondere, da von ihrer Familie keine emotionale Hilfe zu erwarten war. Gerade ihre Mutter stand ihr nicht nahe genug, um sie unterstützen zu können. So berichtete Frau Nikolic, dass Federica Manzi ihre Tochter immer wieder im Mädchenheim besucht und ihr Kleidung mitgebracht hatte. Diese Kleidungsstücke entsprachen allerdings so offensichtlich nicht Chiaras Stil, dass sich das ganze Haus über sie amüsierte. Nun ist es gerade bei Kleidung nicht immer einfach, den Geschmack eines anderen Menschen zu treffen. Dennoch kann man die auffällige Differenz zwischen Chiara Manzi und ihren Geschenken als eine Art Sinnbild dafür sehen, dass ihre Mutter keinen Zugang zu ihr gefunden hatte – obwohl sie sich stetig darum bemühte.

Zu allem Überfluss waren Chiaras Eltern beide alkoholsüchtig. Da die Tendenz, eine Sucht zu entwickeln, mit von der Genetik beeinflusst wird, hatte Chiara Manzi auch an dieser Stelle von ihrer Familie ein erhebliches Handicap mitbekommen. Als Jugendliche begann sie damit, als eine Art Selbsttherapie beinahe alle für sie verfügbaren Drogen auszuprobieren.

Die Summe dieser Aspekte hatte bei Frau Manzi zu einer »strukturellen Störung« geführt. Die Grundlagen für diese Störung werden in den ersten drei Lebensjahren gelegt. Wenn ein Kind schon zu Beginn seines Lebens schweren Traumata ausgesetzt ist und seine Kindheit und Jugend auch in den folgenden Jahren immer wieder von Krisen erschüttert wird, kann es die notwendigen Entwicklungsstadien nicht ungestört durchlaufen. An den Stellen, an denen ihm Entwicklungsschritte fehlen, wird seine Persönlichkeit künftig Lücken haben. Bei einer strukturellen Störung sind diese Defekte so erheblich, dass sie den Betroffenen, zumindest in Krisensituationen, an der Lebensbewältigung hindern.

Chiara Manzi war schwer drogenabhängig. Sie hörte, selbst im nüchternen Zustand, Stimmen, die sie durch lautes Schreien oder die Einnahme von Drogen zu übertönen versuchte. Immer wieder überkam sie ein Waschzwang, dem sie über Stunden nachkommen musste. Nach einer ersten Verurteilung wegen Diebstahls und zahlreichen Entzugsversuchen hatte sie so lange Zeit in Haft, diversen Krankenhäusern und Einrichtungen für betreutes Wohnen verbracht, dass sie nur noch schwer dazu in der Lage war, ein selbstbestimmtes Leben zu führen.

Ihre Handicaps hatten Chiara Manzi daran gehindert, erwachsen zu werden und sich von ihrer Mutter zu lösen. Um von seinen Eltern unabhängig zu werden, muss man gelernt haben, sein Leben weitgehend aus eigener Kraft zu bewältigen und über eine einigermaßen stabile Persönlichkeit verfügen. Das war Chiara nicht gelungen. Insofern führten die zahlreichen Krisen und Konflikte ihrer Kindheit nicht zu einer größeren Distanz zu ihren Eltern. Ganz im Gegenteil: Gerade aufgrund der schwierigen Bedingungen, denen sie ausgesetzt gewesen war, war sie von ihrer Mutter besonders abhängig. Chiara Manzi hoffte und wartete immer noch darauf, von ihr die Liebe und Aufmerksamkeit zu bekommen, die sie seit ihrer Kindheit hatte entbehren müssen.

Normalerweise löst sich ein Kind im Laufe der Pubertät langsam und Schritt für Schritt von seinen Eltern, indem es Aggressionen gegen sie entwickelt und in vertretbarem Rahmen auslebt. Auch dieser Vorgang ist allgemeingültig genug, um Märchen zu inspirieren: Hänsel und Gretel gelingt es erst, sich von der Hexe zu »lösen«, als sie aggressiv gegen sie auftreten, indem nämlich Gretel sie in den Ofen schiebt. Die Lösung des Märchens ist ein Symbol und für die allermeisten Familien unnötig brutal, für Chiara Manzi war sie passend. Aufgrund ihrer besonderen Abhängigkeit war sie zu einer natürlichen und »sanften« Ablösung von ihrer Mutter nicht in der Lage und versuchte, die Trennung auf zerstörerische Art und Weise durch die Tat herbeizuführen. Erfolgreich war sie damit nicht.

Als ich beide Begutachtungen abgeschlossen hatte, stellte ich fest, dass nicht nur die strafrechtliche Beurteilung der Fälle deckungsgleich war, sondern auch im Rahmen der psychiatrischen Betrachtung große Ähnlichkeiten bestanden: Die Märchen-Vergleiche zeigen, dass die Aggressionen der beiden Angeklagten zwar einen unterschiedlichen Hintergrund hatten, aber auf Gefühlen beruhten, denen nahezu alle Mütter und Töchter ausgesetzt sind. Was diese beiden Fälle verband, war die Tatsache, dass es den Beteiligten nicht gelungen war, ihre Differenzen mit friedlicheren Mitteln zu bewältigen. Hieran waren sie gescheitert, weil jede der Frauen in dem Wunsch nach Liebe und Verbundenheit mit der anderen enttäuscht worden war. Beide Taten waren tragischer Höhepunkt einer pathologischen Mutter-Tochter-Beziehung, in beiden Fällen hatten die Familien die Tat über Jahrzehnte hinweg, wenn man so möchte, vorbereitet.

Wenn aber nun die Entstehungsgeschichten der beiden Taten so ähnlich waren, warum hatte dann im einen Fall die Mutter, im anderen die Tochter zugestochen?

Führt man sich die Geschehnisse im Hause Buchholz und Manzi kurz vor der jeweiligen Tat vor Augen, so ist nicht nachvollziehbar, warum in der einen Situation die Mutter, in der anderen die Tochter zum Täter wurde. Das Gefühl der Irritation, wenn die zweite Geschichte anders ausgeht als die erste, ist in meinen Augen nur folgerichtig. Meiner Meinung nach ist austauschbar, wer das Messer führt, und noch dazu ist es irrelevant. Wenn wir den einen Beteiligten als »Täter« und den anderen als »Opfer« bezeichnen, so mag hierin eine juristische Notwendigkeit liegen. Psychologische Erkenntnisse lassen sich durch diese Kategorien nicht gewinnen. Beide Taten waren die Folge einer langen und zerstörerischen Beziehung zwischen den Beteiligten. Insofern sind jeweils beide Täter und Opfer zugleich, sie sind ein Paar. Sie haben sich auf unzählige Arten, mit Worten und Taten, verletzt. Wer die Grenze zur Lebensgefahr überschreitet, ist Zufall.

Sybille Buchholz war meiner Ansicht nach zu dem Zeitpunkt, als sie ihrer Tochter ein Messer in den Rücken stach, aus psychiatrischer Sicht schuldfähig. Die fatal ungünstige Familienkonstellation konnte die Hintergründe der Tat erklären, sie hatte aber nicht dazu geführt, dass Frau Buchholz ihre Handlungen nicht mehr kontrollieren konnte. Sybille Buchholz wurde zu einer zehnjährigen Freiheitsstrafe verurteilt.

Chiara Manzi war nach dem Stand meiner Untersuchungen aufgrund ihrer erheblichen Persönlichkeitsstörung und des Drogenkonsums schuldunfähig. Sie wurde zwangsweise in ein psychiatrisches Krankenhaus eingewiesen. Viele Jahre später war sie so weit stabilisiert, dass sie aus dem Krankenhaus in ein Projekt für betreutes Wohnen entlassen werden konnte. Ein vollkommen selbstbestimmtes Leben wird sie aufgrund der Schwere ihrer psychiatrischen Erkrankung möglicherweise nie führen können. Ihre Mutter hat ihre Entschuldigung zwar nicht ausdrücklich angenommen, den Kontakt zu ihrer Tochter aber in all den Jahren durch regelmäßige Besuche aufrechterhalten.

Zwischen Gut und Böse

Claudia Braun hielt sich mit beiden Händen an ihrem Regenschirm fest. Sie wusste, dass es aufgehört hatte zu regnen, all die anderen schwarzen Schutzschilde, die ihr den Blick auf das Geschehen versperrt hatten, waren längst zusammengefaltet. Sie aber zog den dunklen Stoff noch näher an sich heran und verbarg ihr Gesicht vor den Umstehenden. Viele waren es nicht. Nur eine Handvoll schwarzer Mäntel, von denen das Wasser tropfte. Es roch intensiv nach feuchter Erde. Sie schloss die Augen und bemühte sich, den Worten des Pfarrers zu folgen. Sie fanden kaum ihren Weg zwischen den schmalen Lippen des Geistlichen hindurch. Er sprach von Unschuld und Erlösung, vom tragischen Ende eines jungen Lebens. Nach wenigen Sätzen war er fertig. Die Menschen begannen eilig, einige wenige Blumen auf den kleinen Sarg zu werfen. Claudia Braun schüttelte den Kopf. Diese Rede hätte auf jedes beliebige Kind gepasst. Kein Wort hatte er über dieses so besondere Mädchen, kein Wort hatte er über ihre Pia gesagt.

»Wir gehen«, sagte der Mann neben ihr und fasste sie am Ellbogen. Er führte sie zum Hintereingang des Friedhofs, an dem sein Kollege mit dem Wagen wartete. Der Mann öffnete für Claudia Braun die Autotür, dann legte er eine Hand auf ihren Kopf und schob sie ins Wageninnere.

Als sie losfuhren, lehnte sie ihre Stirn an die Scheibe und rief sich zum wohl hundertsten Mal den letzten Tag von Pias kurzem Leben in Erinnerung.

Es war ein ganz normaler Sonntag gewesen. Gegen fünf Uhr morgens schlug Miriams Überwachungsgerät Alarm, und sie stürzte an das kleine Bettchen. Aber wie üblich war alles in Ordnung, die Kleine lag auf dem Rücken und atmete regelmäßig. Claudia Braun war oft versucht gewesen, den Apparat auszustellen, der sie mehrfach pro Nacht grundlos aus dem Bett holte und zu Tode erschreckte, aber sie wagte es nicht. Die Ärzte hatten gesagt, dass Miriam in besonderem Maße vom plötzlichen Kindstod bedroht sei und diese unzuverlässige Maschine ihre einzige Möglichkeit war, einen Atemstillstand rechtzeitig zu bemerken. Also würde sie mit dem Schlafen eben warten müssen, bis die Kleine aus dem Gröbsten heraus war.

Claudia Braun steckte den Piepser in die Tasche ihres Nachthemdes und wollte sich eben umdrehen, um noch einmal ins Bett zu gehen, als es zu ihren Füßen winselte. Knut sah sie mit großen Augen an und lief in Richtung Terrassentür. Sie folgte ihm, ließ ihn in den Garten und drückte innerlich die Daumen, aber sie hatte kein Glück: Knuts Durchfall war noch nicht vorbei. Seufzend wartete sie ab, bis er sein Geschäft erledigt hatte, dann nahm sie den kleinen Malteser noch auf der Schwelle zum Wohnzimmer auf den Arm und trug ihn in die Waschküche, um wenigstens die gröbsten Spuren seiner Verdauungsprobleme aus dem langen Fell zu entfernen. Nachdem Knut beleidigt das Weite gesucht hatte, wusch sie sich die Hände und wäre vielleicht wieder ins Bett gegangen, wären die Berge an Wäsche um sie herum nicht noch ein wenig höher gewesen als üblich. Ein Baby, vier Kinder und zwei Erwachsene produzierten eine erstaunliche Menge an Schmutzwäsche. Claudia Braun hatte neben ihren drei leiblichen Kindern zwei Pflegekinder bei sich aufgenommen. Sie zog eine Fleecejacke über ihr Nachthemd, ließ eine Maschine laufen, schaltete das Radio ein und stellte sich ans Bügelbrett. Wenigstens Rolands Hemden sollte sie schaffen, bevor die Kinder wach wurden.

Wobei ihr nicht klar war, wofür er die Hemden brauchte. In seinem Job bei einem Hausmeisterservice trug er T-Shirts, außerdem hatte er die Anstellung vor fast einem Jahr verloren. Danach hatte er sich auf Dutzende Stellen beworben, und sie war mit dem Bügeln kaum hinterhergekommen. Irgendwann hatte er aufgegeben und eine Weiterbildung zum Gebäudereiniger begonnen. »Für den Scheißjob müssen sie einfach Leute suchen«, hatte er gesagt.

Sie hob einen hellblauen Ärmel an und runzelte die Stirn. Die Manschette franste schon wieder aus, ihr Versuch, das Hemd zu retten, war offenbar gescheitert. »Mist«, sagte sie, wieder eines weniger.

Nun war Rolands Jahr mit Arbeitslosengeld fast vorbei, und vor ein paar Tagen war er schon wieder durch eine Prüfung gefallen. Irgendetwas mit Wirtschaft. Sie hatte sich nicht getraut, näher nachzufragen, obwohl es sie interessiert hätte, was er eigentlich lernte. Fakt war, dass sie bald mit noch weniger Geld würden auskommen müssen. Vielleicht war es eben doch an der Zeit, die Pferde zu verkaufen. Tränen traten ihr in die Augen. Die beiden Haflinger waren der einzige Luxus, den sich die Familie leistete. Die Kinder teilten sich jeweils zu zweit ein Zimmer, Miriam schlief bei Roland und ihr, ein Arbeits- oder Bügelzimmer gab es schon lange nicht mehr, von Urlaub ganz zu schweigen. Die Familie hatte ein Auto gehabt, in das sie alle hineinpassten, aber das stand seit einer Woche mit einem Motorschaden vor der Tür. Claudia Braun schnäuzte sich und trocknete ihr Gesicht, damit nicht noch mehr Tränen auf die Hemden fielen. In diesem Sommer schien sich das Schicksal endgültig gegen sie verschworen zu haben. Sie würden eine Reparatur in den nächsten Wochen nicht bezahlen können, und ihr war schleierhaft, wie sie neben ihren Aufgaben zu Hause noch die beiden Pferde versorgen sollte, wenn allein die Fahrt zur Koppel mit dem Rad knapp vierzig Minuten dauerte.

Zwei Stunden später hörte sie nackte Füße auf den Fliesen.

»Mama, wann gibt es Frühstück?« Ben rieb sich die Augen und gähnte.

»Jetzt, mein Schatz«, antwortete Claudia Braun, zog den Stecker des Bügeleisens aus der Dose und schob ihren Sohn die Treppe hinauf, »aber nur für große Jungs mit Hausschuhen.«

Während Ben in seinem Zimmer verschwand, räumte sie die letzten Teller des Vorabends in die Spülmaschine. Während sie Wasser einließ, um Pfannen und Töpfe abzuspülen, stellte sie Bens Milch für den Kakao in die Mikrowelle und befüllte den Toaster. Es ärgerte sie, dass sie sich nicht direkt nach dem Abendessen um das schmutzige Geschirr gekümmert hatte, aber Miriam hatte geschrien, und nach dem Stillen war sie sofort eingeschlafen.

Zu ihren Füßen hörte sie erneut das vertraute Winseln.

»Ja, Knut, ist gut«, sagte sie und ging zur Terrassentür.

Ben kam mit Hausschuhen die Treppe hinunter und setzte sich an den Küchentisch.

»Ich dachte, es gibt Frühstück«, sagte er und schob mit dem Finger die Krümel des Vorabends hin und her.

»Gibt es auch«, sagte Claudia Braun, wischte den Tisch ab, legte die heißen Toasts auf einen Teller und stellte ihn Ben zusammen mit einem Nutella-Glas vor die Nase. Die warme

Milch aus der Mikrowelle und eine Dose mit Kakaopulver stellte sie daneben.

»Morgen schreibst du Englisch, oder?«

»Mhm.«

»Und? Klappt?«

Gerade noch sah sie Knut mit völlig verschmiertem Fell ins Wohnzimmer springen. Sie lief ihm hinterher, packte ihn und verschwand mit ihm in der Waschküche. Kaum hatte sie das nasse Tier wieder auf dem Boden abgesetzt, klingelte es an der Tür.

»Machst du auf, Ben?«, rief sie und überlegte kurz, ob sie eine Hose über ihr Nachthemd ziehen sollte, als sie schon eine bekannte Stimme hörte. Eilig lief sie die Treppe hinauf.

»Frau Strese«, sie wischte sich die Hände am Nachthemd trocken und stellte sich möglichst breit in die Tür, »es ist leider nicht besonders aufgeräumt bei uns. Seit wann arbeiten Sie sonntags?«

»Ich arbeite gar nicht«, sagte Frau Strese und blieb auf der Fußmatte stehen. »Ich habe nur am Freitag erfahren, dass die Sätze für Pflegekinder ab nächstem Monat wieder angehoben werden, und wollte Ihnen die gute Neuigkeit schnell persönlich überbringen. Telefonisch konnte ich Sie nicht erreichen.«

»Oje, ich habe vergessen, Ihnen Bescheid zu sagen, wir haben eine neue Telefonnummer.« Claudia Braun strich sich die Haare aus dem Gesicht. »Tut mir leid.«

»Macht gar nichts«, Frau Strese winkte ab. »Schauen Sie, da hinten stehen mein Mann und mein Sohn. Ihr Haus liegt an unserer Lieblings-Fahrradroute. Jetzt sind wir nach so vielen Jahren fast Nachbarn!« Sie strahlte. Ein Mann und ein Junge mit Fahrradhelmen winkten. Claudia Braun winkte zurück.

»Vielen Dank für die guten Nachrichten. Wir können im Moment jeden Cent brauchen. Sie wissen ja, die Geschichte mit dem Auto.« Sie schluckte ihre Tränen hinunter.

»Ich weiß, ich weiß. Aber wir beide kennen uns schon so lange, und Sie haben noch jede Krise gemeistert.« Frau Strese strich ihr über die Schulter. »Denken Sie doch nur an Rainer…«

»…der sich ständig im Pausenhof geprügelt hat. Jede Woche ein Krisengespräch.« Claudia Braun lächelte.

»Richtig. Der war nach ein paar Monaten bei Ihnen ganz friedlich, und Anja…«

»…die nicht gesprochen hat, bis sie vier Jahre alt war.«

»Irrtum, bis sie zu Ihnen kam«, fiel ihr Frau Strese ins Wort. »Bei Ihnen ist sie aufgetaut. Machen Sie sich keine Gedanken, Frau Braun, dieses Tief vergeht, wie alle anderen vor ihm.« Sie drückte Claudia Brauns Arm. »Meine Männer warten. Grüßen Sie Stefan und Pia von mir! Und schönen Sonntag noch!«

Claudia Braun schloss die Tür.

»Mama, machst du mir auch einen Kakao?« Anna saß neben ihrem Bruder und versenkte ihr Messer im Nutella-Glas.

»Klar.« Claudia Braun legte Brot nach. »Wo sind denn Stefan und Pia?«

»Die haben keinen Hunger.«

Sie seufzte und stellte noch eine Tasse Milch in die Mikrowelle. Eigentlich sollte sie nun hochgehen und ihre beiden Pflegekinder zum Frühstück holen, aber sie wusste, dass es Theater geben würde, und im Moment war sie zu diesem Kraftakt nicht in der Lage. Als sie sich dem vollgestapelten Spülbecken zuwandte, verschwand die Familie Strese gerade hinter dem nächsten Hügel. Claudia Braun hielt in der Bewegung inne.

»Wie wäre es, wenn wir heute auch einen Ausflug machen?«, fragte sie.

»Ja, ins Schwimmbad!«, sagte Anna.

»Nein, zum Drachensteigen!«, rief Ben.

»Weißt du, was einmal Schwimmbad für sieben Leute kostet?« Roland setzte sich zu seinen Kindern an den Tisch. »Das ist völliger Wahnsinn.«

Miriam begann zu schreien. Claudia Braun ließ die Pfanne zurück ins Spülwasser gleiten, trocknete sich die Hände ab und nahm die Kleine aus ihrem Bettchen.

»Könntest du noch Toast machen?«, sagte sie zu Roland. Er stand auf und tat wie ihm geheißen.

»Drachensteigen kostet nichts«, sagte Ben.

»Stimmt, aber dafür müsste man den Drachen erst mal finden.« Roland löffelte Kaffeepulver in die Maschine.

»Wäre sowieso nicht schlecht, wenn du mit den Kindern ein paar von den Kisten auspacken würdest«, sagte Claudia Braun. »Wir sind schon seit drei Monaten hier, und unter der Treppe stapeln sich immer noch die Kartons.« Sie setzte sich aufs Sofa und begann, Miriam zu stillen.

»Ach, und das soll ich machen, weil du mit *deinem* Baby beschäftigt bist, oder wie?«

Sie antwortete nicht. Roland hatte sich vor Jahren sterilisieren lassen, er wusste also mit Sicherheit, dass Miriam nicht sein Kind war.

»Mittwoch ist Stefans Elternabend, da müsste auch jemand hin.« Sie sah zu ihrem Mann hinüber.

»Die Kinder sind dein Job.« Er goss sich Kaffee ein. »Ich muss lernen.« Dann verschwand er mit seiner Tasse in der Hand im Schlafzimmer.

Während Miriam trank, sah Claudia Braun in ihren kleinen, kargen Garten hinaus. Hinter ihren Büschen tauchte die nächste Fahrrad-Familie auf, zwei Kinder mit geröteten Gesichtern und ein entspannt lächelndes Elternpaar. Schnell schloss sie die brennenden Augen.

So war es also ein ganz normaler Sonntag geworden. Claudia Braun hatte sich bemüht, den Haushalt, Hund und Baby im Griff zu behalten. Ben und Anna waren nach oben verschwunden, und Roland hatte seinen Schreibtisch in ihrem Schlafzimmer erst verlassen, um gegen Abend zum Sport zu gehen. Ihre Pflegekinder Stefan und Pia hatte sie tagsüber kaum gesehen. Als sie sie ins Bett brachte, war alles wie immer. Die beiden waren zwar zwei Jahre auseinander – Stefan war acht, Pia erst sechs –, aber sie brachte sie gemeinsam ins Bett, weil das weniger Ärger gab. Außerdem musste nur Stefan zur Schule, Pia noch nicht, sie sollte erst mit sieben eingeschult werden. Pia war noch nicht bereit, sie war so zart und still und strengte sich nicht gern an. Claudia Braun hatte das Gefühl, dieses kleine Mädchen würde untergehen in einer Schulklasse, man würde es zwischen den anderen Kindern übersehen.

Nach dem *Tatort* schlief Claudia Braun auf dem Sofa ein und wurde erst gegen Mitternacht wieder wach. Nachdem sie sich das Nachthemd übergestreift und die Zähne geputzt hatte, sah sie noch einmal nach allen fünf Kindern. Als sie an Pias Bett kam, streckte das Mädchen eine Hand nach ihr aus.

»Mama, mein Bett ist nass«, flüsterte sie, um Stefan nicht aufzuwecken, der im Stockbett über ihr schlief.

»Dann machen wir es wieder trocken«, flüsterte Claudia Braun. »Komm mit, mein Schatz.« Sie erschrak. »Du zitterst ja!«

Kopfschüttelnd ging sie mit Pia ins Bad und zog ihr als

Erstes einen anderen Schlafanzug an, dann bezog sie das Bett frisch. Es war typisch für dieses Kind, sich mit einem nassen Bett nicht zu rühren. Als wenn ihr selbst das zu anstrengend wäre. Sie nahm die Kleine fest in den Arm und rubbelte ihren Körper, um sie aufzuwärmen. Pia legte den Kopf an ihre Brust, und sie blieb mit dem Mädchen auf dem Schoß ein paar Minuten still auf dem Rand des Bettes sitzen. Sie atmete tief durch. Die Kinder kosteten sie eine Menge Kraft, aber nichts im Leben gab ihr so viel Befriedigung wie ihre Nähe. Anschließend legte sie Pia ins Bett und steckte die Decke rund um ihren kleinen Körper fest.

»Jetzt ist alles wieder trocken.« Sie gab ihr einen Kuss auf die Wange. »Jetzt kannst du gut weiterschlafen.«

Am nächsten Morgen war Pia tot.

Nachdem der Hausarzt den Tod der Sechsjährigen bestätigt hatte, kam ein Bestattungsunternehmen, um die Leiche abzuholen. Pia lag in eine Decke eingewickelt auf dem Sofa, nur ihr blasses Gesichtchen sah heraus. Claudia Braun hatte die Decke immer wieder festgesteckt, weil sie ständig das Gefühl hatte, dass ihre Pflegetochter fror. Nachdem sie dem Bestatter die Tür geöffnet hatte, nahm sie Pia auf den Arm. Mein Gott, sie wiegt ja fast nichts, schoss es ihr durch den Kopf, aber der Gedanke verschwand sofort. Behutsam legte sie das Mädchen in die Arme des Mannes.

»Darf sie ihre Decke behalten?« Sie verschluckte sich fast an ihren Tränen. »Sie friert immer so schnell.«

Unmittelbar darauf klingelten Polizisten an der Haustür und nahmen sie und ihren Mann fest.

Claudia Brauns Stirn hatte an der Scheibe des Polizeiwagens einen glänzenden Fleck hinterlassen. Sie schrak auf, als sich die Tür des Transporters öffnete, erhob sich wortlos und ließ sich zurück in ihre Zelle bringen. In der Nacht hatte sie einen Traum: Sie saß zusammengekauert in einer Zimmerecke auf dem Boden. In ihren Armen hielt sie ihre Pflegetochter. Sie wusste, dass Pia tot war, doch das Mädchen schmiegte sich ganz fest an sie. Dicht vor Pia und ihr standen Leute und sahen auf sie herab. Die Leute wollten ihr Pia wegnehmen. Sie redeten auf sie ein und griffen nach dem Mädchen. Sie sah furchtbar viele Arme und Hände. Die Fremden berührten bislang weder Pia noch sie, aber sie kamen immer näher. Sie hatte große Angst und wehrte sich. Sie wusste, dass sie das Kind loslassen musste, es war schließlich tot. Gleichzeitig spürte sie, dass Pia und sie zusammenbleiben wollten, dass sie zusammengehörten. Sie versuchte, den Leuten zu erklären, dass Pia bei ihr sein wollte und dass sie sie unmöglich hergeben konnte.

Sie fühlte zwei völlig verschiedene Dinge. Auf der einen Seite war sie vor Angst und Verzweiflung ganz schwach und weinte, weil sie sich den Leuten nicht verständlich machen konnte. Auf der anderen Seite fühlte sie eine tiefe Verbundenheit mit Pia. Sie war ruhig und glücklich, weil sie sich so nah waren und nichts sie trennen konnte.

In diesem Moment wachte Claudia Braun auf. Leise atmend, sah sie mit offenen Augen ins Dunkel. Sie fühlte sich, als hätte sie Pia lange im Arm gehalten. Sie konnte ganz deutlich spüren, wo der Kopf des Kindes in ihrer Armbeuge gelegen hatte. Auf einmal bekam sie Herzklopfen und richtete sich auf. Pia fror, das konnte sie ganz genau spüren, sie hatte sich sicher wieder aufgedeckt. Sie musste aufstehen und ihre

Decke feststecken. Als ihr Fuß den kalten Boden der Zelle berührte, zuckte sie zusammen. Tränen traten in ihre Augen. Dann kroch sie zurück in ihr Bett und presste beide Fäuste vor den Mund.

Die Staatsanwaltschaft erhob gegen Claudia Braun und ihren Mann Roland Anklage wegen Mordes. Sie warf ihnen vor, ihre Pflegetochter Pia aus Habgier und auf grausame Art und Weise getötet zu haben. Sie hätten es ein Jahr lang vorsätzlich unterlassen, das Kind in ausreichendem Maß mit Nahrung und Flüssigkeit zu versorgen. Infolge der Unterernährung verstarb Pia an einem Herz-Kreislauf-Versagen. Sie durchlitt bis zu ihrem Tod besondere Qualen und Schmerzen, die mit einem Verlust an Bewegungs- und Sprachfähigkeit einhergingen.

Als Motiv für ihre Tat führte die Anklage die prekäre finanzielle Situation der Familie an. Das Ehepaar Braun bereicherte sich, so die Staatsanwaltschaft, indem es Pflegekinder aufnahm, entsprechende finanzielle Hilfen erhielt, die Kinder aber nicht ausreichend versorgte. Nach Pias Tod waren alle im Haushalt des Ehepaars Braun lebenden Kinder untersucht worden. Ihre leiblichen Kinder waren normalgewichtig, der Pflegesohn Stefan hingegen, wie Pia, lebensbedrohlich unterernährt. Er hatte nur deshalb länger überlebt als seine Pflegeschwester, weil er älter und robuster war als sie.

Die Anklage hielt fest, Claudia Braun habe erkannt, dass der Tod ihrer Pflegekinder möglich war, und diese Folge zumindest billigend in Kauf genommen. Da das Ehepaar auf die finanziellen Zuwendungen für Pia angewiesen war, unterließen sie es, sie zum Arzt zu bringen, da in diesem Fall mit Sicherheit eine Verständigung des Jugendamtes stattgefunden hätte.

Claudia Braun erhielt einen Pflichtverteidiger, Herrn Keil. Herr Keil war von seiner neuen Mandantin, deren Schuld so glasklar auf dem Tisch zu liegen schien, nach einer ersten Durchsicht der Akten wenig angetan. Selbst dem erfahrenen Strafverteidiger wurde angesichts der Fotos von dem verhungerten Mädchen flau im Magen. Dementsprechend mäßig motiviert besuchte er seine Mandantin im Gefängnis.

»Guten Morgen, Frau Braun«, begrüßte er sie. »Wie geht es Ihnen?«

»Es geht so, danke«, antwortete sie. »Aber wie geht es den Kindern? Mit meiner Mutter habe ich schon gesprochen, bei Miriam ist alles in Ordnung. Anna schreibt übermorgen Englisch, und die haben dieses Jahr so eine strenge Lehrerin. Ich hoffe, sie hat sich mit ihrer Sitznachbarin getroffen, die lernen eigentlich immer gut zusammen. Ben muss am Wochenende ein Spiel gehabt haben. Wissen Sie, ob er aufgestellt wurde?«

Herr Keil zog die Augenbrauen hoch.

»Frau Braun, wir sprechen heute nicht über Ihre leiblichen Kinder, wir sprechen über Ihre Pflegekinder, über Stefan und Pia.«

»Stefan, mein Gott. Der macht mir am allermeisten Sorgen. Mir wird ganz schlecht, wenn ich daran denke, dass er schon wieder in eine andere Pflegefamilie muss. Erst war er bei den Hausers, aber die haben ungeplant Zwillinge bekommen, und dann war er ihnen zu viel. Dann war er kurz im Heim St. Elisabeth, die machen das eigentlich gar nicht schlecht, dann war er bei mir, und jetzt schon wieder eine Umgewöhnung. Seine Mutter ist tot und der Vater vor vielen Jahren verschwunden – falls es sein Vater war. Ich mache mir solche Vorwürfe, dass ich nicht für ihn da sein kann.«

Herr Keil sah die Tränen in den Augen seiner Mandantin

und seufzte. »Sie wissen doch, dass Stefan bei Ihnen schwer unterernährt war.«

»Er hat ganz normal gegessen.«

»Er war so dünn, dass er in eine andere Pflegefamilie musste. Das Jugendamt kann schließlich nicht darauf warten, dass Ihnen noch ein Kind verhungert!« Herr Keil hielt sich gerade noch davon ab, auf den Tisch zu hauen.

»Ach, Pia«, sagte Claudia Braun und sah ihren Verteidiger an. »Von Pia träume ich fast jede Nacht. Es ist immer derselbe Traum.

Nach seinem Besuch verließ der Anwalt das Gefängnis, blieb vor dem Gebäude stehen und kaute auf seiner Unterlippe. Das Gespräch mit Claudia Braun hatte ihn irritiert. Sie wusste bestens über ihre Kinder Bescheid und sprach von nichts anderem, als wären sie ihr einziger Lebensinhalt. Eine Frau, die ihre Pflegekinder als Einnahmequelle betrachtete und verhungern ließ, hatte er sich anders vorgestellt.

In seiner Kanzlei angekommen, rief er beim Jugendamt an und ließ sich mit der für Claudia Braun zuständigen Mitarbeiterin verbinden. Frau Strese hatte sich von ihrem Schreck rund um Pias Tod noch nicht erholt und kämpfte mit den Tränen.

»Ich verstehe nicht, wie ich mich so irren konnte«, sagte sie immer wieder. »Frau Braun lief bei uns als Vorzeige-Pflegemutter. Sie war ungemein engagiert, ging zu sämtlichen Elternabenden und kannte die Kinder schon nach kurzer Zeit sehr gut. Ich war stolz, dass ich eine so tolle Pflegemutter gewonnen hatte. Ich kann nicht fassen, was jetzt passiert ist!«

Herr Keil bedankte sich und legte auf. Nachdenklich nahm er sich noch einmal die Gerichtsakten vor. Seit Roland Braun Arbeitslosengeld bekam, hatte das Ehepaar drei leibliche Kinder zu versorgen, zwei Pflegekinder, zwei Pferde, einen Hund und ein marodes Haus. Die Reparatur ihres einzigen Pkw hatte die Familie endgültig nicht mehr stemmen können. Er erstellte eine Tabelle, in der er die Ausgaben der Familie grob überschlug und ihnen die Einnahmen durch das Arbeitslosengeld, das Kindergeld und schließlich die Zulagen für die Pflegekinder gegenüberstellte. Er schüttelte den Kopf. Selbst wenn die Brauns überhaupt kein Geld für die zwei ausgegeben hätten, hätten deren Zuschüsse keinesfalls ausgereicht, um an der desolaten finanziellen Situation der Familie auch nur irgendetwas zu ändern. Die Geschichte ergab für den erfahrenen Strafverteidiger – auf den zweiten Blick – vorne und hinten keinen Sinn. Umso gespannter wartete er auf das psychiatrische Gutachten zur Schuldfähigkeit von Claudia Braun.

Als Herr Keil das Gutachten erhielt, war er enttäuscht. Der Gutachter schrieb, er könne bei Claudia Braun keine psychische Störung oder Erkrankung feststellen, sie sei völlig gesund. Wie sie eine enge Bindung zu den Kindern aufbauen und sie gleichzeitig verhungern lassen konnte, erklärte der Psychiater nicht. Der Anwalt war so enttäuscht, dass er etwas tat, das rechtlich zwar vorgesehen ist, das Anwälte aber so gut wie nie nutzen: Er beauftragte auf das sogenannte Selbstladungsrecht hin noch einen zweiten Gutachter, nämlich mich. Anwälte tun das deshalb ungern, weil sie den zuständigen Richter damit verärgern können, und das hilft ihrem Mandanten natürlich in keinem Fall weiter.

Aus zwei Gründen können Richter Vorbehalte gegen einen Gutachter haben, der von der Verteidigung beauftragt wurde. Zum einen machen zwei Gutachten mehr Arbeit als eines. Sie wollen beide gelesen und geprüft werden und können zu unterschiedlichen Ergebnissen kommen. In diesem Fall muss sich der Richter selbst positionieren, was zwangsläufig eine intensivere Auseinandersetzung mit der Psyche des Täters erfordert, als wenn nur ein Gutachten vorläge.

Darüber hinaus verliert der Richter an Einfluss. Oft hat er einen bestimmten Eindruck vom Täter oder der Tat und sich bereits vorab eine Meinung dazu gebildet, ob und wie er verurteilt werden soll. Da der Richter die Gutachter häufig gut kennt, kann er einen auswählen, der seiner eigenen inneren Haltung entspricht und diese untermauert. Welchen Gutachter hingegen die Verteidigung auswählt, das hat er nicht in der Hand.

Claudia Brauns Anwalt beauftragte mich trotz alledem.

»Erklären Sie mir das«, sagte er am Telefon.

Normalerweise begutachte ich Straftäter im Auftrag des Gerichtes und vor Beginn ihrer Verhandlung. Hier wurde ich erst Teil des Verfahrens, als der erste Sachverständige sein Gutachten bereits erstattet hatte. In der Folge arbeitete ich parallel zum Lauf der Hauptverhandlung und traf Frau Braun unmittelbar nach ihren Verhandlungsterminen in den Vorführzellen des Landgerichtes Hannover. In diesen fensterlosen, kahlen Räumen weit unter dem Gerichtsgebäude unterhielten wir uns in mehreren Terminen über zwölf Stunden lang miteinander. Meist war sie noch völlig damit beschäftigt, die Eindrücke aus der Verhandlung zu verarbeiten.

Bei einem unserer ersten Treffen erzählte sie, dass Frau Strese als Zeugin vernommen worden war. Die Mitarbeiterin des Jugendamtes hatte berichtet, dass sie die Familie am Nachmittag vor Pias Tod besucht und bei der Gelegenheit einen Kuchen als nachträgliches Geburtstagsgeschenk für Frau Braun vorbeigebracht hatte.

»Ich habe so eine Leere in meinem Kopf«, sagte Frau Braun. »Ich habe Sorge, dass darin Sachen verloren gehen und ich sie nicht wiederfinde.« Sie erinnerte sich zwar an Frau Streses Besuch, aber weder an den Kuchen noch an ihren Geburtstag.

Noch mehr Angst machte Frau Braun, dass ihre Erinnerung an Pia so wenig mit der Realität übereinstimmte.

»Ich weiß, Pia muss schrecklich ausgesehen haben«, sagte sie zu mir. »Aber auch wenn ich mich noch so anstrenge«, sie schloss die Augen, »ich kann mich nicht erinnern, dass sie extrem mager gewesen wäre.« Sie öffnete die Augen wieder und sah mich an. »In meiner Erinnerung ist nichts Beängstigendes.« Sie schüttelte den Kopf.

»Wenn ich meine Kinder nicht gemocht hätte«, sagte sie über die Pflegekinder, »dann würde ich ja verstehen, dass ich an ihnen meinen Frust abgelassen hätte, aber ich hatte sie alle lieb.« Sie begann zu weinen. »Ich will doch nur wissen, was passiert ist!«

»Wie ist das möglich?«, fragte mich der Richter später. »Wie kann es sein, dass eine Pflegemutter es über Monate nicht bemerkt, wenn ein Kind, das sie wäscht und umzieht, verhungert?«

Um das zu erklären, musste ich ausholen.

Claudia Braun kam als jüngstes von drei Geschwistern zur Welt, als ihre Eltern eigentlich keine Kinder mehr haben wollten. Sie war eine ungeplante Nachzüglerin ihrer zwei großen Brüder und fühlte sich ihnen gegenüber benachteiligt und weniger geliebt. Der Vater hatte schon zwei Töchter aus erster Ehe, die bei ihnen wohnten. Von Anfang an hatte Claudia Braun gespürt, dass ihre Eltern eigentlich keine Kinder mehr hatten haben wollen. Selbst wenn Eltern das nie aussprechen, so bemerken Kinder es doch, wenn sie aus Sicht ihrer Eltern »zu viel« sind oder das »falsche« Geschlecht haben. Claudia Braun fühlte sich nicht willkommen. Diese Rolle der Außenseiterin, die sie in ihrer Familie innehatte, blieb ihr auch später im Leben erhalten, sie nahm sie mit. In der Schule wurde sie von Klassenkameraden verprügelt, war ein »beliebtes Opfer«, wie sie sagte. Die Prügeleien gingen bis hin zu schweren Quetschungen und Knochenbrüchen. Ihre Eltern zeigten die prügelnden Kinder nicht an.

Claudia Braun war als Kind ständig in ärztlicher Behandlung, sie brach sich allein neun Mal den Arm. Über einen Zeitraum von nahezu zehn Jahren hatte sie regelmäßig Blasenentzündungen. Es wurden vielfach schmerzhafte Eingriffe an ihr vorgenommen. Röhrchen wurden in ihre Harnröhre hineingeschoben, und man versuchte, die Harnröhre zu weiten. Beim Lesen ihrer Krankengeschichte bezweifelte ich als Ärztin, dass all diese Eingriffe notwendig gewesen waren. Warum hatte ihre Mutter sie vor den Ärzten und vor den prügelnden Klassenkameraden nicht beschützt?

»Hatten Sie nicht Angst«, fragte ich sie, »vor Ihren Mitschülern oder ganz alleine im Krankenhaus? Sie müssen oft Schmerzen gehabt haben.«

»Nein«, sagte Frau Braun, »ich erinnere mich weder an Angst noch an Schmerzen. Aber ich erinnere mich generell kaum an Gefühle aus meiner Kindheit.«

»Haben Sie sich von Ihren Eltern im Stich gelassen gefühlt?«

»Nein«, sagte Frau Braun und sah mich an.

War also alles in Ordnung gewesen?

Misshandelte Kinder neigen dazu, die guten Erfahrungen mit ihrer nächsten Bezugsperson, also meist mit der Mutter, von den schmerzhaften Erfahrungen mit derselben Person sorgfältig zu trennen. Die »bösen« Erlebnisse mit der geliebten Person werden unter den Teppich gekehrt und vergessen. Neben den Erlebnissen selbst kommen auch die dazugehörigen Gefühle unter den Teppich, wie etwa Schmerz und Verzweiflung oder auch Wut. Deshalb hatte Frau Braun keine Erinnerung daran, dass sie sich als Kind vor ihren gewalttätigen Mitschülern gefürchtet oder schmerzhafte Behandlungen durchgestanden hatte – obwohl beides mit Sicherheit der Fall gewesen war.

Übrig bleiben die »guten« Erlebnisse, die die Mutter, den Vater oder die Großeltern in ein positives Licht rücken. Das Kind verdrängt damit nicht nur schmerzhafte Vorkommnisse, es erhält sich zugleich das Bild eines guten und liebevollen Ansprechpartners – der auch ein viel besseres Vorbild ist als der echte.

Die wichtigste Bezugsperson kann somit entscheidend sein für den Realitätssinn eines Kindes: Bei einer ungünstigen Entwicklung ihrer Beziehung entscheidet sich das Kind für die Bindung an die Mutter, hält an deren Idealbild fest und gibt dafür die oft schmerzhafte Realität auf. Frau Braun hatte also verdrängt, dass ihre Mutter sie nicht vor ihren Klassenkameraden beschützt und diversen schmerzhaften medizinischen Eingriffen ausgesetzt hatte. Dadurch stimmte ihre Erinnerung zwar nicht mehr mit der Wirklichkeit überein, aber sie brauchte ihrer Mutter nicht böse zu sein. Die Illusion der »guten« Mutter war es ihr wert, auf eine korrekte Wahrnehmung der Realität zu verzichten.

Dasselbe Prinzip lässt sich an Frau Brauns leiblichen Kindern beobachten. »Warum haben die denn nicht reagiert und ihren Pflegegeschwistern geholfen?«, wurde ich im Laufe des Prozesses immer wieder gefragt.

Anna und Ben waren zum Zeitpunkt der Tat neun und dreizehn Jahre alt. In diesem Alter können Kinder erkennen, wenn ein Mensch lebensbedrohlich unterernährt ist, und andere darauf hinweisen oder demjenigen schlicht etwas zu essen geben. Frau Brauns Kinder taten aber weder das eine noch das andere. Um sich ein positives Bild von ihrer Mutter zu erhalten, verdrängten sie die Tatsache, dass ihre Pflegegeschwister verhungerten. Sie nahmen die abgemagerten Körper von Stefan und Pia nicht wahr. So konnten sie Frau Braun weiterhin als fürsorgliche und liebevolle, also als »gute« Mutter erleben. Anna und Ben hatten das Prinzip des Verdrängens von Frau Braun erlernt und wendeten es prompt an. Insofern ist es tragisch, aber »schlüssig«, dass auch sie die beiden Pflegekinder nicht retten konnten.

»Na gut«, schob Frau Braun nach, »eine Situation gab es schon, in der ich als Kind Angst hatte. Abends, wenn ich in meinem Kinderbett lag, saßen meine Eltern im Wohnzimmer und sahen fern. An den Abenden, an denen ich nicht schlafen konnte, wäre ich gerne zu ihnen aufs Sofa gekrochen, aber ich habe mich nicht getraut. Ich dachte, wenn ich jetzt hinübergehe, dann nehmen meine Eltern, kaum dass ich den Raum betrete, ihre Masken ab, und ich stelle fest, dass da drüben Verbrecher sitzen. Ich hatte das Gefühl, dass im Wohnzimmer fremde Menschen sind, die sich nur als meine Eltern ausgeben.«

Im Laufe der Begutachtung fragte ich Frau Braun, ob sie als

Kind misshandelt worden sei. Es ist eine Standardfrage, die ich bei jeder Begutachtung stelle. Frau Braun sagte, dass sie sich an keine unangenehme Berührung erinnern könne. Ich wollte ihr schon die nächste Frage stellen, als sie plötzlich anfing zu weinen und sagte, dass das Thema Misshandlung sie sehr berühre. Sie habe plötzlich so große Angst. Sie weinte heftig und schüttelte den Kopf. Sie konnte sich ihre Angst nicht erklären.

Ich weiß nicht, was genau Frau Braun widerfahren ist. Ihre Reaktion zeigte mir aber, dass Gewalt in ihrer Kindheit eine Rolle gespielt haben muss, körperlich oder auch psychisch. Die Erlebnisse selbst hatte sie verdrängt, um sich zu schützen. Sie erinnerte sich bewusst nicht daran, selbst wenn ich sie danach fragte. Ihr Unterbewusstsein aber reagierte. Es kannte das Thema Misshandlung und produzierte die Empfindung, die Frau Braun angesichts der vergessenen Gewalt hatte: große Angst.

Was Frau Braun als Kind an ihren Eltern gewissermaßen geübt hatte, das setzte sie im Erwachsenenalter an sich selbst fort. Sie hatte die »bösen« Anteile ihrer Persönlichkeit von den »guten« abgespalten, unter den Teppich gekehrt und vergessen.

Frau Braun wurde von den Menschen ihrer Umgebung als geduldige, fürsorgliche, ja, aufopferungsvolle Mutter und Pflegemutter beschrieben. Genauso hatte auch sie sich wahrgenommen. Sie war stolz darauf, so viele Kinder so gut betreuen zu können, sah sich selbst als »Idealmutter« und projizierte dieses Bild nach außen. Ihr Umfeld bis hin zum Jugendamt übernahm diese Darstellung ihrer Person anstandslos.

Frau Braun war aber kein »Idealmensch«. Wie jeder von uns hatte auch sie eine andere, eine »böse« Seite. Sie war ihren Pflegekindern gegenüber eben nicht immer liebevoll, sondern auch destruktiv. Die Gewalt, die sie als Kind offenbar selbst kennengelernt hatte, brachte sie in ihre neue Rolle als Elternteil mit. Sie wurde zu einem festen Bestandteil ihrer Beziehung zu ihren Pflegekindern: Frau Braun misshandelte sie körperlich, indem sie die beiden verhungern ließ.

Aggressiv kann man nicht nur sein, indem man ein Kind anschreit und schlägt. Aggressivität funktioniert mindestens ebenso gut, indem man schweigt und Streicheleinheiten vorenthält – oder eben Essen. Dieses »leisere« Verhalten nennt man passiv aggressiv.

Frau Braun verhielt sich ihren Pflegekindern gegenüber passiv aggressiv, nahm diese »böse«, zerstörerische Seite an sich selbst jedoch nicht wahr. Sie lag gut versteckt unter ihrem Teppich. Ebenfalls unter dem Teppich lagen die Konsequenzen ihres Verhaltens. Frau Braun war sich weder bewusst, dass sie ihre Pflegekinder vernachlässigte, noch sah sie die Folgen ihres Tuns an deren Körpern.

Vielleicht kam es überhaupt nur so weit, weil Frau Braun so reichlich Gebrauch von ihrem Teppich machte. Indem sie ihre »böse« Seite verdrängte, verlor sie die Kontrolle über sie. Hätte sie als Kind lernen dürfen, erst ihre Eltern und dadurch auch sich selbst mit »guten« und »bösen« Seiten als liebenswert anzunehmen, hätte sie sich ihre Aggressionen eingestehen und sie besser lenken können.

Bei unserem folgenden Treffen war Frau Braun völlig aufgelöst. Sie wurde, wie üblich, direkt aus der Verhandlung hinab zu mir in die »Katakomben« des Landgerichtes geführt, konnte sich an diesem Tag aber kaum artikulieren. Sie weinte heftig und war zutiefst erschüttert. Es ging um Fotos.

»Was ist passiert?«, wollte ich wissen und versuchte, sie zu beruhigen. Lange Zeit verstand ich nicht, was sie so verstört hatte. Nur langsam fand sie ihre Beherrschung wieder. »Das Mädchen sah ja furchtbar aus«, sagte sie und schrie. »Sie war nur noch Haut und Knochen! Mein kleines Mädchen ist tot!«

Was Frau Braun erlebte, nennen Analytiker die Rückkehr des Verdrängten. In der Verhandlung am Vormittag hatte der Richter die Prozessbeteiligten zu sich gebeten, um Fotos zu betrachten. Frau Braun ging zusammen mit ihrem Verteidiger und dem Staatsanwalt an den Richtertisch, ohne zu wissen, um was für Bilder es sich handelte. Es waren Fotos von Pias Leiche, knochendürr ausgestreckt auf dem Metalltisch der Rechtsmedizin. Frau Braun hatte mit diesem Anblick nicht gerechnet, damit war auch ihre innere Abwehr nicht einsatzbereit. Nach der Verhandlung brach sie zusammen. Nur infolge des Überraschungsmomentes, nur aufgrund ihrer fehlenden inneren Vorbereitung hatte Frau Braun auf diesen Fotos zum ersten Mal wirklich gesehen, in welch katastrophalem körperlichen Zustand sich das Mädchen befunden hatte. Erst in diesem Moment, mitten in der Hauptverhandlung, war die Tatsache über sie hereingebrochen, dass ihr Pflegekind vor ihren Augen verhungert war.

Frau Braun bekam an diesem Tag Angst vor sich selbst. »Es ist ein furchtbares Gefühl, wenn man sich selbst nicht mehr trauen kann.« Sie holte Luft. »Wenn das stimmt, was ich da auf den Fotos gesehen habe, dann muss man mich einsperren«, stellte sie fest und weinte. Von diesem Tag an träumte sie nicht mehr von Pia.

»Sie ist nicht mehr bei mir«, sagte sie.

Ich antwortete dem Richter folglich, dass Frau Braun aller Wahrscheinlichkeit nach den desolaten körperlichen Zustand ihrer Pflegekinder nicht bemerkt hatte, dass sie Pia also nicht vorsätzlich hatte verhungern lassen.

Der Richter nahm seine Brille ab und begann sie zu putzen. »Nun gut«, sagte er, »nehmen wir einmal an, ich lasse mich auf Ihre Argumentation ein. Nehmen wir an, sie hat nicht bemerkt, dass ihre Pflegekinder in lebensbedrohlicher Weise unterernährt waren. Warum hat sie sie dann so anders behandelt als ihre leiblichen Kinder? Ihre leiblichen Kinder sind normalgewichtig. Sie war also offenbar in der Lage, ein Kind altersgerecht zu ernähren. Die Familie hatte finanzielle Schwierigkeiten. In dieser Krise hat Frau Braun ihre leiblichen Kinder gepäppelt und die Pflegekinder verhungern lassen. Ob es ihr nun bewusst war oder nicht, das Motiv liegt klar auf der Hand: Frau Braun wollte ihre Familie auf Kosten der Pflegekinder durchbringen! Ihre eigenen Kinder waren ihr wichtig, sie wurden gepflegt. Das Schicksal der Pflegekinder war ihr gleichgültig.«

Ich atmete einmal tief durch. Die Argumentation des Richters erschien mir selbst ohne psychiatrische Erklärungsansätze wenig schlüssig: Wenn das Ehepaar Braun es auf die Zuschüsse der Pflegekinder abgesehen hatte, war es reichlich unsinnig, die sichere »Einkommensquelle« verhungern zu lassen. Aber auch darüber hinaus sträubte sich etwas in mir, seinem Ansatz zu folgen. Im Augenwinkel sah ich Herrn Keil, der auf eine dünne Mappe zeigte. Die Mappe enthielt handschriftliche Aufzeichnungen von Frau Braun. Im Gefängnis hatte sie begonnen, ihre Gedanken zu ihrem Leben vor und nach der Tat aufzuschreiben. Besonders in Erinnerung geblieben war mir ihr Traum von Pia. Der Traum, den Frau Braun mir gleich zu Anfang der Begutachtung geschildert hatte, ließ ihre Verbundenheit mit Pia und ihre Liebe zu ihr deutlich spürbar werden. Ein Kind, das ich liebe, lasse ich nicht aus Habgier oder Desinteresse verhungern. Eben dieser Gedanke hatte Claudia Brauns Anwalt dazu bewegt, mich zu beauftragen. Die Erklärung des Richters und der Staatsanwaltschaft konnte nicht zutreffen. Ich musste eine andere Antwort auf das Warum finden.

Wo aber sollte ich mit meiner Recherche beginnen? Am auffälligsten in Frau Brauns Lebensgeschichte erschienen mir die zahlreichen Arztbesuche und Klinikaufenthalte in ihrer Kindheit. Ich führte mit Frau Brauns Zustimmung ein Gespräch mit ihrer Mutter, in dem diese mir berichtete, ihre Tochter sei als Kind schwach und kränklich gewesen. Sie habe schlecht gegessen, bis über das zehnte Lebensjahr hinaus eingenässt und ständig unter Blasenentzündungen gelitten.

Ich ließ mir von Frau Braun den Namen des Urologen geben, bei dem sie als Kind in Behandlung gewesen war, und rief ihn an. Nachdem ihn Frau Braun mir gegenüber von der Schweigepflicht entbunden hatte, durfte er mir Auskunft geben und konnte sich nach über zwanzig Jahren tatsächlich noch an seine kleine Patientin erinnern.

»Claudia Braun hat mich schwer beeindruckt«, berichtete der Kollege. »Sie hat jede meiner Anweisungen sofort und ganz genau befolgt. Sie hat nie gejammert, genau genommen, ist sie noch nicht mal zusammengezuckt, obwohl ich bei ihr ganz sicher auch schmerzhafte Untersuchungen durchgeführt habe. Für so ein kleines Mädchen war sie fast irritierend tapfer.«

Bereits seine Schilderung erschien mir ungewöhnlich.

Ernsthaft nachdenklich machten mich aber einige von mir zusätzlich angeforderte Berichte der urologischen Abteilung des Krankenhauses, in dem Frau Braun als Mädchen behandelt worden war. Mit acht Jahren war sie wegen einer Operation neun Tage und Nächte stationär im Krankenhaus gewesen. Die betreuende Ärztin hatte ausdrücklich in den Bericht geschrieben, dass sie in dieser Zeit im Krankenhaus nicht eingenässt hatte. Bei einer Nacht oder zwei hätte es sich um einen Zufall handeln können, neun trockene Nächte aber fand ich für ein einnässendes Kind zu lang, um als Zufall zu gelten.

Im Jahr darauf schrieb die Klinik, in Claudias Urin seien kaum Bakterien gefunden worden. Zwei Jahre später wurden bei mehrfacher Kontrolle gar keine Bakterien gefunden, und es hieß im Bericht ausdrücklich, man solle bitte von weiteren Therapien wie Urinuntersuchungen und Blasenspiegelungen absehen. Kurz: Die Ärzte im Krankenhaus hielten Claudia für gesund und die zahlreichen medizinischen Eingriffe für unnötig. Warum brachte ihre Mutter sie dennoch immer wieder dorthin?

»Können Sie sich daran erinnern, dass jemand die Untersuchungen für überflüssig hielt?«, fragte ich Frau Braun. Nachdenklich stützte sie die Ellbogen auf den Tisch und legte das Kinn in ihre Hände.

»So richtig ausgesprochen hat es niemand«, sagte sie, »aber meine Brüder waren dagegen, dass ich so oft ins Krankenhaus ging. Einige Male gaben sie mir selbst gemalte Bilder mit, damit ich dort nicht so alleine war. Die Bilder hingen dann rund um mein Bett, und ich habe den Schwestern immer wieder erklärt, was darauf zu sehen war.« Sie lächelte.

»Einmal, als meine Mutter mit mir ins Auto steigen wollte, kam mein ältester Bruder und versuchte, mich wieder ins

Haus zu ziehen. Er packte meinen einen Arm, meine Mutter zog am anderen. Ich hing in der Mitte und wusste gar nicht, wie mir geschah. Am Schluss setzte sich meine Mutter durch und packte mich ins Auto, aber ich war unheimlich stolz auf meinen Bruder. Ich war sicher, dass er mich beschützen wollte.«

Meine Recherche hatte in meinen Augen drei wichtige Erkenntnisse geliefert: Frau Braun war bei ärztlichen Behandlungen ungewöhnlich kooperativ, die Symptome waren nicht mehr feststellbar, sobald sie von der Mutter getrennt wurde, und das ärztliche Personal des Krankenhauses hielt zumindest manche der Maßnahmen für nicht notwendig.

Diese drei Aspekte ließen mich an ein relativ selten diagnostiziertes psychisches Phänomen denken: das Münchhausen-Stellvertreter-Syndrom.

Münchhausen-Patienten fallen dadurch auf, dass sie häufig bei wechselnden Ärzten sind, ohne dass sich medizinisch handfeste Ursachen für ihre zahlreichen Beschwerden finden lassen. Die Betroffenen verursachen unbewusst Krankheitssymptome, um anschließend langwierige und oftmals auch schmerzhafte Behandlungen über sich ergehen zu lassen.

Betroffene des Münchhausen-Stellvertreter-Syndroms machen nun nicht sich selbst, sondern jemand anderen als »Stellvertreter« krank. Es ist ein Zeichen psychischer Gesundheit, wenn man sich selbst und andere Menschen als Individuen, als voneinander abgegrenzte Personen wahrnehmen kann. Eine solche Differenzierung gelingt den Betroffenen des Münchhausen-Stellvertreter-Syndroms nur bedingt, sie tun sich schwer damit, zwischen sich und ihrem Stellvertreter zu unterscheiden.

Wenn dieses Phänomen auftritt, dann im Allgemeinen im Verhältnis zwischen Müttern und ihren Kindern. Die betroffenen Mütter werden von ihrer Umgebung meist als besonders liebevoll und einsatzbereit beschrieben. Das ist kein Widerspruch. Sie unterteilen Gedanken, Gefühle und Handlungen in »gut« und »böse«. Der Fachmann sagt: Sie spalten. Es ist nämlich ebenfalls ein Zeichen psychischer Gesundheit, wenn es einem gelingt, alle Eigenschaften seiner Person anzuerkennen und zu einer einheitlichen Persönlichkeit zusammenzufügen. Die Betroffenen haben das nicht gelernt. In der Folge schwanken sie zwischen ihren »bösen« Anteilen, wenn sie das Kind schädigen, und der »guten« Version ihrer selbst, wenn sie es auf Händen tragen. Ihr Verhalten zeigt größere Extreme.

Die Münchhausen-Stellvertreter-Mütter schädigen das Kind also anstelle ihrer selbst. Ihre psychische Krankheit verlangt von ihnen eigentlich, sich zu schädigen. Da so viel Zerstörungswut jedoch schwer auszuhalten ist, setzen sie das Kind als Vertreter ihrer selbst ein. In gewisser Hinsicht ließe sich sagen, sie tricksen sich selbst aus. Das funktioniert aber nur mit jemandem, der ihnen sehr nahesteht. Wenn sie nun jemanden als ihren Stellvertreter einsetzen und schädigen, dann ist das, so absurd es klingt, ein Zeichen großer Nähe und Liebe.

Kleine Kinder bieten sich hierfür gleich aus zwei Gründen an. Erstens kann einer Frau kaum jemand näherstehen als der Mensch, den sie selbst geboren hat. Das gilt insbesondere für Münchhausen-Stellvertreter-Mütter, die eine enge Bindung zum Kind haben und bereit sind, für das Kind großen Einsatz zu bringen. Darüber hinaus sind kleine Kinder auch am ehesten bereit, das Spiel mitzuspielen, den »psychischen Ballast« ihrer Mutter zu übernehmen. Hier zeigt sich wieder, dass Kinder im Notfall eine gute Beziehung zu ihrer Mutter über alles stellen und die unerfreuliche Realität diesem Wunschbild unterordnen. Für das Kind hat das positive Bild von der Mutter oberste Priorität. Wenn die Mutter dem nun objektiv nicht entspricht, etwa weil sie das Kind unbewusst krank macht, dann passt das Kind die Realität an, um die Beziehung zur Mutter zu schonen. Das Kind leugnet, dass die Mutter es schädigt. Es rechtfertigt deren Tat, indem es für sich beschließt, die Schädigung – aus welchem Grund auch immer – verdient zu haben. Infolgedessen lassen die betroffenen Kinder ärztliche Behandlungen typischerweise brav und kooperativ über sich ergehen. Nicht selten identifiziert sich das Kind so sehr mit der Mutter, dass es früher oder später beginnt, sich selbst zu schädigen.

Im Laufe der Begutachtung hatte ich nun den Eindruck, dass Frau Braun immer dünner wurde. Meine Brezeln rührte sie nicht an.

»Haben Sie abgenommen?«, fragte ich. »Sie wirken so schmal.«

»Ich habe tatsächlich über zehn Kilo verloren«, sagte sie, »aber mir war nicht bewusst, dass man das sieht.« Sie strich ihren Pullover über dem Bauch glatt und betrachtete ihre Hände.

»Ich tue mich schwer mit dem Essen«, sagte sie. »Hunger habe ich sowieso nie, und irgendwie geht es mir besser, wenn ich zwei oder drei Tage gar nichts zu mir nehme.«

Dieser Hinweis untermauerte meine Vermutung, dass Frau Braun als Kind von ihrer Mutter geschädigt worden war. Sie hatte sich in dieser Situation geholfen, indem sie die »bösen« Erlebnisse unter dem Teppich verstaute und sich dadurch das Bild der »guten« Mutter erhielt. Wenn die sie aber immer wieder verletzte, dachte das Kind Claudia, dann musste sie selbst als »böse« Tochter das aus irgendeinem Grund verdient haben. So hatte Frau Braun gelernt, dass es richtig war, sie zu schädigen.

Als erwachsene Frau führte sie diese Tradition fort, indem sie sich selbst Essen vorenthielt. In Haft verlor sie auf diese Weise schnell erheblich an Gewicht. Da so viel Gewalt gegen sich selbst aber schwer zu ertragen war, lagerte sie die Aggressionen aus. Solange sie mit ihren Pflegekindern zusammen war, misshandelte sie nicht sich selbst, sondern die Kinder. Sie hungerte nicht selbst, sondern enthielt ihnen das Essen vor. Erst in Haft, als sie von den Kindern getrennt wurde, konnte sie ihre Störung nicht mehr weitergeben und entwickelte selbst eine Magersucht.

Was für mich offenblieb, war die Frage, warum Claudia Brauns Mutter ihre Tochter geschädigt hatte. Litt auch sie unter dem Münchhausen-Stellvertreter-Syndrom? Oder zeigten sich bei ihr andere psychische Auffälligkeiten? Aller Wahrscheinlichkeit nach hatte sie in ihrer Kindheit selbst ähnlich gewalttätige Muster erlebt und erlernt. Um das abschließend herauszufinden, hätte ich jedoch ausführlicher mit ihr sprechen müssen als ein paar Minuten am Telefon. Als Gutachterin muss ich damit leben, Familienkonstellationen nur aus der Sicht eines der Beteiligten betrachten zu können. Die Beweggründe der Familienmitglieder meines Patienten erfahre ich meist nicht.

Im Rahmen der Begutachtung von Claudia Braun blieb die Frage zu klären, warum sie nur die Pflegekinder hatte hungern lassen, nicht aber ihre eigenen. Hierzu muss man erneut von Claudia Brauns Gewohnheit ausgehen, »gut« von »böse« zu trennen. Sie trennte »gute« von »bösen« Kindheitserinnerungen, sie trennte die »guten« von den »bösen« Anteilen ihrer Persönlichkeit – und sie teilte ihre fünf Kinder auf in drei »gute«, nämlich die leiblichen, und zwei »böse«, die Pflegekinder. Die leiblichen Kinder wurden normal versorgt, die Pflegekinder wurden Teil ihrer psychischen Störung und hungerten. Das geschah aber nicht deshalb, weil Frau Braun den Pflegekindern gegenüber gleichgültig gewesen wäre, sondern – im Gegenteil – weil sie ihr besonders nahestanden.

Claudia Braun war, wie beschrieben, das jüngste von fünf Kindern und fühlte sich in ihrer Familie als Außenseiter. Ihre beiden älteren Brüder hatten ein gemeinsames Zimmer, die beiden Halbschwestern ebenfalls, sie selbst hatte ein eigenes für sich alleine. Viele Male hat sie ihre Mutter darum gebeten, sich mit ihren zwei Brüdern das Zimmer teilen zu dürfen. Ihre Mutter berichtete, es hätten regelrechte Kämpfe um die Zimmerverteilung stattgefunden. Claudia verlor und blieb alleine.

»Als ich achtzehn Jahre alt war«, erzählte Frau Braun, »starb mein älterer Bruder Johan an einem Gehirntumor. Alles ging sehr schnell. Im Sommer 1992 wurde er krank, im Frühling 1993 starb er. Ich erinnere mich gut an die Situation in unserer Familie direkt nach seinem Tod. Meine Eltern und mein ältester Bruder saßen gemeinsam mit meinen zwei Halbschwestern in Johans Zimmer und hörten seine Lieblingsplatte. Sie nahmen sich gegenseitig in den Arm, trösteten sich und besprachen, welche Musik auf seiner Beerdigung gespielt werden sollte. Ich saß im Wohnzimmer auf dem Sofa und betrachtete das Geschehen wie ein Besucher. Ich spürte die Trauer um Johan ganz intensiv, konnte aber nichts sagen. Ich fühlte mich in meiner Familie wie eine Fremde.«

Als Frau Braun viele Jahre später Pflegekinder bei sich aufnahm, erkannte sie sich in ihnen wieder. Die Kinder kamen in eine fremde Familie und nahmen an deren Alltag teil. Sie wurden von den Pflegeeltern versorgt und spielten mit ihren Pflegegeschwistern. Ein Passant hätte auf den ersten Blick nicht erkennen können, dass zwischen den fünf Kindern der Familie ein entscheidender Unterschied bestand. Und dennoch waren die Pflegekinder Kinder »zweiter Klasse«. So sehr sie sich auch anpassten und um die Gunst ihrer Pflegefamilie warben, sie würden mit ihnen doch nie blutsverwandt werden. Aus Sicht von Frau Braun mussten sich die Pflegekinder in ihrer Familie so fühlen wie sie, als sie noch ein Kind war: wie ein vorübergehend geduldeter Besucher. Wie nah sich Frau Braun insbesondere Pia fühlte, zeigt auch ihr Traum: Dort wollte sie all den fremden Menschen sagen, dass das Mädchen sogar über seinen Tod hinaus zu ihr gehörte.

Die Tatsache, dass Frau Braun sich selbst in ihren Pflegekindern wiedererkannte, diese besondere Nähe war Voraussetzung dafür, dass die Pflegekinder »würdige« Stellvertreter für ihre Münchhausen-Symptomatik wurden.

Der Vorsitzende Richter sah mich über seine inzwischen sauber geputzte Brille hinweg an und zog die Augenbrauen hoch. »Ihre Theorien klingen soweit ja ganz schlüssig«, sagte er. »Sie haben aber einen Haken: den falschen Zeitpunkt. Frau Braun hat viele Jahre lang Pflegekinder bei sich zu Hause aufgenommen. Sie hat sie aber erst hungern lassen, als der Familie das Wasser finanziell bis zum Hals stand. Wenn es ihr, wie Sie sagen, nicht ums Geld ging, warum hat sie die Pflegekinder dann erst in der wirtschaftlichen Krise vernachlässigt?« Eine gute Frage.

Ich ließ mir von Frau Braun die letzten Monate und Jahre vor Pias Tod beschreiben. Die Familie war in zehn Jahren sechsmal umgezogen. Jeder Umzug bedeutete für Frau Braun einen erheblichen Arbeitsaufwand und für alle Familienmitglieder den Verlust sozialer Kontakte. Frau Braun hatte neben ihrem Mann, den Kindern und der für sie zuständigen Vertreterin des Jugendamtes keine Freunde, keine Vertrauten mehr. Bereits vor der Geburt von Miriam war sie für die Erziehung und Pflege von vier Kindern zuständig gewesen. Sie hatte alle anfallenden Arbeiten, wie kochen, waschen oder putzen, und die Termine beim Kinderarzt oder auf Elternabenden allein erledigt. Ihr Mann beteiligte sich nicht an der Kindererziehung.

Als deutlich wurde, dass ihr Mann seine Ausbildung nicht in der vorgesehenen Zeit schaffen würde, bekam die Familie darüber hinaus finanzielle Schwierigkeiten, ohne dass Frau Braun hierüber so recht informiert gewesen wäre. Sie wusste von Schulden, kannte aber zu keinem Zeitpunkt deren genaue Höhe.

Etwa in diesem Zeitraum wurde Frau Brauns jüngstes Kind geboren. Alle Beteiligten wussten, dass das Mädchen außerehelich gezeugt worden war, sodass sich die Situation in der Ehe noch weiter verschärfte. Darüber hinaus war das Kind in besonderem Maße vom plötzlichen Kindstod bedroht und an einen Monitor angeschlossen, der Tag und Nacht Fehlalarme auslöste. Frau Braun hatte ab diesem Moment nicht nur tagsüber, sondern auch nachts keine Ruhe mehr.

»Wann waren Sie das letzte Mal im Urlaub?«, fragte ich Frau Braun. Sie zuckte mit den Schultern.

»Also in den letzten zehn Jahren jedenfalls nicht.« Sie sah mich an.

»Wie haben Sie sich in der Zeit vor Pias Tod gefühlt?« Sie holte Luft.

»Ich konnte nicht mehr richtig atmen«, sagte sie, »nur noch ganz flach, als würde ich die ganze Zeit über rennen. Ich hatte das Gefühl, nichts mehr kontrollieren zu können, bekam Panik und hatte Angst, verrückt zu werden. Ich konnte nur Bruchstücke eines riesigen Berges bewegen, nur die größten Brocken abtragen.« Sie suchte nach Worten. »Am Schluss war es so, als wäre von meiner Person gar nichts mehr übrig.«

Frau Braun war mit der sich zusehends verschärfenden Situation völlig überfordert. Sie hatte keine Ansprechpartner, keine Freunde oder Familienangehörigen, die sie hätten unterstützen können. Die Kinder reagierten auf ihre Überforderung, indem sie sich zurückzogen.

»Ich hatte nicht mehr genug Kraft, um unsere Familie zusammenzuhalten«, sagte sie. »Es war, als ob mir jedes Kind in eine andere Richtung entglitt. Ich stand dazwischen und streckte die Hände aus, aber ich konnte sie nicht mehr erreichen.«

Die körperliche und seelische Belastung, der Frau Braun ausgesetzt war und die über mehrere Jahre hinweg stetig zunahm, ohne dass es für sie Momente der Entspannung gab, führte bei ihr zu einem Burn-out. Ein psychisch gesunder Mensch bemerkt seine eigene Überforderung und reagiert, indem er weint, jammert, sich von außen Hilfe holt oder Aufgaben abgibt. Frau Braun versuchte ebenfalls, sich aus der für sie unerträglichen Lebenssituation zu befreien. Für ihren Befreiungsversuch standen ihr jedoch nur die zerstörerischen Verhaltensmuster zur Verfügung, die sie in ihrer Kindheit erlernt hatte. Sie hatte in ihrem Leben bislang nicht die Erfahrung gemacht, dass sie von anderen Menschen Hilfe bekommen würde, folglich machte sie sich nicht auf die Suche nach jemandem, der ihr hätte helfen können. Sie war wahrscheinlich gar nicht in der Lage, ihre Belastung überhaupt wahrzunehmen. Verzweiflung und Überforderung gehörten zu ihren »bösen« Eigenschaften und waren somit ordentlich unter dem Teppich verborgen.

Nachdem sie nicht fähig war, ihr seelisches Leid zu beenden, verschob sie das Problem in den körperlichen Bereich und misshandelte ihren Körper, beziehungsweise, solange die Kinder noch bei ihr waren, die Körper der ihr so nahestehenden Pflegekinder anstelle ihres eigenen.

Viele Jahre lang hatte Frau Braun trotz ihrer Veranlagung und trotz der Misshandlungen, die sie als Kind erfahren hatte, mehrere Pflegekinder gut versorgen können. Erst in einer großen persönlichen Krise setzten sich ihre in der Kindheit erlernten Verhaltensmuster auf katastrophale Weise durch.

Aus psychiatrischer Sicht war Frau Braun nicht in der Lage gewesen zu erkennen, dass sie ihren Pflegekindern zu wenig zu essen gab und die sich in der Folge in einer lebensbedrohlichen Situation befanden. Damit war sie nach dem deutschen Strafrecht nicht schuldfähig und durfte nicht verurteilt werden.

Im Gerichtssaal war es still, die Atmosphäre angespannt. Ich hatte gesagt, was ich zu dieser Geschichte sagen konnte. Meine Aufgabe war es herauszufinden, ob Claudia Braun aus juristischer Sicht schuldfähig war oder nicht. Darüber hinausgehend, ist es mir immer ein Anliegen, die Menschen, soweit wie möglich, zu verstehen, und dem Gericht zu erklären, wie es zu der Tat kommen konnte. Auf der Basis dieser Informationen ist allein der Richter dafür zuständig, ein Urteil zu fällen. In meiner Arbeit geht es also niemals darum, eine Tat moralisch zu bewerten oder zu entschuldigen. Mit dem Begriff der

»Schuld« tue ich mich ohnehin schwer, ich überlasse ihn lieber den Juristen.

Der Staatsanwalt schnaubte und schüttelte den Kopf, Herr Keil nickte mir zufrieden zu.

Der Richter blies die Backen auf. »Ich verstehe das nicht«, sagte er. »Mich überzeugt das nicht.«

Claudia Braun wurde zusammen mit ihrem Ehemann wegen Mordes durch Unterlassen zu lebenslanger Haft verurteilt.

Die schöne Helena

Betroffene einer Borderline-Persönlichkeitsstörung leiden unter einer erheblichen Instabilität – sowohl im Hinblick auf ihre eigenen Stimmungen und ihr Selbstbild als auch im Rahmen zwischenmenschlicher Beziehungen. Sie haben Schwierigkeiten, sich selbst zu verstehen, und neigen zu selbstschädigenden Handlungen bis hin zum Selbstmord. Ihrem Partner gegenüber schwanken sie zwischen den Extremen der Idealisierung und der Entwertung. Im Umgang mit Mitmenschen können sie sich nur schwer kontrollieren. Sie haben ständig eine diffuse Angst vor nichts Bestimmtem, die sich in vielen alltäglichen Situationen auswirkt, ob als Angst vor dem Gang in den Keller oder vor dem Verlassenwerden. Die Patienten zeigen Zwangshandlungen wie häufiges Händewaschen oder wiederholtes Kontrollieren von Alltagshandlungen. Oft treten bei ihnen Sinnestäuschungen auf, sodass Wirklichkeit und Vorstellung verschwimmen. Teilweise zeigen sich starke körperliche Beschwerden ohne physische Ursache.

Drei Flutlichtscheinwerfer flammten auf und durchbrachen die Winternacht. Peter Stein hielt sein Gewehr im Anschlag. Der Schnee reflektierte das Licht so intensiv, dass er die Augen zusammenkneifen musste. Eine Katze sprang davon, dann war sein Vorgarten wieder ruhig und verlassen. Durch das Visier des Gewehrs hindurch sah er die Straße hinauf und hinab. Überall Stille. Er atmete tief durch, stellte die Waffe ab, schaltete das Flutlicht aus und schloss das Fenster. Peter Stein war zufrieden, dass er die Scheinwerfer angebracht hatte, so konnte er auf alles sofort reagieren. Niemand konnte sich dem Haus nähern, ohne dass er es bemerkte.

Er machte seine übliche Runde durch das Zimmer. Die

Tür zum Gang war zweimal abgeschlossen. Auf seinem Nachttisch stand das Pfefferspray, in der Ritze zwischen der Matratze und dem Kopfteil des Bettes steckte sein Springmesser, und in dem Spalt zwischen Helena und ihm würde er später das Gewehr verstauen. Seine Walther lag im Tresor. Die holte er nur heraus, wenn er das Haus verließ.

Einen Moment lang betrachtete er die vier Bettpfosten. Die Vorrichtungen, die er angebracht hatte, hingen dezent an den Seiten der massiven Holzquader. Dem Leder sah man an, dass er es poliert hatte, es glänzte verführerisch.

Helena kam aus dem Bad.

»Die Mädchen sind im Bett.« Sie gähnte.

»Hast du ...?«

»Ihre Zimmertüren verschlossen und den Riegel an der Haustür vorgeschoben? Habe ich. Es sind nur noch die Türen von uns zum Bad und vom Bad zu den Kindern offen. Alles nach deinen Wünschen.« Sie drehte ihm den Rücken zu und ließ den Bademantel von ihren Schultern rutschen. Helena sagte immer, dass Schlafanzüge sie einengen würden und dass es nichts Besseres gäbe, als nackt zu schlafen, im Sommer wie im Winter. Sprachlos beobachtete er, wie sie sich streckte, um den Bademantel an seinen Haken zu hängen. Er hatte, so viel war sicher, die schönste Frau der Welt.

Sie schlüpfte unter die Decke und seufzte zufrieden. Unschlüssig stand er am Fenster, dann legte er sich auf seinen Teil des Bettes.

»D...d...darf ich dich in den Arm nehmen?« Er sah sie an.

»N...n...nur kurz?«

Sie verdrehte die Augen. »Wenn du aufhörst, zu reden wie ein Vollpfosten, von mir aus.«

Er kam zu ihr unter die Decke und legte einen Arm um sie.

Es war sein guter Arm, der linke. Der rechte machte seit ein paar Wochen Ärger, er wusste nie, ob er ihn würde bewegen können oder nicht. Helena schob ihren Kopf auf seine Schulter und legte sich dicht neben ihn. Er wandte sich ihr zu und sog ihren Duft ein. Mit geschlossenen Augen zählte er ihre Atemzüge. Beim fünfzehnten hob sich ihr Kopf von seiner Schulter. Sie setzte dazu an, sich wegzudrehen. Er verstärkte den Druck seiner Hand auf ihrem Oberarm und hielt sie bei sich.

»W…w…warte noch einen Moment, ich möchte etwas mit dir besprechen.« Sie schnaubte, legte ihren Kopf aber wieder ab.

»Ich würde gerne wieder a…a…arbeiten.« Ihre Haare kitzelten ihn am Mund, und er schob sie hinter ihr Ohr. »Wäre das o…o…okay für dich?«

»Kannst du schon machen, aber das muss zu meinen Schichten passen.« Sie korrigierte ihre Position, bis er ihren Busen an seiner Brust spürte. »Irgendwer muss sich um die Kinder kümmern.«

»Ja, ich weiß.« Er strich ihr noch einmal über den Kopf und genoss die Wärme ihres Körpers an seinem. »Ich weiß.« Er hatte noch nie so schöne Brüste wie die von Helena gesehen, geschweige denn berührt. Er rutschte ein wenig tiefer und fühlte, wie ihr fester, voller Busen über seine Brustwarze glitt.

Einen Moment lang blieb es still.

»Peter!« Sie schrie und stieß ihn von sich. »Das ist ekelhaft! Du weißt, dass wir nicht mehr zusammen sind. Ich verstehe nicht, wieso du dich nicht zusammenreißen kannst! Immer geht es bei dir gleich um Sex!« Hektisch rutschte er zurück auf seine Betthälfte, drehte sich auf die Seite und zog seine Boxershorts ein Stück nach unten. Tränen schossen ihm in die Augen.

»D…d…du weißt, dass ich nie wollte, dass wir uns t…t… trennen.« Er biss sich auf die Wange, um nicht zu weinen. »Und es t…t…tut mir leid, aber du b…b…bist einfach zu schön.« Er schluckte und verstummte.

»Du bist so ein Penner.« Sie drehte sich um und löschte das Licht. »Unglaublich. Deine Kinder hast du nicht im Griff, geschweige denn den Haushalt, noch nicht mal deinen Schwanz«, hörte er sie in der Dunkelheit.

Er lag still auf dem Rücken und ließ seine Tränen lautlos ins Kissen laufen. Es kostete ihn große Anstrengung, sich nicht über das Gesicht zu wischen, um es zu trocknen. Stattdessen wartete er bewegungslos, bis er ganz sicher war, dass sie schlief. Dann stieg er leise aus dem Bett, griff nach dem Gewehr und nahm seinen Platz am Fenster wieder ein. Er rückte den Stuhl zurecht, bis er die Einfahrt und den gesamten Garten im Blick hatte. Wenn er hier saß und Aussicht hielt, dann war die Angst zu ertragen. Dann konnte er sich darauf konzentrieren, seine Frau und die Kinder zu beschützen. Wenigstens das musste er schaffen. Er atmete tief ein und aus, um nicht erneut zu weinen. Er bemühte sich so sehr, ein guter Vater und vor allem ein guter Partner zu sein, doch es gelang ihm so wenig. Endlich fuhr er sich mit der Hand über das Gesicht. Heute Nachmittag war wieder einer dieser Anrufe gekommen. Irgendjemand am anderen Ende der Leitung hatte ihn als Versager beschimpft. Er presste sich die Hand auf den Mund, um nicht zu schluchzen. Niemand brauchte ihm das zu sagen, er wusste es doch selbst! Während des Telefonats war ihm der Hörer aus der Hand gefallen, weil sein Arm mit einem Mal wieder taub geworden war. Überhaupt hing er die meiste Zeit an ihm wie ein totes Stück Fleisch. Peter Stein zitterte. Er war einfach zu nichts zu gebrauchen, er war ein Wrack.

Er hatte nicht gezählt, wie viele Male er das Gewehr auf dem Boden platziert und den Lauf zwischen die Zähne genommen hatte. Auch jetzt lag sein Finger auf dem Abzug. Helena und die Kinder wären ohne ihn besser dran, das war keine Frage. Befrei sie von dir, sagte er sich. Befrei sie, befrei... Seine Zähne schlugen gegen das Metall, als er schluckte. Probehalber übte er ein wenig Druck auf den Abzug aus, dabei wusste er genau, dass ihm selbst zu diesem Schritt der Mut fehlte. Wäre er ein echter Mann, dann hätte er sich umgebracht in dem Moment, in dem Helena ihm gesagt hatte, dass sie sich von ihm trennte. Wäre er ein echter Mann, hätte sie sich nicht getrennt. Still weinte er vor sich hin, dann nahm er das Gewehr aus dem Mund. Auch in dieser Nacht würde er ein Feigling bleiben.

Am nächsten Morgen wusste er sofort, dass der Moment gekommen war. Der andere Peter war da. Er hatte übernommen, und er war stark. Während Helena duschte, überzeugte er sich noch einmal davon, dass die ledernen Laschen fest im Holz verankert waren und sich ihre Länge flexibel verändern ließ. Alles war perfekt.

Er ging in die Küche und machte Kaffee. Gemeinsam mit dem Kaffeepulver krümelte er eine Schlaftablette in den Filter, dann bereitete er das Frühstück vor. Lena und Mandy aßen brav ihr Müsli und machten sich auf den Weg zum Schulbus.

»Pass auf deine kleine Schwester auf«, rief Peter Stein.

»Ja klar. Wie immer«, antwortete Lena, ohne sich umzudrehen.

Mit einem letzten besorgten Blick schloss er die Tür. Er würde die Mädchen gerne zum Bus bringen, aber Helena verbot es ihm. Mit sieben und neun Jahren sollten sie in der Lage sein, allein eine Kreuzung zu überqueren, meinte sie.

»Der Kaffee schmeckt scheiße«, begrüßte ihn Helena zurück in der Küche. Sie trug ihren Morgenmantel und hatte ein nacktes Bein auf Mandys Kinderstuhl gelegt. Er sah ungeniert in ihren Schoß. Helena stand auf und rückte den Morgenmantel zurecht.

»Reiß dich zusammen.« Sie machte ein paar Schritte in Richtung Flur, dann blieb sie stehen und stützte sich mit einer Hand am Türrahmen ab. »Mir ist schwindelig.«

»Ich weiß«, sagte er, griff nach ihrem Handgelenk und zog sie mit sich ins Schlafzimmer.

»Was soll der Scheiß?« Vergeblich versuchte sie, sich aus seinem Griff zu befreien. »Es ist Freitag, ich muss zur Arbeit.«

»Irrtum.« Er wollte ihr den Morgenmantel von den Schultern streifen, aber sie wehrte sich erfolgreich. »Ich habe schon bei dir im Büro angerufen. Du bist krank.« Er gab auf und warf sie samt Morgenmantel aufs Bett.

Helena riss die Augen auf. »Hör auf damit, Peter, das ist nicht witzig.« Sie versuchte sich aufzurichten, aber er kniete schon über ihr und schob ihre Hände durch die ledernen Schlaufen an den Bettpfosten. Sein rechter Arm funktionierte einwandfrei.

»Das ist heute nicht der normale Peter, den du kennst«, sagte er und arbeitete konzentriert weiter. »Das ist nicht der, der stottert, das ist der andere.«

Helenas Blick irrte zwischen ihrem Lebensgefährten und den ledernen Vorrichtungen hin und her. »Das ist der … der andere … wer?« Sie schluckte, dann schüttelte sie sich die Haare aus dem Gesicht. »Und was sagst du da? Du hast bei mir im Büro angerufen? Sag mal, geht's noch?«

Peter Stein hatte die Schlaufen um ihre beiden Hände festgezogen und die Länge der Bänder so eingestellt, dass sie mit ausgestreckten Armen zwischen den Pfosten fixiert war. Erstaunlich schnell wiederholte er die Prozedur mit ihren Füßen.

»Was soll das hier überhaupt?« Helena wollte die Beine anziehen, doch das Leder gebot ihr sofort Einhalt. Sie schnappte nach Luft.

»Mach mich los«, schrie sie, und versuchte mit aller Anstrengung, sich zu bewegen. Es reichte zu ein paar Hüpfern auf der Matratze. »Das ist nicht witzig!« Ihr traten Tränen in die Augen. »Mach das weg!«

»Sch, sch, ganz ruhig.« Er strich ihr über den Kopf. »Wenn du so weiterwackelst, dann tust du dir noch weh, und das kann ich nicht zulassen. Weißt du, Helena, schuld an der ganzen Sache hier ist keiner von den Peters, schuld ist der Kortner.« Er trat zurück und betrachtete sein Werk.

»Ich hab nichts mit dem Kortner, wie oft soll ich dir das noch sagen?« Helenas Stimme brach, während sie erfolglos versuchte, sich aufzurichten.

»Lüg mich nicht an!« Mit einem Mal war er über ihr und hielt ihr das Springmesser an den Hals, das er aus der Ritze zwischen der Matratze und dem Kopfteil des Bettes gezogen hatte. Helena hob das Kinn, um der Klinge auszuweichen, und atmete nur noch flach. Ihr Blick glitt wild durch den Raum.

»Du brauchst keine Angst zu haben, der Peter liebt dich.« Er strich ihr über die Wange. »Du brauchst dir keine Sorgen zu machen, gar keine...« Er fuhr mit der Hand an ihrem Hals entlang und bis zum Ansatz ihres Busens. Als sie zurückzuckte, verzerrte sich sein Gesicht. »Wenn du keinen Ärger machst«, schrie er und rammte das Messer neben Helenas Kopf ins Kissen. Vor Schreck konnte sie nicht einmal schreien. Er zog das Messer aus dem Stoff, strich die Flusen von der Klinge und machte sich daran, mit großer Ruhe erst Helenas Morgenmantel zu öffnen und dann ihre Unterwäsche durchzuschneiden. Er schob die Reste des Stoffes von ihrem Körper und betrachtete ihn einen Moment lang andächtig. Dann zog er sich hastig aus und legte sich auf sie.

»Mein Gott, Helena!« Er nahm ihren Kopf in seine Hände und rieb seinen Körper an ihrem. Die kalte Klinge des Messers drückte an ihr Ohr. »Wie sehr habe ich dich vermisst.« Er bedeckte ihr Gesicht mit Küssen, dann drang er in sie ein und kam nach wenigen Bewegungen. Er sank auf sie nieder, vergaß das Messer und stach ihr damit aus Versehen in die Kopfhaut. Als sie aufschrie, zuckte er zusammen, sah erst auf sie, dann auf das Messer in seiner Hand.

»W...w...was tue ich denn damit?«, stammelte er und warf es von sich, sprang auf und machte einen Schritt vom Bett weg. Mehrere Male atmete er ein und aus, bevor er sie ansah.

»D...d...du schaffst es doch immer wieder, den a...a...anderen Peter aus mir herauszuholen«, sagte er und setzte dazu an, die Badezimmertür zu öffnen, aber sein rechter Arm fühlte sich plötzlich an, als sei er an seinem Körper festgeklebt. Er verbiss sich einen Schrei, öffnete die Tür mit der linken Hand und verschwand im Bad.

Im Laufe des Vormittags vergewaltigte er sie noch mehrere Male. Wenn sie auf die Toilette musste, band er sie los, ließ sie aber nicht aus den Augen. Immer wieder versicherte er ihr, dass der Peter sie liebe und sie sich keine Sorgen zu machen brauche. Seine Sprache wie sein Arm funktionierten perfekt.

Als die Kinder aus der Schule kamen, verschloss er alle Türen im Haus und machte Mittagessen. Nachdem er mit den Kindern gegessen hatte, setzte er sie vor den Fernseher und verfütterte die Reste des Essens an Helena. Er verbrachte den Nachmittag mit den Mädchen, machte mit ihnen Hausaufgaben und spielte Gesellschaftsspiele. Er sagte ihnen, dass die Mama erst spät von der Arbeit kommen würde. Das war nicht ungewöhnlich. Nach dem Abendbrot brachte er die beiden ins Bett, erst dann kehrte er zurück ins Schlafzimmer.

»Die Mädchen sind im Bett, mein Schatz.« Er setzte sich neben sie auf die Matratze. »Jetzt haben wir Zeit für uns.« Er gab ihr zu trinken und fütterte sie erneut. Als sie nichts mehr essen wollte, zog er sich aus, legte sich dicht neben sie und begann sie zu streicheln.

»Weißt du, du hast völlig recht…« Er fuhr ihr mit der rechen Hand über die Wange und dann den Hals entlang. »…der Peter ist ein ziemliches Weichei.« Er umfasste ihren Busen und begann ihn zu kneten. »Ich meine, er liebt dich, dagegen will ich gar nichts sagen, aber er ist ein jämmerlicher Feigling.« Seine Hand wanderte in ihren Schoß. »Ich kann gut verstehen, dass der dich nicht mehr interessiert.« Er hielt sie zwischen den Beinen und drehte ihren Körper leicht seitlich. »Aber ich, ich bin ein anderer, ein ganz anderer.« Langsam drang er in sie ein und stöhnte. »Du und ich, das ist etwas anderes, etwas ganz anderes, du wirst schon sehen.«

Dann schlief er eng an sie gekuschelt ein.

Am nächsten Morgen erwachte er von ihrer Stimme.

»Ich glaube, du hast recht.« Sie stieß ihn an. »Du hast recht!«

Er blinzelte und hob den Kopf. »Was?«

»Du hast recht mit dem, was du gestern gesagt hast über mich und den neuen Peter.« Sie strich ihm über den Arm. Er zuckte zusammen.

»Der neue Peter und ich, wir sind uns in vielem ähnlich. Ich glaube, wir könnten echt gut zusammenpassen.« Sie streckte ihren Arm in der Schlinge so weit wie möglich und erreichte knapp seine Hand. Mehrmals strich sie ihm über die Finger. »Natürlich nur, wenn der neue Peter das will, also mit mir zusammen sein.« Sie hielt den Atem an.

Er nahm ihren Kopf zwischen seine Hände und küsste sie. Als er spürte, dass sie seinen Kuss erwiderte, begann er zu weinen.

»Oh Helena, w…w…wenn du nur wüsstest, wie sehr ich mir das gewünscht habe.« Er schluchzte. »Wie sehr ich mir gewünscht habe, d…d…dass du das erkennst!« Er vergrub sein Gesicht an ihrem Hals und flüsterte. »Eben hast du mir das Leben zurückgeschenkt, den Sauerstoff zum A…A…Atmen zurückgegeben, weißt du das überhaupt?«

»Natürlich weiß ich das.« Sie lächelte erneut. »Und ich würde dich so gern in den Arm nehmen, aber ich kann es ja nicht.« Sie hob einen Arm mit der ledernen Schlinge.

»Natürlich, die brauchen wir jetzt ja nicht mehr, ich b…b… bin vielleicht ein Idiot!« Eilig band er die Fesseln los.

»Sehr gut«, sagte sie und rieb ihre Handgelenke. »Na, komm schon her!«

Minutenlang saßen sie eng ineinander verschlungen auf dem Bett, bis sie sich von ihm löste. »Weißt du was, Peter?« Sie sah ihn an. »Jetzt fehlt mir nur noch eine Sache zum vollkommenen Glück.«

»Alles, w…w…was du willst!« Er sprang auf.

»Ich habe unheimlich Lust, eine zu rauchen.« Sie ließ sich zurück aufs Bett fallen und streckte die Arme von sich. »Das wäre jetzt der Hammer.«

Er lachte. »Na, d…d…den Wunsch können wir dir ganz

einfach erfüllen.« Er zog ihre Nachttischschublade auf und begann darin zu kramen. »Müssen nur deine Kippen finden.«

Sie blieb einen Moment lang still.

»Kann sein, dass da keine mehr sind.« Sie stützte sich auf einen Ellbogen. »Ich glaub, ich hab die am Freitag leer gemacht.«

»Oh.« Er hielt inne und begann, auf seiner Unterlippe zu kauen. »F...f...fehlt dir nicht vielleicht doch was anderes zum vollkommenen Glück?«

Sie schüttelte den Kopf. »Ist aber nicht schlimm, muss heute ja nicht alles perfekt sein.« Sie ließ sich zurücksinken und verschränkte die Arme hinter dem Kopf.

»D...d...doch, das muss es!« Er schlug mit der Faust auf den Nachttisch. Sie fuhr zusammen. »Es ist schließlich unser Tag! Der e...e...erste Tag von unserem neuen Leben!« Er griff nach seinem Messer und begann, es zwischen den Händen zu drehen.

Sie holte Luft. »Wenn es dir so wichtig ist, dann könnten wir zur Tanke fahren.« Mit beiden Händen knetete sie ihre Daumen.

»J...j...ja, ich weiß«, sagte er leise und richtete sich auf. Er balancierte das Messer zwischen den Fingerspitzen, stellte sich vor sie neben das Bett und sah auf sie herab. »Ist jetzt ja alles o...o...okay zwischen uns, o...o...oder?« Sein Blick zuckte zwischen ihren Augen hin und her. Lächelnd sah sie zu ihm hinauf.

»Natürlich.« Sie richtete sich auf, nahm ihm das Messer ab und legte seine Hand auf ihren Busen. »Fühlst du das denn nicht?«

Zwanzig Minuten später saß die ganze Familie im Auto und fuhr zur nächstgelegenen Tankstelle. Helena schnallte sich ab und legte ihre Hand auf den Türgriff, doch Peter Stein drückte sie zurück in den Sitz.

»Was ist denn los?« Mit großen Augen sah sie ihn an.

»D…d…du brauchst nicht zu gehen.« Er streichelte ihre Wange und gab ihr einen Kuss, »Ich m…m…mach das doch für dich.«

»Ach so.« Sie atmete aus. »Das ist aber lieb von dir.« Er griff nach seinem Geldbeutel und der Walther, winkte den Mädchen auf der Rückbank und stieg aus.

In der Tankstelle war nicht viel los. Er kaufte zwei Päckchen rote Gauloises und verließ pfeifend den Shop. Als sich die gläserne Schiebetür hinter ihm schloss, hielt er inne. Die Erkenntnis kam langsam. Sie kroch durch seine Glieder und verbiss sich in seinem Nacken. Fahrig tastete er nach einem Stapel Grillkohle und stützte sich darauf ab. Die Zigaretten fielen zu Boden. Schweiß stand auf seiner Stirn, und seine Augen brannten.

»W…w…warum?!« Er schlug die linke Hand vor das Gesicht und krümmte sich. Sein rechter Arm hing an ihm wie ein Gewicht. Der pochende Druck hinter seiner Stirn wurde unerträglich.

»He du«, ein Mann tippte ihm an die Schulter, »alles okay bei dir?«

Peter Stein fuhr zusammen. Sein Blick blieb an der Hosentasche des Fremden hängen. Dort baumelte das eine Ende eines Autoschlüssels. Der andere Peter übernahm sofort.

»Kann ich dir bei was helfen?« Der Mann machte keine Anstalten zu gehen.

»Kannst du«, sagte Peter Stein und zog die Walther aus

seinem Hosenbund. Während er auf den Fremden zielte, streckte er ihm eine geöffnete Hand entgegen. »Leih mir deinen Wagen!«

Unmittelbar nach ihrer Flucht von der Tankstelle zeigte Helena Gastfreund ihren Lebensgefährten an. Er wurde zur Fahndung ausgeschrieben.

Am nächsten Tag, einem Sonntag, fiel einer Streife frühmorgens ein Mann auf, der zusammengekauert in einer Bushaltestelle saß und telefonierte. Jedenfalls von hinten passte er auf die Beschreibung von Peter Stein. Als sich die Beamten ihm näherten, stellten sie fest, dass sein Kopf schlingerte und er undefinierbare Geräusche von sich gab. Er »plärrte und grunzte«, schrieb die Streife später in ihren Bericht, »während er den Oberkörper vor- und zurückwiegte.«

Als einer der Polizisten den Mann ansprach, fuhr er herum und starrte ihn aus weit aufgerissenen Augen an. Der Beamte erschrak. Der Mann war aschfahl im Gesicht, und sein T-Shirt war voller Blut.

»Tschüss, Mama«, sagte der Mann, ließ das Handy fallen und brach in sich zusammen. Beide Polizisten sprangen herbei und verhinderten knapp, dass er von seinem Sitz fiel. Als sie ihn an den Armen packten, bemerkten sie, dass er deutlich unterkühlt war. Vorsichtig versuchten die Beamten, mit ihm zu sprechen, aber er begann heftig zu weinen und konnte sich kaum artikulieren. Bald stammelte er nur noch »Helena« und »Mandy«. Die Polizisten nahmen ihn mit.

Peter Stein wachte davon auf, dass er dringend auf die Toilette musste. Als er aufstehen wollte, stellte er fest, dass er mit Gurten ans Bett gebunden war. Er konnte sich gerade weit genug rühren, um an sich herabzusehen. Er trug Socken, eine Unterhose und ein blutverschmiertes T-Shirt. Hektisch bewegte er den Kopf, um möglichst viel von seinem Körper zu sehen. Woher kam das Blut? Hatte er sich verletzt? Musste er sterben? Er begann zu schreien.

Ein Pfleger betrat den Raum.

»Was ist denn los...« Er sah auf das Schild am Fußende des Bettes, »... Herr Stein?«

»Wo kommt das ganze B...B...Blut her?« Der Pfleger verstellte etwas an der Infusion, die in Peter Steins Arm lief.

»Keine Ahnung. Das war schon so, als Sie eingeliefert wurden.«

»Wo bin ich überhaupt? Und w...w...warum bin ich hier?«

Der Pfleger schüttelte seine Decke auf und drehte am Rollo, sodass nun Sonnenlicht ins Zimmer fiel.

»S...s...sagen Sie doch was! Was ist denn mit mir passiert?«

»Haben Sie Durst?« Der Pfleger war schon auf dem Weg in Richtung Tür.

»Ich muss aufs Klo«, sagte Peter Stein und schluckte.

Am nächsten Morgen kam ein Arzt mit zwei Polizisten. Peter Stein wurde entlassen und zum Verhör aufs Polizeirevier gefahren. Dort saß ihm ein beständig gähnender Beamter gegenüber.

»Ihre Lebensgefährtin hat Sie wegen Freiheitsberaubung und Vergewaltigung angezeigt. Möchten Sie zu dem Vorwurf Stellung nehmen?«

»E...e...eigentlich möchte ich gern wissen, was mit mir passiert ist«, sagte Peter Stein. »W...w...woher kommt denn das ganze Blut?«

»Die Fragen stelle ich.«

Peter Stein nickte. Dann berichtete er von den vergangenen Tagen, vom Schlafmittel im Kaffee, den ledernen Vorrichtungen am gemeinsamen Bett und davon, dass er mehrmals mit Helena geschlafen hatte. Während er erzählte, weinte er heftig. Der Polizist hatte den rechten Fuß auf sein linkes Knie gelegt und machte sich auf einem Schreibbrett Notizen.

»Ich w…w…wollte ihr nicht wehtun«, sagte Peter Stein immer wieder. »Ich wollte ihr nicht wehtun. Aber ich musste doch verhindern, dass sie mit dem K…K…Kortner durchbrennt. Das konnte ich doch nicht zulassen!« Der Polizist zuckte zusammen. Er legte das Schreibbrett beiseite, stellte beide Füße auf den Boden und sah Peter Stein fest in die Augen.

»Mit wem sollte Ihre Frau nicht abhauen?«

»Na, mit dem K…K…Kortner!«

Der Beamte lehnte sich nach vorn. »Ernst Kortner?«

»Genau! K…k…kennen Sie den? Das ist so ein Lackaffe!«

Noch bevor Peter Stein seinen Satz beendet hatte, war der Beamte aufgesprungen und hatte den Raum verlassen. Als er nach ein paar Minuten nicht zurückkam, begann Peter Stein, Runden um den Tisch zu drehen. Er brauchte fünfzehn Schritte pro Runde.

Endlich riss der Polizist die Tür auf und betrat schwer atmend den Verhörraum. Sofort nahm Peter Stein Platz.

»Besitzen Sie eine Pistole der Marke Walther?« Der Beamte sah auf ihn herab. In der Hand hielt er einen Stapel Fotos.

»Ja, ich habe eine Walther.« Peter Stein betrachtete den Schweiß auf der Stirn des Polizisten. »Haben Sie die gefunden? Ich bilde mir ein, ich hätte die dabeigehabt, als ich von daheim weg bin.«

»Hören Sie doch auf mit dem Theater!« Der Beamte warf

die Fotos vor ihn auf den Tisch. Die Bilder fächerten sich auf, einige rutschten in seinen Schoß. Peter Stein wich ihnen aus, indem er die Beine öffnete. Als das nichts half, sprang er auf und machte einige unsichere Schritte vom Tisch weg. Sein Stuhl fiel krachend um. Er griff sich an die Brust und atmete hektisch ein und aus.

»J...j...jetzt weiß ich es wieder«, sagte er und lehnte sich an die Wand. »Jetzt ist alles wieder da. F...F...Freitagabend haben wir einen Krimi angeschaut, Helena und ich. Da hab ich ihr noch gesagt, dass die im Film immer zu wenig schießen. Die schießen einmal und d...d...das soll es dann gewesen sein. Das ist doch t...t...total unrealistisch! Die müssten viel öfter schießen, damit der auch wirklich tot ist, der B...B...Böse, habe ich zu Helena gesagt.« Er drehte sich um und lehnte den Kopf gegen die Mauer. »Gestern, als ich vor der Tankstelle stand und Helena und die Mädchen w...w...weg waren, da habe ich gedacht, dass die bei dem K...K...Kortner sein müssen. Ich hab gewusst, wo der wohnt, weil ich ein paarmal gesehen hab, wie Helena da r...r...reingegangen ist. Als er die Tür aufgemacht hat, habe ich mit der Pistole auf ihn gezielt, damit er Angst hat und sie hergibt, aber d...d...der hat nur gesagt, verschwinde, sie will nichts von dir, sie ist nur aus Mitleid mit dir zusammen. Sie braucht keinen, der dauernd stottert und flennt, keinen Versager. Sie braucht einen Mann!« Peter Stein begann heftig zu weinen. »D...d...das hat so wehgetan, dass ich auf den Abzug gedrückt habe. Und z...z... zwar nicht nur einmal, wie die im Film, sondern oft. So oft, bis ich ganz s...s...sicher war, dass der sich nicht mehr rührt.« Er drehte sich um und sah den Polizisten an. Sein Gesicht war ganz nass. »D...d...das ging alles so schnell. Ich wollte doch nur Helena und die Kinder finden! Aber beim Kortner waren sie nicht. A…a…also habe ich weitergesucht, zu Hause, bei Helenas Mutter und bei ihren Geschwistern. Als ich nicht mehr wusste, wo ich noch suchen konnte, wurde mir schlecht, und ich habe mich in einen B…B…Busch übergeben. Es war so schlimm! Und die ganze Zeit hatte ich das Gefühl, dass ich irgendwie neben mir stehe. Dass ich mir selbst dabei zuschaue, wie ich das alles mache.«

Der Prozess gegen Peter Stein war bereits in vollem Gange, als ich mit seiner Begutachtung beauftragt wurde. Ich erhielt den Auftrag in diesem Fall nicht, wie üblich, vonseiten des Gerichtes oder der Staatsanwaltschaft, sondern von seinem Anwalt. Der war mit dem Gutachten des von der Staatsanwaltschaft bestellten Sachverständigen nicht einverstanden gewesen. Seiner Ansicht nach wurde es den psychischen Auffälligkeiten, die er an seinem Mandanten beobachtet hatte, nicht gerecht. Also nutzte der Anwalt das sogenannte Selbstladungsrecht. Zur Vorbereitung auf das Gespräch mit Peter Stein las ich mich in die Gerichtsakten ein.

Interessant war die Aussage seiner Lebensgefährtin Helena Gastfreund. Sie berichtete, dass er schon lange arbeitslos und damit der Hausmann gewesen sei. Es störte sie, dass er kein Geld verdiente und auch den Haushalt nicht zu ihrer Zufriedenheit führte. Beispielsweise weigerte er sich, Wäsche zu waschen, weil er sich davor ekelte, schmutzige Wäsche zu berühren. Als sie sich zwei Monate vor der Tat endgültig von ihm trennte, entwickelte er einen Sprachfehler und eine Lähmung im rechten Arm.

Von Peter Steins Anwalt erfuhr ich einige Details über sein Leben in der Untersuchungshaft. Er arbeitete als Hausarbeiter und war für die Essensausgabe zuständig. Er war dankbar für den Job und die damit verbundene Beschäftigung im Gefängnisalltag. Nur eine Sache machte ihm zu schaffen: das Obst. Sein Anwalt berichtete, dass er »puren Ekel« empfand, wenn er Äpfel ausgeben musste, und diese Arbeit nur mit Handschuhen über sich brachte. Überhaupt erledigte er alle seine Aufgaben als Hausarbeiter mit Handschuhen. Außerdem berichtete der Anwalt, dass er nur duschte, wenn er zuvor den gesamten Duschraum mit unverdünntem Essigmittel desinfiziert hatte, und dass er nichts aß, was ein anderer Gefangener bereits berührt hatte. »Ich habe Gewohnheiten entwickelt, die mir selbst sinnlos erscheinen«, kommentierte Peter Stein die Auflistung seines Anwalts später. Ganz schön zwanghaft, dachte ich und war gespannt darauf, ihn persönlich kennenzulernen.

Ich nahm an der Hauptverhandlung teil und traf Peter Stein jeweils nach oder zwischen den Verhandlungstagen.

»Hallo, Frau Ziegert«, begrüßte er mich, »haben Sie meine hübsche, schöne und liebe Frau in der Verhandlung bemerkt? Ich habe sie seit einem Jahr nicht mehr gesehen. Sie hat sich nicht verändert, nur zu mir ist sie kühler. Sie sieht umwerfend aus!«

Ich lächelte. »Frau Gastfreund ist Ihnen sehr wichtig?«

Er nickte heftig. »Sie können sich ja gar nicht vorstellen, wie wichtig sie mir ist. Kein Mensch kann verstehen, wie sehr ich an dieser Frau hänge. Ich möchte sie spüren, wenn sie glücklich und traurig ist, in sie eindringen und für immer in ihr bleiben. Ich wünsche mir, ihr ganz nahe zu sein, wie ein Kind. Wenn sie stirbt, werde ich auch sterben.« Er begann zu weinen. »In der Verhandlung hat sie gesagt, dass sie keinen Kontakt mehr will, keine Briefe, nichts. Und meine Mutter erzählt, wenn Mandy etwas falsch macht, dann sagt Helena ihr, dass sie so wird wie ich.« Er legte den linken Arm auf den Tisch und vergrub weinend sein Gesicht in der Ellenbeuge.

»Was halten Sie davon, wenn wir vorab über Dinge sprechen, die schon etwas länger her sind? Erzählen Sie mir von Ihrer Kindheit. Wie war Ihr Verhältnis zu Ihrer Mutter damals?«

Einen Moment lang blieb es still.

»Sie war nie da.« Er hob den Kopf. »Sie musste immer arbeiten. Morgens, wenn sie gegangen ist, hat sie mich zu irgendwelchen Nachbarn geschickt, bis ich mit deren Kindern in die Schule gehen konnte. Weil ich da aber hin und wieder was angestellt habe, wollte mich irgendwann keiner mehr haben. Ich hätte mir gewünscht, sie wäre mehr da gewesen.« Er richtete sich auf. »Und ich hätte mir gewünscht, sie wäre nicht so krank gewesen.«

»Inwiefern krank?«

»Sie hatte immer so Anfälle, Krämpfe, durch die sie die Kontrolle über ihren Körper verloren hat. Dann ist sie vom Stuhl gefallen, hat gezuckt und war nicht ansprechbar. Ich dachte jedes Mal, sie würde sterben. Diese Momente haben mir schrecklich Angst gemacht.«

»Beschreiben Sie Ihre Mutter für mich.«

»Sie ist mitfühlend, hilfsbereit, aufopfernd, aber sie kontrolliert mich auch. Helena und ich, wir telefonieren beide jeden Tag mit unseren Müttern.« Er zog die Schultern hoch. »Ich glaube, ich verhalte mich den Kindern gegenüber genauso. Einerseits bin ich für sie da. Bei Mandys Geburt gab es Komplikationen, das hat mich den letzten Nerv gekostet. Ich hatte so wahnsinnige Angst um Helena und das Baby.« Er begann zu zittern. »Hinterher habe ich die Kleine dann versorgt, bin nachts aufgestanden und habe Schlaflieder gesungen. Helena hat gearbeitet. Meine Tochter ist alles für mich, meine Familie ist mein Leben.« Ihm traten Tränen in die Augen. »Andererseits bin ich vor allem Lena gegenüber oft zu streng. Ich habe schon selber gemerkt, dass ich sie manchmal anders behandle, weil sie nicht mein Kind ist. Aber ich schaffe es nicht, das abzustellen! Und dann habe ich hier im Gefängnis ein Buch über Kindererziehung gelesen und gemerkt, dass ich immer alles falsch gemacht habe.« Er begann erneut zu weinen und bedeckte sein Gesicht mit den Händen.

»Was ist mit Ihrem Vater?«, fragte ich schnell.

Er putzte sich die Nase. »Meinen Vater habe ich nie kennengelernt. Gesucht habe ich ihn auch nie.« Er sah mich an. »Ich habe Angst, dass er mich nicht haben will.«

»Haben Sie oft Angst?«

»Als Kind hatte ich Angst, in die Schule zu gehen, weil ich immer als Mamasöhnchen gehänselt und verprügelt wurde. Außerdem haben mir zwei Jungs mein Pausengeld weggenommen, bis ich sie die Treppe runtergeworfen hab. Danach war Ruhe.« Er zuckte mit den Schultern. »Aber am meisten Angst hatte ich vor Gewitter und vor dem Werwolf. Ich habe mal so einen Film gesehen, und seitdem werde ich davon verfolgt. Ich gehe bis heute immer in der Mitte der Straße, weil ich Angst habe, dass der Werwolf hinter einem Auto hervorspringt.« Er begann erneut zu zittern und rieb seine Hände aneinander. »Deshalb hatte ich doch die Pistole dabei. Weil ich Angst hatte. Ich habe die immer dabei, weil ich immer Angst habe. Das ist ja das Schlimme: Wenn ich nicht so viel Angst hätte, dann wäre das alles nicht passiert! Ich wollte das nicht, ich wollte doch nur Helena finden. Es ging alles so schnell!« Er brach in Tränen aus.

»Haben Sie auch außerhalb der Schule körperliche Gewalt erlebt?« Ich hob die Stimme, um sein Weinen zu übertönen.

Er hielt inne und sah mich an. »Sie sind ganz schön stur. Ich bewundere Menschen, die Kraft haben und mutig sind. Wenn ich Mut hätte, wäre mir das nicht passiert. Dann hätte ich mich umgebracht, als sie mir gesagt hat, dass sie mich nicht mehr will.« Er biss sich auf die Unterlippe.

»Ich persönlich finde es deutlich mutiger, eine Trennungssituation durchzustehen«, sagte ich, »aber zurück zum Thema: Haben Sie körperliche Gewalt erlebt?«

»Der Freund von meiner Mutter hat mich regelmäßig geschlagen.« Peter Stein lehnte sich zurück. »Und, na ja«, er wiegte den Kopf, »ich weiß nicht, ob das als körperliche Gewalt zählt. War ja irgendwie eher medizinisch.« Er hielt inne.

»Was denn?« Ich sah ihn an.

»Ich hatte als Kind oft Blähungen und Verstopfung. Da hat meine Mutter dann meine Hebamme gerufen, und die hat einen Seifeneinlauf gemacht. Ich habe es gehasst. Der Schlauch hat schrecklich wehgetan, und die Seife hat gebrannt. Ich habe mich gewehrt, und beide Frauen haben mich festgehalten, eine an den Schultern und eine an den Füßen. Das ging so, bis sie mich nicht mehr halten konnten.« Er atmete tief durch.

»Wie oft ist das passiert?«

»Etwa einmal pro Woche.«

»Das zählt«, sagte ich und machte mir Notizen, dann verabschiedete ich mich vorerst.

Mit Peter Steins Einverständnis rief ich nach diesem Gespräch seine Mutter an und fragte sie ebenfalls nach seiner Kindheit.

»Peter war nicht im Kindergarten«, berichtete sie. »Er kam

mit sechs Jahren in die erste Klasse. Im November ist dann aber seine Urgroßmutter gestorben, und das hat er nicht gepackt. Er hat von einem Tag auf den anderen das Sprechen verlernt, sodass wir ihn noch mal ein Jahr aus der Schule herausnehmen mussten. In der Zeit war er ziemlich durch den Wind, hat eine Katze an einen Baum gebunden und Goldfische eingegraben.«

Ich machte mir eine Notiz. »Hat Ihr Sohn körperliche Gewalt erlebt?«

Frau Stein seufzte. »Um arbeiten gehen zu können, habe ich Peter damals oft zu meinem Lebensgefährten gebracht. Ich wusste, dass der ihn schlug. Wenn ich ihn dort abholte, sagte Peter oft: Mama, er hat mich wieder geschlagen. Vor Angst hat er sich mehrfach in die Hose gemacht, aber was hätte ich tun sollen? Wenn ich mich bei meinem Freund beschwert habe, hat der nur gemeint: Dann musst du ihn eben mit zur Arbeit nehmen.« Sie lachte freudlos. »Dabei wusste der ganz genau, dass das nicht ging.«

Bei unserem nächsten Treffen war Peter Stein völlig außer sich. Er weinte noch heftiger als sonst, zitterte am ganzen Körper und rieb sich immer wieder die Hände. Ich fragte ihn, was passiert sei. Er erzählte, dass er Helena und die Kinder in dieser Nacht in seiner Zelle gesehen hätte. Sie hätten mit ihm gesprochen und ihm Vorwürfe gemacht.

»Ich hatte solche Angst vor ihnen.« Er kauerte sich auf seinem Stuhl zusammen.

»Passiert es Ihnen häufiger, dass Ihre Wahrnehmung und die Realität nicht zusammenpassen?«

Er nickte. »Ich habe oft Konzentrationsstörungen und bin dann mit den Gedanken woanders. Ich will etwas tun, und plötzlich ist der Gedanke einfach weg. Mir sind da auch so Dinge passiert. Zum Beispiel bin ich beim Rasenmähen auf einmal auf dem Nachbargrundstück gestanden und habe mit den Hunden gespielt. Den Übergang vom Rasenmähen zu den Hunden habe ich aber nicht mitbekommen. Auf einmal war ich dort.« Er sah auf. »Manchmal spreche ich einfach weiter, obwohl ich nichts mehr zu sagen habe, nur um sicher zu sein, dass es mich wirklich gibt.«

»Geht es Ihnen so, wenn Sie zum anderen Peter werden?«

Er nickte. »Ja, das ist so ähnlich. Ich kann diesen Teil von mir nicht spontan hochholen, er kommt, wann er will. Der andere Peter hat zu mir gesagt, dass er mich nicht im Stich lässt. Er hat gesagt, dass er mir hilft und nicht zulässt, dass sie geht. Er gibt mir Stärke.« Einen Moment lang war er still, dann fügte er hinzu: »Aber er macht mir auch Angst. Er ist unberechenbar. Manchmal will das Böse in mir, dass ich etwas tue, das ich gar nicht will. Und manchmal habe ich Angst, verrückt zu werden.«

Der von der Staatsanwaltschaft beauftragte Gutachter hatte sein Urteil gefällt. *Zum aktuellen Zeitpunkt erscheint die Persönlichkeit des Klienten stark gestört*, schrieb er. *Aus psychologischer Sicht ist dennoch kein Kriterium für eine Schuldunfähigkeit gegeben.*

Nun war es an mir, Stellung zu beziehen. Mich beschäftigten drei Fragen rund um Peter Stein: Woher stammten seine psychischen Auffälligkeiten? Konnten sie allein seine Taten erklären? Und: Hatten sie Einfluss auf seine Schuldfähigkeit?

Die Informationen, die ich über Peter Stein hatte, ließen mich an ein verhältnismäßig bekanntes psychisches Phänomen denken: eine Borderline-Persönlichkeitsstörung. Ich schlug das Krankheitsbild in verschiedenen Fachbüchern nach und stellte fest, dass Peter Stein die charakteristischen Symptome beinahe lehrbuchhaft erfüllte.

Die Borderline-Persönlichkeitsstörung bekam ihren Namen dadurch, dass sie ursprünglich als ein Phänomen auf der Grenze zwischen Psychose und Neurose angesehen wurde. Stark vereinfacht lässt sich sagen: Psychosen fallen auf durch schwere Störungen der Wahrnehmung wie Halluzinationen. Der Begriff der Neurose ist nur noch bedingt aktuell, damals aber meinte er leichtere Angst- und Zwangsstörungen. »Borderliner« wie Peter Stein zeigen Elemente aus beiden Bereichen.

Die Patienten haben ständig eine diffuse Angst vor nichts Bestimmtem, las ich. Peter Stein fürchtete sich permanent: vor Einbrechern, vor dem Verlassenwerden, vor der Ansteckungsgefahr im Gefängnis, vor ungewaschener Wäsche, vor dem Werwolf, vor Äpfeln. *Sie zeigen Zwangshandlungen.* Peter Stein duschte erst, nachdem er den gesamten Duschraum desinfiziert hatte, und konnte nur schlafen, wenn alle Türen im Haus verschlossen waren und seine Waffen an den ihnen zugedachten Plätzen lagen. Was ihn seiner Empfindung nach aber am meisten beeinträchtigte, waren die sogenannten Konversionssymptome, sein Stottern und die Lähmung seines rechten Arms. *Teilweise zeigen sich starke körperliche Beschwerden ohne physische Ursache.* Die Phänomene ließen sich allgemeinmedizinisch nicht erklären, sie kamen und gingen entsprechend seiner aktuellen psychischen Verfassung. *Oft treten bei den Patienten Wahnvorstellungen auf. Sie haben Schwierigkeiten, sich selbst zu verstehen.* Peter Stein sah seine Lebensgefährtin mit den Kindern in seiner Gefängniszelle und zeigte sich als multiple Persönlichkeit, wenn er zum »anderen Peter« wurde. In diesen Phasen verlor er die Kontrolle über sich selbst und Teile seiner Erinnerung.

Zusammenfassend lässt sich also sagen: *Betroffene einer Borderline-Persönlichkeitsstörung*, so auch Peter Stein, *leiden unter einer erheblichen Instabilität.* Er fühlte sich ständig unsicher. Seine Wahrnehmung und sein Körper veränderten sich für ihn unkontrollierbar. Nicht einmal auf sein Innerstes konnte er sich verlassen, denn auch seine Persönlichkeit schwankte zwischen dem einen und dem anderen Peter. Die Instabilität setzte sich in seinem Alltag fort: Er wurde immer wieder arbeitslos. Die Beziehung zu Helena Gastfreund war die erste längerfristige Bindung, die er einging. Er hatte keine Freunde und zeigte heftige Stimmungsschwankungen.

Die Unbeständigkeit ist im Leben von Borderline-Patienten so allgegenwärtig, dass Fachleute von einer stabilen Instabilität sprechen.

Wo aber kam diese Störung her? Und was hatte sie mit Peter Steins Taten zu tun? Borderline-Persönlichkeiten beruhen zum Teil auf der Genetik und zum Teil auf den Lebensumständen der Betroffenen. Sie entstehen, wenn ein Kind in den ersten Lebensjahren extremer Frustration und unmittelbarer Gewalt ausgesetzt ist. Peter Stein berichtete, dass er sich als Kind von seiner Mutter alleingelassen gefühlt hatte. Auf den Tod seiner Urgroßmutter reagierte er so heftig, dass er erst ein Jahr später eingeschult werden konnte. Zu diesem Zeitpunkt war die Bindung an sie offenbar stärker als an seine Mutter. Er hatte also bereits früh die engste Bezugsperson verloren und keinen adäquaten Ersatz gefunden. Durch das Fehlen eines konstanten Ansprechpartners fühlte er sich emotional vernachlässigt. Seinen Vater lernte er nie kennen, und der Freund seiner Mutter – das einzig verfügbare männliche Vorbild – schlug ihn regelmäßig. Seine Mutter ließ nicht nur die Schläge durch ihren Partner zu, sondern misshandelte ihren Sohn auch selbst körperlich, indem sie gegen seinen Willen wöchentlich stark schmerzhafte Einläufe durchführte – deren medizinische Notwendigkeit ich bezweifelte. Peter Stein wiederum konnte nie wirklich wütend auf seine Mutter sein, weil er ständig Sorge haben musste, sie als seine inzwischen einzige Familienangehörige durch einen ihrer regelmäßigen Krampfanfälle zu verlieren. Aufgrund dieser Besorgnis und der emotionalen Vernachlässigung duldete er es, dass seine Mutter ihn bis ins Erwachsenenalter hinein bevormundete und kontrollierte, zum Beispiel durch tägliche Telefonate. Infolge des Wechsels aus Vernachlässigung, Missbrauch und Kontrolle stellte seine Mutter nicht eindeutig Nähe oder Distanz her, und verunsicherte ihren Sohn erheblich.

Die Angst, die Peter Stein ursprünglich aus gutem Grund empfand – vor den Schlägen des Lebensgefährten und der Krankheit seiner Mutter –, wurde aufgrund seiner belastenden Lebensumstände chronisch und äußerte sich bald auch ohne vernünftige Ursache. Zwänge wiederum sind ein Mittel zur Bewältigung von Angst. Wer sich viele Regeln einfallen lässt, wie das Duschen nur nach gründlicher Desinfektion, das Schlafen nur nach Aufrüstung, der gibt seinem Leben Struktur – und lenkt sich mit der Anstrengung, die es kostet, alle Regeln zu beachten, von seiner Angst ab. Sowohl eine chronisch vorhandene Angst als auch das Befolgen zahlreicher Zwänge kostet Kraft und Aufmerksamkeit. Ein Kind, das so sehr mit der reinen Lebensbewältigung beschäftigt ist, wie Peter Stein es war, hat nicht mehr die Möglichkeit, eine stabile Persönlichkeit zu entwickeln.

Die ungünstigen Bedingungen, unter denen er aufgewachsen war, insbesondere die fehlenden Beziehungsangebote, hatten also seine Borderline-Störung hervorgerufen. Wenn man seine Beziehung zu seiner Mutter betrachtet, versteht man aber nicht nur sein Krankheitsbild, sondern auch sein Verhältnis zu Helena Gastfreund und die daraus resultierenden Straftaten. Sie sind nur in diesem Zusammenhang verständlich und haben einen wesentlichen Ursprung in der Eigenart von Peter Stein, Beziehungen einzugehen und zu pflegen.

Wie das Laufen oder Sprechen muss ein Mensch auch das Gestalten von Beziehungen erlernen. Die Art, wie jemand in einer Partnerschaft lebt, beruht auf Erfahrungen, die er mit seiner ersten Bezugsperson gemacht hat. Peter Stein hatte als Kind gelernt, dass eine Beziehung durch körperliche Misshandlung und Kontrolle geprägt wird und man stetig Angst haben muss, den geliebten Menschen zu verlieren. Als erwachsener Mann suchte er sich eine Frau aus, die ihm ein Zusammenleben mit eben diesen Merkmalen bot.

Helena Gastfreund war als attraktive, berufstätige Frau dem meist arbeitslosen Peter Stein von Anfang an überlegen. Er fühlte sich ihrer nicht würdig und rechnete ständig damit, verlassen zu werden. Außerdem fühlte er sich von Helena Gastfreund im Rahmen der Beziehung entwertet und gequält. So trennte sie sich etwa von ihm, schlief aber weiterhin nackt mit ihm in einem Bett, obwohl sie genau wusste, dass er sie intensiv begehrte. Wenn er nun – logischerweise – körperlich auf sie reagierte, beschimpfte sie ihn. Auf diese Weise entschied sie sich weder eindeutig für noch gegen die Beziehung. Auch hier zeigte sich die Instabilität, die Peter Stein sein ganzes Leben über begleitete. Helena Gastfreunds Zurückweisung löste bei ihm eine Sprachstörung aus. Genauso hatte er Jahrzehnte zuvor auf den Tod seiner Urgroßmutter reagiert.

Menschen tendieren dazu, als Erwachsene in denselben Beziehungskonstellationen zu leben, die sie als Kind erfahren haben – weil sie sich als Profis dieser Art des Zusammenseins auf sicherem Terrain fühlen und aus eigener Kraft oft nicht in der Lage sind, eine Beziehung anders zu gestalten, als sie es erlernt haben. Sie wiederholen lieber die bekannte unglückliche Erfahrung, als sich auf ein unbekanntes und damit automatisch bedrohliches Erlebnis einzulassen, selbst wenn das neue potenziell schöner wäre. Wer also im Verhältnis zu seinem Partner Eigenheiten entdeckt, die ihm ungünstig erscheinen, der könnte darüber nachdenken, ob ihm diese Mechanismen nicht bekannt vorkommen. Sobald er versteht, welche Themen seiner Kindheit er als Erwachsener kopiert, hat er die Chance, den Kreislauf zu durchbrechen und sich fortzuentwickeln.

Vor der Tat hatte Helena Gastfreund ihren Lebensgefährten bereits über Wochen hinweg immer wieder sexuell stimuliert, dann aber zurückgewiesen und entwertet. Dieses aggressive Verhalten ihrerseits beantwortete er, indem er sie festband und vergewaltigte. Neben dem Akt der Gewalt lag hierin auch sein verzweifelter Versuch, die Nähe, die zwischen ihnen ursprünglich bestanden hatte, wenigstens auf körperlicher Ebene wiederherzustellen.

Als die trügerische Geborgenheit durch ihre Flucht jäh beendet wurde, als also seine größte Angst Wirklichkeit geworden war, richtete sich seine Aufmerksamkeit auf Ernst Kortner. Ihn hielt er für Helenas Geliebten und damit für die Ursache seines Unglücks. Er fuhr zu dessen Wohnung und hoffte, Helena und die Kinder dort zu finden. Was dann geschah, hatte seinen Ursprung erneut in Peter Steins Persönlichkeit.

Als es klingelte, öffnete Ernst Kortner die Tür und stand dem Lebensgefährten der Frau gegenüber, mit der er seit einiger Zeit flirtete. Von Helena hatte er gehört, dass Peter Stein psychisch labil war und immer wieder die Fassung verlor. Als dieser Mann nun unangemeldet vor seiner Tür stand und mit einer Pistole auf ihn zielte, lief Ernst Kortner nicht davon. Er rief nicht die Polizei und bemühte sich nicht, den Eindringling zu beruhigen. Stattdessen wurde er laut und beschimpfte ihn als Versager. Dann griff er ihn körperlich an, um ihn aus seiner Wohnung zu drängen. Ein außenstehender Beobachter musste den Eindruck bekommen, dass Peter Stein trotz seiner Pistole dem Konkurrenten nicht gewachsen war. Man mag die Reaktion von Ernst Kortner als Zufall ansehen oder als, trotz der Gefahr, menschlich verständlich. Meiner Meinung nach war sie durch die Lebenserfahrungen von Peter Stein provoziert. Fast ließe sich sagen: Es musste so kommen.

Menschen wiederholen Beziehungsmuster nicht nur im Umgang mit ihrem Partner, sondern auch im Verhältnis zu Menschen, die ihnen deutlich weniger nahestehen. Peter Stein hatte als Kind nur eine männliche Bezugsperson gehabt, nämlich den damaligen Lebensgefährten seiner Mutter. Von ihm war er regelmäßig misshandelt und entwertet worden. In der Folge erwartete Peter Stein, von Männern auf eben diese Art und Weise behandelt zu werden. Diese unbewusste Erwartungshaltung nahm Ernst Kortner ebenfalls unterbewusst wahr und bemühte sich, ihr gerecht zu werden. Anders als es sich für den außenstehenden Beobachter darstellte, war also sehr wohl der Mann, der die Pistole hielt, der dominierende Part. Nach seinen Regeln wurde gespielt. Statt, wie es vernünftig gewesen wäre, die Situation zu entschärfen, beleidigte Ernst Kortner den Angreifer, wurde handgreiflich und verhielt sich damit genau so, wie Peter Steins Stiefvater es getan hatte. Oder anders gesagt: Ernst Kortner hielt sich brav an Peter Steins unbewusste Regieanweisung. Eine solche Kommunikation auf der Ebene des Unterbewusstseins funktioniert auch zwischen fremden Menschen und zwar besonders gut in emotionalen Ausnahmesituationen, wie sie Peter Stein am Tag der Tat erlebte. Seine verzweifelte Antwort auf die erneute Kränkung waren die tödlichen Schüsse. Indem Peter Stein aus der Rolle des Opfers, die er sein Leben lang innegehabt hatte, heraustrat, vollzog er einen Schritt, den alle Kinder und Heranwachsenden tun: Er identifizierte sich mit seinem einzigen männlichen Vorbild – und wendete nun selbst körperliche Gewalt an.

Damit blieb mir die Frage zu beantworten, aufgrund derer man mich beauftragt hatte: War Peter Stein bei der Begehung seiner Taten schuldfähig gewesen?

Meiner Meinung nach war ihm während seiner Taten zu jedem Zeitpunkt bewusst gewesen, dass er Unrecht tat. Es fehlte ihm also nicht an der Einsichtsfähigkeit. Aber wäre er in der Lage gewesen, anders zu handeln? Der Einfluss seiner psychischen Störung war nicht zu unterschätzen. Allerdings hatte er während der Taten den Kindern Essen gekocht, sie ins Bett gebracht und unfallfrei längere Strecken mit dem Auto zurückgelegt. Hier zeigt sich, dass er jedenfalls in Teilen noch Herr seiner Sinne oder, wie Juristen es formulieren würden, seine Steuerungsfähigkeit nicht aufgehoben, sondern nur eingeschränkt war. Aus juristischer Perspektive war er somit vermindert schuldfähig. Er durfte bestraft werden.

Das Gericht verurteilte ihn zu zwölf Jahren Haft.

Den Tiger im Nacken

16. Dezember 1992

Florian atmete so flach und leise wie möglich. Auf der Toilettenschüssel stehend duckte er sich an die Trennwand zur nächsten Kabine. Erst als er es plätschern hörte, streckte er sich und warf einen Blick über die Abtrennung. Susannes Po war schneeweiß und ein wenig runder als die der anderen.

Im Augenwinkel sah er Elif, noch bevor sie zu schreien begann. Sie lehnte am Waschbecken und starrte ihn an. »Susi!«, schrie sie mit rotem Kopf. »Der Fettwanst guckt zu! Pass auf!« Dann rannte sie los.

Die Clique erwartete ihn auf dem Weg nach Hause. Susi und Elif waren dabei, aber auch die ganzen Fußballjungs.

»Hallo, Dickerchen!« Lukas trat auf ihn zu. »Hasch du gedacht, dass du so auch mal ein Mädle siehsch? Weil sich für dich eh nie freiwillig eins nackig macht?«

Der erste Schlag traf ihn in die Magengrube. Florian ging in die Knie. Er zog die Beine an und schützte sein Gesicht mit den Armen. Dann wartete er ab, bis sie sich mit Händen und Füßen an ihm abgearbeitet hatten.

»Ein Wunder, dass er überhaupt auf die Kloschüssel raufkomme isch«, sagte einer, während er an Florians Schuhen zerrte. »Wo ihm seine Mama jeden Tag so viele Lebkuchen mitgibt.« Die Gruppe lachte, dann wurden die Stimmen leiser. Florian lag regungslos auf dem Boden und öffnete die Augen erst, als er gar nichts mehr von ihnen hörte. Er stand auf, klopfte sich notdürftig den Dreck von der Jacke und ging nach Hause. Der Schnee knirschte unter seinen Socken.

Am nächsten Tag wurde er zur Rektorin gerufen, die ihm einen Vortrag über Privatsphäre und den angemessenen Respekt vor Frauen hielt, den auch dreizehnjährige Jungen zu wahren hätten. Dann schrieb sie einen Brief an seine Eltern. Als Florian das Rektorenzimmer verließ, hatte sich die Angelegenheit für ihn erledigt.

6. Juli 1996

Das Peter-und-Paul-Fest war in vollem Gange. Zwischen Brettens Fachwerkhäusern drängte sich der halbe Kraichgau in mittelalterlicher Kleidung und prostete sich schon mittags mit Met und Schnäpsen zu. Melanie Kruse hatte ihre Schicht an einer Imbissbude beendet und machte sich zu Fuß auf den Weg nach Hause. Sie musste dringend den breiten ledernen Gürtel und ihren bodenlangen roten Rock loswerden, die sich nicht so recht mit den sommerlichen Temperaturen vertragen wollten. Schwitzend steckte sie eine Haarsträhne, die sich gelöst hatte, mit einer Nadel fest, als ein Radfahrer so nah an ihr vorbeifuhr, dass sie seinen Fahrtwind spürte. Der junge Mann drehte sich um und fixierte sie, fuhr aber weiter in Richtung Stadttor. Schnell verschwand er zwischen den dicken Mauern hindurch hinter der nächsten Kurve. Melanie rechnete gerade aus, wie viele Tage ihr noch bis zur nächsten Berufsschulprüfung blieben, als der Radfahrer zurückkam. Er passte sie ab, als sie eben den wohltuenden Schatten des Stadttores erreichte, und stellte seinen Vorderreifen vor ihr quer.

»Krieg ich einen Kuss?«, fragte er und schürzte die Lippen. Er sah jung aus, eher wie ein Teenager als wie ein Mann.

»Du hasch sie wohl nimmer alle.« Melanie stieß Luft durch

die Nase und wollte erhobenen Hauptes um ihn herumgehen, als er ein Springmesser mit hölzernem Griff und spitzer Klinge aus seiner Jackentasche zog. Sie riss die Augen auf und ließ sich von ihm an die Mauer des Stadttores dirigieren. Sein Fahrrad stellte er so dicht neben ihr ab, dass es ihr den Rückweg blockierte, und trat nah an sie heran. Mit der einen Hand hielt er das Messer an ihren Hals, mit der anderen griff er nach ihrem Busen.

»Hör auf damit, du tusch mir weh«, sagte Melanie und versuchte, sich umzusehen, ohne den Kopf zu drehen. Es war wie verhext, obwohl das Fest nur wenige Gehminuten entfernt war, blieb die Straße menschenleer.

»Ich hör sofort auf, wenn du mir einen Kuss gibst«, sagte der Junge und wanderte mit seiner Hand von ihrer rechten Brust zur linken. Als er ihr zwischen die Beine griff, sagte sie, »halt, ich mach's ja«, und drückte ihre Lippen auf seinen Mund. Sofort spürte sie seine Zunge vorschnellen und schrak zurück. Der Junge aber drückte ihren Kopf an die Mauer und küsste sie gierig, während er mit einer Hand unter ihren Rock fuhr und versuchte, einen Finger in ihre Scheide zu schieben. In diesem Moment gelang es Melanie, ihn von sich wegzudrücken. Weinend raffte sie ihren Rock und lief davon.

Melanie Kruse erstattete auf dem Polizeirevier Bretten Anzeige. Schritt für Schritt erzählte sie, wie die Tat abgelaufen war. Der Beamte nickte und seufzte. Sie erfuhr, dass sie nicht das erste Opfer des Jungen gewesen war. Er hatte in den vergangenen Wochen bereits drei weitere Frauen aufgefordert, ihn zu küssen, sie mit einem Messer bedroht und in den Intimzonen berührt. Eine toughe junge Dame hatte versucht, ihm das Messer abzunehmen, woraufhin er ihr mit den Worten

»auch noch gewalttätig werden« eine Ohrfeige gegeben hatte. Im Übrigen waren die Tatabläufe identisch.

Alle vier Opfer waren sich dabei in einer Sache einig: Der Täter war bei der Tatausführung sehr ruhig und beherrscht gewesen. Er mochte sexuell erregt gewesen sein, aber er wusste genau, was er wollte, und verfolgte sein Ziel konsequent.

Wenig später wurde der siebzehnjährige Florian Losbach von allen vier Frauen als Täter identifiziert und umgehend in Untersuchungshaft genommen.

Das Jugendamt gab zu seiner Inhaftierung eine Stellungnahme ab. Der zuständige Mitarbeiter hatte die Familie Losbach zu Hause besucht und festgestellt, dass Florians Eltern über die Taten weder informiert waren noch informiert werden wollten. Auf Vorladungen der Polizei hatten sie nicht reagiert. Dafür betonte Florians Mutter mehrfach, dass ihr Sohn lange gebraucht hätte, um eine Lehrstelle zu finden, und bitte umgehend freigelassen werden sollte, um selbige nicht zu gefährden. Nachdem die Familie also nicht in der Lage war, die aktuellen Vorfälle angemessen einzuschätzen, bat das Jugendamt dringend um eine psychiatrische Untersuchung des Jugendlichen.

Das Gericht, das mich mit Herrn Losbachs Begutachtung beauftragte, fragte in diesem Fall nicht nur nach seiner Schuldfähigkeit, sondern auch nach einer Prognosebeurteilung: War Florian Losbachs Tat lediglich ein aus dem Ruder gelaufener Streich eines Jugendlichen, oder handelte es sich womöglich um die erste Regung eines Sexualstraftäters? Kurz: War dieser junge Mann gefährlich?

Ich lernte Herrn Losbach in der JVA Bruchsal kennen. Sein jugendliches Alter und das extreme Übergewicht sprangen mir sofort ins Auge. Außerdem fiel mir auf, dass er sich um ein gepflegtes Erscheinungsbild bemüht hatte. Nachdem ich ihn über den Ablauf und die Freiwilligkeit der Begutachtung informiert hatte, war er dazu bereit, sich mit mir zu unterhalten. Wie in den meisten Fällen sprach ich auch mit ihm zunächst über seine Familie.

»Ich bin das kleinste von fünf Geschwistern«, berichtete er. »Mein Vater war viel im Geschäft, meistens hat sich meine Mutter um uns gekümmert. Solange ich klein war, dachte ich immer, dass sie zu wenig Zeit für mich hat, weil sie sich um die vier Großen kümmern muss. Als drei von denen nach und nach fortgezogen sind, wurde es besser. Da hatte sie auf einmal Zeit.« Er lächelte. »Das hab ich arg genossen. Außerdem hab ich mit vierzehn endlich ein eigenes Zimmer gekriegt. Bis da hab ich im Schlafzimmer von meinen Eltern geschlafen.«

»Haben Sie es mitbekommen, wenn Ihre Eltern miteinander schliefen?«, fragte ich.

»Ja«, sagte er, »bis ich so fünf oder sechs war. Wenn ich es gemerkt habe, bin ich naus und zu meinem Bruder ins Zimmer. Dort hab ich aber nie ins Bettle gemacht.«

»Ist das Einnässen für Sie ein Thema?«

»Jetzt nimmer, aber es war ein riesiges Thema.« Er faltete eine Papierserviette, die ich mitgebracht hatte, auf und legte seine Brezel hinein. »Meine Mutter war oft mit mir beim Doktor deswegen. Es isch jahrelang immer wieder passiert. Ich hab Tabletten bekommen, aber die haben nichts genutzt. Wir waren sogar bei einer Therapeutin, aber die war noch dümmer als der Doktor, die hat immer gesagt, dass ich Probleme mit meinen Eltern hab.« Er lachte. »Völlig behämmert. Irgendwann hat meine Mutter angefangen, mich nachts aufzuwecken, dann war es seltener. Jetzt isch es weg.« Er hatte die

Brezel eingepackt und sie an eine Ecke des Tisches neben seinen Ellbogen geschoben.

»Ist auch Ihr Gewicht ein Thema für Sie?«

»Das isch schon ein Thema, solange ich denken kann, aber inzwischen isch es viel besser.« Er richtete sich auf. »Kurz bevor das alles passiert isch, war ich sechs Wochen auf Kur und hab fünfzehn Kilo abgenommen. Das hat mir arg gutgetan. Vorher bin ich immer gepiesackt worden, in der Schule, in der Ausbildung, überall. Seitdem ich auf Kur war, isch Ruh. Das war eine Idee von meiner Mutter, weil sie in der Schule gesagt haben, dass ich so keine Stelle find.«

»Beschreiben Sie Ihre Mutter für mich, was macht sie aus?«

»Sie kümmert sich um alle und tut viel für die Familie. Aber sie fragt auch arg viel und will alles wissen.« Er verstummte.

»Was bedeutet das für Sie, wenn Ihre Mutter so neugierig ist?«

Er legte den Kopf schräg und sah an die Decke. »Koi Ahnung«, sagte er schulterzuckend.

»Erzählen Sie mir von Ihrem Vater!«

»Mein Vater hat früher viel geschafft, er isch erscht abends heimkomme, weil wir ein eigenes Geschäft hatten. Seit wir das nimmer haben, isch er da, und wir machen alles zamme. Ich bin sein Lieblingskind, eigentlich schon immer gewesen.« Herr Losbach strahlte. »Ich lieb ihn arg.«

»Wie würden Sie Ihren Vater charakterisieren?«

»Ihn regt nichts auf«, sagte er sofort. »Und man kann mit ihm über alles schwätze, besser als mit meiner Mutter.«

»Hat er Schwächen?«

Herr Losbach legte die Stirn in Falten. »Noi.« Er schüttelte den Kopf. »Fällt mir keine ein.«

»Wie nah sind Sie sich in der Familie körperlich, haben Sie Ihre Eltern und Geschwister je nackt gesehen?«

»Meine Eltern nie. Die haben immer aufgepasst, vor uns Kindern was anzuhaben. Meine Geschwister schon, wir haben früher zusammen gebadet. Als ich in die Schule kam, hab ich alleine gebadet, aber meine Mutter hat mich noch gewaschen. Sie hat mir die Haare und den Rücken gewaschen.« Er hielt inne. »Und den Penis.« Er sah auf seine Hände. »Beim Paul hat sie das auch gemacht, aber der wollte irgendwann nimmer. Zuerscht hat sie deswegen gebruddelt, dann hat sie's akzeptiert. Mir war's au ned recht, ich hätt's lieber selber gemacht, aber so war's halt. Ich wurde als Baby am Penis operiert, die Ärzte haben ein Stückle abgeschnitten, und danach musste meine Mutter immer die Vorhaut bewegen. Bei der OP ist was ziemlich schiefgelaufen, mein Penis ist ein Winzling, selbst wenn er steht, ist er nur so.« Er zeigte eine Spanne von knapp zehn Zentimetern.

»Wenn Ihre Mutter Sie gewaschen hat, war Ihnen das nur unangenehm, oder hat es Sie auch erregt?«

Er runzelte die Stirn. »Was isch das denn für eine Frage? Sie ist meine Mutter!« Als ich abwartend schwieg, verschränkte er die Arme. »Weiß ned, was ich dazu sagen soll.«

Ich machte mir eine Notiz.

»Befriedigen Sie sich selbst?«

»Ja, das klappt.« Er sah mich an. »Aber mehr isch ned drin, sagt meine Mutter.«

»Was für Fantasien haben Sie, wenn Sie sich selbst befriedigen?«

Er verharrte in der Bewegung, dann löste er seinen Blick von meinem und sah in Richtung Tür. »Fantasien?« Er schürzte die Lippen. »Hab ich keine.«

Ich wartete einen Moment, aber er sprach nicht weiter.

»Was halten Sie von Alkohol und Zigaretten?«

»Ich rauche ab und zu in der Schule, aber nicht regelmäßig«, sagte er. »Alkohol trinke ich nicht.«

Im Anschluss bat ich Herrn Losbach, mir den Ablauf der Taten zu schildern. Sein Bericht deckte sich weitgehend mit den Beschreibungen der Frauen. Ich fragte ihn, wie er sich während der Taten gefühlt hatte.

»Kurz bevor das alles passiert isch, hab ich jeweils einen Korb von einem Mädle kriegt. Die wollen immer alle nichts von mir. Ich hab so einen Zorn gehabt.« Seine Kiefermuskulatur arbeitete. »Ich wollt nichts anderes als einen Kuss. Mich hat noch nie ein Mädle geküsst, noch nie!« Er sah mich an.

»Hatten Sie Mitleid mit den Frauen?«

»In der Situation hab ich nicht gemerkt, dass sie Angst hatten. Hinterher, als der Polizist mir das erzählt hat, bin ich mir ganz fremd vorgekommen. Ich hab vorher noch nie wen bedroht.«

»Wie geht es nach der Haft mit Ihnen weiter?«

»Ich möchte unbedingt meine Lehre als Schreiner fertig machen, das ist ein Traum von mir. Ich wusste lang nicht, ob ich überhaupt eine Ausbildung find. Jetzt, wo ich sie hab, will ich sie unbedingt behalten. Mein Chef weiß Bescheid und hat schon versprochen, dass er mich nach der Haft wieder nimmt. Na, und dann zieh ich zurück in mein altes Zimmer.« Er lehnte sich zurück.

»Denken Sie, dass es Ihnen guttun wird, weiter bei Ihren Eltern zu wohnen?« Er sah an mir vorbei.

»Meine Eltern wollen mich dahaben. Also isch es gut.«

Zu Hause angekommen, rief ich mit Herrn Losbachs Einverständnis seine Mutter an.

»Also ich glaub ja, dass die Mädle schuld sind an dem, was da passiert isch«, sagte sie, noch bevor ich meine erste Frage stellen konnte. »Die haben sich miteinander abgesprochen und sich gegen ihn verschworen. Das, was da im Haftbefehl steht, das stimmt nie im Leben. Ich habe ihm das schon so oft gesagt, dass er sich von den jungen Mädle fernhalten soll. Die meinen's ned gut mit ihm! Schon im Kindergarten haben die ihn gepiesackt, weil sei Penis zu klein war, bis er wieder angefangen hat, ins Bett zu pieseln. In der Schule haben sie ihn gequält, in der Ausbildung auch, und jetzt das!«

Ich fragte Frau Losbach nach der Kindheit ihres Sohnes, und sie erzählte mir, angefangen bei ihrer Schwangerschaft, Florians Werdegang bis zur Tat. Ausführlich berichtete sie von einer Vorhautverengung, die bei ihm im Alter von sechs Wochen diagnostiziert worden war und die zu der schon erwähnten Operation an seinem Penis geführt hatte. Auch seine Mutter sagte, hierbei sei ein Stück von seiner Eichel abgeschnitten worden. Tatsächlich handelt es sich bei dieser verhältnismäßig oft durchgeführten Operation um eine Art Beschneidung, bei der lediglich ein kleiner Teil der Vorhaut entfernt wird. Zu einer Verkleinerung des Penis führt diese Operation keinesfalls.

»Ich habe mit Ihrem Sohn darüber gesprochen, wo er nach der Haftentlassung wohnen wird. Was meinen Sie dazu?«, fragte ich.

»Na, dahoim, wo er hingehört«, sie schnaubte. »Florian liebt sein Zimmerle, er hat so lang warten müssen, bis er eins kriegt hat. Er wär mit einer Wohnung weg von der Familie bestimmt ned einverstanden. Ich finde, es isch Dummheit, wenn er woanders wohnt, und mein Mann meint das auch. Warum sollt er denn?« Sie war laut geworden. »Er hat es doch schön bei uns! Und seine Geschwister wären auch entsetzt, wenn er fortziehen würde, das wär ganz schrecklich.«

Kurze Zeit später wurde Florian Losbach aus der Untersuchungshaft entlassen. Der zuständige Jugendrichter hielt eine weitere Inhaftierung für nicht notwendig. Als ich davon erfuhr, rief ich Herrn Losbach an, riet ihm, eine Therapie zu beginnen, und empfahl ihm einen Therapeuten in seiner Umgebung. Dass er meinem Rat folgte, nahmen neben mir auch alle beteiligten öffentlichen Stellen sehr positiv auf. In der verbleibenden Zeit bis zum Beginn der Verhandlung konnte er bereits einige Therapiestunden wahrnehmen.

Zur Vorbereitung meines Gutachtens telefonierte ich, nachdem Herr Losbach ihn mir gegenüber von der Schweigepflicht entbunden hatte, mit seinem Therapeuten Herrn Kleinböck und fragte ihn nach seinen Eindrücken von der Familie.

»Die Mutter leugnet die Problematik ihres Sohnes«, sagte er. »Sexualität und Aggressivität sind für sie Themen, die es in ihrer Familie nicht gibt. Die ganze Familie lebt in der Vorstellung, dass die anderen, die da draußen, die Bösen sind. Sie leben wie auf ihrer eigenen kleinen Familieninsel.« Er hielt inne.

»Was sind Ihre Therapieziele?«, fragte ich.

»Mein größtes Anliegen ist es, dass Florian auszieht. Sein nächst älterer Bruder Paul geht in ein paar Wochen zum Bund, dann ist er mit den Eltern alleine. Das halte ich für eine ganz unglückliche Konstellation. Aber vor allem die Mutter will ihn nicht gehen lassen. In meinen Augen kann sie nicht selbstständig existieren, wenn nicht ein Kind sie ergänzt. Sie hält die

Kinder nah bei sich, indem sie für sie alle möglichen Dinge erledigt. Sie bemuttert und kontrolliert sie.« Er seufzte. »Der Junge muss da raus!«

»Wie offen ist er Ihnen gegenüber? Formuliert er Schwächen seiner Eltern? Erkennt er, dass manche Verhaltensmuster in seiner Familie nicht ideal sind? Hat er Ihnen von sexuellen Fantasien erzählt?«

Herr Kleinböck atmete ein. »Nein, er ist noch nicht besonders reflektiert. Man merkt ihm an, dass er die Mechanismen der Verdrängung und Verleugnung übernommen hat. Nach sexuellen Fantasien habe ich ihn auch schon gefragt, aber er leugnet, überhaupt welche zu haben.«

Ich bedankte mich und legte auf.

In vielerlei Hinsicht teilte ich Herrn Kleinböcks Ansichten. Auch ich hatte das Gefühl, dass Herr Losbach im Haus seiner Eltern nicht gut aufgehoben war. Woher aber kam dieser Eindruck?

Florian Losbach hatte schon als Kind und Jugendlicher auf mindestens zwei verschiedene Weisen Warnsignale gesetzt: Er entwickelte ein erhebliches Übergewicht und nässte nachts bis nahe an die Volljährigkeit heran ein. Beide Auffälligkeiten sind typische Wege von Kindern, auf eine innere Not hinzuweisen. Die Frage war nur: Warum war er als Kind so in Not gewesen?

Beim Durchsehen meiner Unterlagen stieß ich auf eine Aussage, die mir gut ins Bild zu passen schien: Florian Losbach hatte sich beklagt, dass seine Mutter anfangs keine Zeit für ihn hatte, weil sie sich um seine älteren Geschwister kümmern musste. Erst mit vierzehn oder fünfzehn Jahren, als drei seiner Geschwister ausgezogen waren, fühlte er sich ausreichend versorgt. Eine übermäßige Nahrungsaufnahme dient oft als Ausgleich für fehlende zwischenmenschliche Zuwendung, auch bei Erwachsenen. Das Einnässen wiederum ist eine Möglichkeit, die Eltern zu größerer Aufmerksamkeit zu zwingen, schließlich müssen das nasse Kind und das Bett versorgt werden, ganz abgesehen von meist erfolglosen Arztbesuchen zur Behebung der Problematik. Das Kind nimmt die Peinlichkeit des Einnässens und die möglicherweise unangenehmen ärztlichen Untersuchungen in Kauf, um von den Eltern mehr Zuwendung zu erhalten. Mein Eindruck war also, dass Florian Losbach sich als Kind vernachlässigt gefühlt hatte.

Dieser möglichen Vernachlässigung stand eine weitere Beobachtung gegenüber, die ihr scheinbar widersprach: Florian Losbach hatte bis zu seinem 14. Lebensjahr im Schlafzimmer der Eltern geschlafen und deren Sexualität miterlebt. Seine Mutter hatte ihn lange Zeit in den Intimzonen gewaschen, obwohl er das nicht wollte. Als sein Therapeut ihm angesichts der aktuellen Ereignisse empfahl, in eine eigene Wohnung zu ziehen, ging die ganze Familie auf die Barrikaden. In all diesen Aspekten zeigte sich eine intensive Nähe, die in mancherlei Hinsicht die Grenze zum – nicht nur körperlichen – Missbrauch überschritten haben mochte.

Die Phänomene der Vernachlässigung auf der einen und des Missbrauchs mit übergebührlicher Nähe auf der anderen Seite widersprechen sich hierbei nicht, sie gehören ganz im Gegenteil sogar zusammen. Ein Kind, das in einer guten Beziehung zu seiner nächsten Bezugsperson steht, lässt sich nicht oder höchstens ein Mal missbrauchen. Es bemerkt, wenn man ihm Unrecht tut, und vertraut sich einem Ansprechpartner an, von dem es weiß, dass er es beschützen wird. Ein Kind hingegen, das emotional nicht ausreichend versorgt ist, hat niemanden, an den es sich Hilfe suchend wenden könnte, und zieht die spürbar missbräuchliche Nähe trotz allem der Isolation vor.

Herr Kleinböck und ich hatten folglich das Gefühl, dass Florian Losbach, solange er zu Hause lebte, einer nicht unerheblichen Missbrauchsgefahr ausgesetzt war.

Kurz vor den Taten war er mehrere Wochen auf Kur gewesen. Die Kur war seine erste räumliche Trennung vom Elternhaus. In dieser Zeit traten mögliche Konflikte allein aufgrund der räumlichen Distanz in den Hintergrund. Als er von dieser »Familien-Pause« zurückkehrte, brachen die zuvor alltäglichen Spannungen wieder über ihn herein, möglicherweise wurde er sich erst jetzt ihrer Intensität bewusst. Er nahm den altbekannten, aber nie bewusst realisierten Konflikt in neuer Schärfe wahr. Solche Situationen sind typische Auslöser für Straftaten.

Für mich war nun die Frage zu klären, ob Florian Losbachs Taten ein einmaliges sexuelles Experimentieren eines Jugendlichen oder erste, verhältnismäßig »harmlose« Regungen eines Sexualstraftäters waren. Das Gericht erwartete von mir neben der Stellungnahme zur Schuldfähigkeit auch eine Prognose. Zur Vorbereitung einer solchen Entscheidung liste ich im Gutachten Argumente auf, die für, und solche, die gegen eine erneute Straffälligkeit des Betroffenen sprechen. Welchen Aspekten im Rahmen einer solchen Beurteilung Bedeutung zukommt, wurde wissenschaftlich vielfach untersucht.

Gut ist alles, was Stabilität zeigt und gibt: ein fester Arbeitsplatz, eine stabile Beziehung, langjährige Freundschaften und die Fähigkeit, Leistungen zu erbringen, etwa Prüfungen zu bestehen. Florian Losbach konnte immerhin eine feste Lehrstelle und den Führerschein vorweisen.

Allerdings hatte ich an seiner Persönlichkeit auch Merkmale wahrgenommen, die für eine erhöhte Rückfallgefahr sprachen:

Er war schon in sehr jungem Alter straffällig geworden. Sein geringes Selbstvertrauen hatte ihn resignieren, wohl sogar depressiv werden lassen. In seiner Familie wurden Aggressionen nicht ausgelebt, sondern verleugnet. So hatte er nicht die Möglichkeit gehabt, einen konstruktiven Umgang mit seinen aggressiven Emotionen zu erlernen.

Noch mehr beunruhigte mich aber eine weitere Beobachtung: Florian Losbach hatte sich nur in engen Grenzen auf das Gespräch mit mir eingelassen. Er hatte sich immer dann ausweichend oder gar nicht geäußert, wenn es »ans Eingemachte« ging, wenn er seine eigenen Neigungen hätte offenlegen oder »Schieflagen« innerhalb der Familie beim Namen hätte nennen müssen.

Nun ist es natürlich möglich, dass die Chemie zwischen uns nicht stimmte. Abgesehen davon, muss es jedem Gutachtenskandidaten freistehen, nicht oder nur oberflächlich mit mir zu sprechen, ohne dass sich diese Tatsache negativ auf das Ergebnis des Gutachtens auswirken darf. Spätestens durch das Telefonat mit seinem Therapeuten Herrn Kleinböck wurde aber deutlich, dass sich Florian Losbach nicht nur mir gegenüber bedeckt hielt. Er hatte zwar auf meinen Rat hin, aber doch freiwillig entschieden, eine Therapie zu beginnen, und sich seinen Therapeuten selbst ausgesucht. Doch sogar ihm gegenüber war es ihm nicht gelungen, konfliktbehaftete, aggressive Impulse bei sich oder seiner Familie anzuerkennen.

Beste Voraussetzungen für seinen »Tiger«.

In meiner Vorstellung lauert hinter Sexualstraftätern ein »innerer Tiger«. Normalerweise will keiner der Betroffenen eine Sexualstraftat begehen. Die meiste Zeit ihres Lebens bewegen sie sich völlig im Rahmen der Gesetze. Nur in besonderen Belastungs- oder Krisensituationen gewinnen die gewaltbereiten Anteile ihrer Persönlichkeit die Oberhand, und sie begehen teils schwerwiegende Straftaten. Diese starken aggressiven Emotionen, das Unkontrollierte ihres Wesens macht den Betroffenen Angst. Kurze Zeit vor oder nach der Entgleisung fühlen sie sich von ihrer eigenen Tat abgestoßen.

Für mich hat in dem Moment, in dem die Straftat geschieht, der Tiger zum Sprung angesetzt und sein »Herrchen« von hinten überwältigt. Der Tiger hat im Betroffenen den unaufhaltsamen Drang ausgelöst, etwas zu tun, das ihm sonst Angst macht.

Wer so einen Tiger hat, muss ihn verstehen lernen. Er darf nicht den Kopf einziehen und sich vor ihm verstecken, denn dann kann der Tiger ihn überraschen. Er muss sich vielmehr umdrehen und ihm in die Augen sehen. Er muss jede seiner Regungen, jedes Zittern eines Barthaares beobachten. Er muss ihn kennenlernen. Wenn der Tiger nun unruhig zuckt, muss er ihn besänftigen. Er muss ihm ein schönes, saftiges Stück Fleisch hinwerfen und mit aller Kraft verhindern, dass er zum Sprung ansetzt. Wer das gelernt hat, ist nicht mehr gefährlich.

Das Stück Fleisch, das der Tiger bekommt, ist übrigens nichts Gefährliches, keine »kleine« Straftat, kein Bordellbesuch, kein gewalttätiger Porno. Am besten besänftigt man seinen Tiger durch eine stabile zwischenmenschliche Beziehung. Wer einen Partner, einen Freund oder ein Familienmitglied hat, das ihn in Krisenzeiten in den Arm nimmt, der schränkt die Macht seines Tigers erheblich ein.

Mein Eindruck von Florian Losbach war nun, dass er nicht bereit war, sich umzudrehen und seinem Tiger in die Augen zu sehen, denn genau das hätte ein wirklich offenes Gespräch mit seinem Therapeuten oder mit mir bedeutet. Er hätte anerkennen müssen, dass in seiner Familie Konflikte bestanden, die auf sexueller Ebene ausgetragen wurden, dass es ein gewisses Missbrauchspotenzial gab. Möglicherweise hätte er zugeben müssen, dass er beim Onanieren Gewaltfantasien hatte. Solange er nicht bereit war, diese Dinge zu akzeptieren und zu bearbeiten, mit wem auch immer, war er in meinen Augen »gefährlich«.

Dementsprechend schrieb ich in mein Gutachten, dass ich die Persönlichkeit von Florian Losbach zwar nicht abschließend beurteilen konnte, weil er für eine endgültige psychiatrische Diagnose zu jung war und er sich mir außerdem nicht vollständig geöffnet hatte, dass ich aber dennoch eine nicht unerhebliche Gefahr für weitere Straftaten sah. Vorsichtshalber schlug ich verschiedene Maßnahmen zur deren Vermeidung vor. Insbesondere war mir wichtig, dass Florian Losbach zu Hause auszog und weiterhin konstant eine Therapie machte.

Der zuständige Richter war ein verständnisvoller Mann. Er verurteilte Florian Losbach zu einer Jugendstrafe auf Bewährung und bestimmte sowohl den Auszug bei seinen Eltern als auch die Fortführung der Therapie als Bewährungsauflagen.

Da ist er vielleicht ein bisschen zu gut weggekommen, dachte ich nach der Verkündung des Urteils und stand auf. Vielleicht hätten ihm ein Jugendarrest und die damit verbundene zwangsweise Trennung von seiner Familie gutgetan. Nachdenklich packte ich meine Sachen zusammen, verabschiedete mich von ihm und fuhr nach Hause.

22. August 1997

Julia Hofmeister ärgerte sich über sich selbst. Wiederholt stampfte sie mit den Füßen auf, damit wenigstens etwas Schmutz von den Schuhen abfiel. Nach dem Regen letzte Nacht hätte sie ausnahmsweise einmal auf dem Weg bleiben können, statt wie üblich die Abkürzung über die Wiese zu nehmen. Sie stützte sich am Türstock ab und legte den rechten Fuß über das linke Knie. Dicke Erdklumpen klebten in ihrem Profil. Sie seufzte und sah sich um. Die Gasse war verlassen, zwischen den nah beieinanderstehenden Fachwerkhäusern rührte sich nichts. Kurz entschlossen zog sie die Schuhe noch vor der Haustür aus und schlug sie gegeneinander. Ausgerechnet heute war sie selbst mit der Kehrwoche an der Reihe. Mit ihren schmutzigen Sneakern in der Hand lief sie schnell die Treppe hinauf.

»Alles okay bei dir?« Sie zuckte zusammen.

»Mensch Flo, musch du mich so erschrecken?« Sie blieb stehen und sah zu ihm hoch. Breitbeinig stand er in der Mitte der Treppe.

»Alles beschtens.« Sie wartete.

»Ich hab jetzt eine Stelle in Baiersbronn. So richtig mit Gehalt und so. Ned schlecht, gell?« Er reckte die Brust.

»Mhm«, sie nickte. »Könnsch mich vielleicht trotzdem vorbeilassen?«

»Isch ja gut.« Er trat zur Seite.

»Wohnsch du ned eigentlich bei deinem Bruder?« Sie war auf dem nächsten Treppenabsatz stehen geblieben und drehte sich um.

»Schon.« Er lehnte sich auf das Geländer. »Warum?«

»Weil du ständig hier bisch.« Sie trat von einem Fuß auf den anderen. Die Fliesen waren ganz schön kalt.

»Und?«

»Sind nicht alle Nachbarn so begeistert davon.« Sie wich seinem Blick aus.

»Wegen?« Er richtete sich auf.

»Ha, wegen der Sach.« Die Tasche begann zu rutschen, und Julia schob sie zurück auf ihre Schulter. »Du weißt schon.«

Er schwieg.

»Ach, vergiss es.« Sie stieg die letzten Stufen zu ihrer Wohnungstür hinauf und kramte nach ihrem Schlüssel. »Sag deiner Mutter nen Gruß und dass ich ihr nächste Woche die Brigitte naufbring.«

Dirk Kleinböck schloss die Tür hinter dem letzten Patienten des Tages und streckte sich. Pah, letzter Patient des Tages. Letzter Patient des Monats! Und des Monats darauf! Er pfiff vor sich hin, stellte zwei benutzte Wassergläser in die Spülmaschine und rückte die Kissen zurecht. Er setzte sich an den Schreibtisch und schrieb eine Zusammenfassung der vergangenen Therapiestunde. Schwungvoll klappte er seinen Rechner zu. Nun blieb ihm eine letzte Amtshandlung, bevor er seine Praxis abschließen konnte. Er griff zum Telefon.

»Psychotherapeutische Praxis Dirk Kleinböck«, sprach er in den Hörer. »Meine Praxis macht Sommerferien. Ich bin ab dem 6. Oktober wieder zu erreichen. In dringenden Notfällen wenden Sie sich bitte an meine Vertretung Frau Schall.«

27. September 1997

Julia Hofmeister las den Brief nun schon zum fünften Mal. Florian hatte ihn vor zwei Tagen vorbeigebracht und gemeint, er hätte im Briefkasten seiner Eltern gelegen, aber da ihr Name draufstand, sei er wohl für sie. Seitdem hatte sie den Brief kaum mehr aus der Hand gelegt.

Hey schöne Frau, stand dort, *ich würde dich so gerne kennenlernen, aber ich traue mich nicht, dich anzusprechen. Wenn du mir eine Chance geben möchtest, dann komm am Samstag, den 27. September, um 18 Uhr an den Eingang des Brettener Tierparks.*

Es war Viertel vor sechs. Julia fragte sich kurz, ob es unvorsichtig war, zu solch einem Blind Date zu gehen, dann aber überwog ihre Neugierde. Mitten am Tag und vor dem belebten Tierpark konnte ihr schließlich kaum etwas passieren. Außerdem musste man sich auch mal etwas trauen, wenn man etwas erleben wollte. Sie stieg auf ihr Rad und machte sich auf den Weg.

Am Tierpark war mindestens so viel los, wie sie erwartet hatte. Kinder aller Altersstufen strömten aus den Toren des Zoos und sorgten für mächtig Trubel. Sie stellte sich möglichst gut sichtbar in die Nähe des Eingangs.

»Wir schließen!«, fuhr die Kartenverkäuferin sie an.

»Kein Interesse, keine Sorge.« Julia schüttelte den Kopf und ging ein paar Schritte weiter in den Schatten einer Buche. Das angenehme Kribbeln in ihrer Magengrube blieb von dem schroffen Ton der Verkäuferin unberührt.

Die Mitarbeiter des Tierparks waren gute Rausschmeißer, bereits um Viertel nach sechs waren die Tore geschlossen, der gröbste Abfall beseitigt und niemand mehr zu sehen. Julia lehnte sich an den kühlen Stamm des Baumes. Als ein Ast knackte, wandte sie den Kopf. Das Kassenhäuschen, die Eingangstore und die angrenzenden Bänke blieben jedoch menschenleer, nur ein Zicklein aus dem Streichelgehege hob kauend den Kopf. Sie seufzte.

Gegen halb sieben musste sie sich wohl oder übel eingestehen, dass heute kein Wunder mehr geschehen würde. Entweder ihren Verehrer hatte erneut der Mut verlassen, oder es hatte sich jemand einen Scherz mit ihr erlaubt. Enttäuscht fuhr sie nach Hause.

Selbst im Nachhinein hätte sie nicht sagen können, wie er es angestellt hatte. Wie jeden Tag schloss sie ihre Wohnungstür auf, betrat den Flur und wandte sich zur Seite, um ihre Schuhe auszuziehen. In diesem Moment drückte er sich an ihr vorbei durch den Türspalt. Er schloss die Tür, nahm ihr den Schlüssel aus der Hand, schloss ab und steckte ihn sich in die Hosentasche. Sie war so überrascht, dass sie erst in diesem Moment ihre Sprache wiederfand.

»Florian«, sagte sie und stieß Luft durch die Nase. »Was soll der Scheiß? Raus aus meiner Wohnung!«

»Halt die Gosch«, sagte er und zog ein Messer aus seiner Hose.

Julia hob die Hände und wich zurück.

»Was machsch du denn da?«, fragte sie und verschluckte sich. »Lass den Quatsch!«

»Halt die Gosch«, wiederholte er, trat an sie heran und hielt ihr das Messer direkt unter das Kinn. Sie konnte seinen Atem hören, schnell und flach, außerdem bildete sie sich ein, dass das Messer zitterte. Er griff nach ihrer rechten Hand und bog sie ihr auf den Rücken. Sie schrie auf.

»Schnauze«, sagte er, hielt ihre Hand auf ihrem Rücken fest

und drängte sie mit dem Kopf voran ins Schlafzimmer. Dort ließ er sie los, hielt aber das Messer weiterhin auf ihr Gesicht gerichtet.

»Mach das Fenster zu«, sagte er und verschloss selbst die Tür.

Julia gelang es mit flatterigen Händen kaum, den Griff herumzudrehen. Im Augenwinkel behielt sie das Messer im Blick. Mehrmals fuhr sie sich mit der Zunge über die trockenen Lippen.

»Zieh dich aus.« Breitbeinig stand er neben der verschlossenen Tür.

Julia war immer noch fassungslos. »Was soll ich?«

»Dich ausziehen!«

»Kannsch du ned mal das Messer weglegen?«

Er rührte sich nicht.

Julia zog ihr T-Shirt und den Rock aus.

»Weiter.« Er deutete mit dem Messer auf ihre Unterwäsche.

»Leg das Messer weg.« Sie schluckte ihre Tränen hinunter. »Bitte!«

Er klappte das Messer zusammen und steckte es zurück in seine Hose.

»Nein, ganz weg.« Julia begann trotz der warmen Temperaturen zu frieren. »In die Küche oder so.« Sie zeigte auf die verschlossene Tür. Er zögerte kurz, dann schloss er die Tür auf, warf das Messer hinaus in den Gang und drehte den Schlüssel wieder herum.

»Jetzt zieh dich aus.« Sie gehorchte. Dann stand sie nackt vor ihm und wusste nicht recht, was sie mit ihren Händen tun sollte. Sie verschränkte sie hinter dem Rücken.

»Hast du Tesafilm?«

»Für was?«

»Ob du Tesafilm hast!« Er trat heran und bog ihr wieder den Arm auf den Rücken. Sie schluchzte.

»Ja, habe ich«, rief sie und bemühte sich, dem Schmerz auszuweichen. »In einer Schublade in der Küche.«

Er ließ sie los und schlug die Bettdecke zur Seite. Darunter lag der Schlafanzug ihres Freundes.

»Leg dich auf den Rücken.« Er stieß sie von sich. Sie taumelte, stützte sich auf der Matratze ab und legte sich dann wie von ihm gefordert aufs Bett. Sofort war er über ihr und drückte ihr das Schlafanzugoberteil ihres Freundes in den Mund. Der Stoff spannte ihren Kiefer und ließ sie nur noch flach atmen. Er fixierte ihre Arme mit seinen Knien. Als sie begann, sich unter seinem Gewicht zu winden, umschloss er mit einer Hand ihren Hals.

»Halt still!« Sie kämpfte die Panik nieder, um zu gehorchen, und fühlte, dass sein Gewicht auf ihrem Körper tatsächlich nachließ. Der Schlafanzug verdeckte ihr die Sicht. Da spürte sie seinen Finger in ihrer Scheide. Sie spannte jeden Muskel an, biss auf den Stoff und ließ ihre Tränen in die Matratze laufen. Er stand auf, und sie hörte seinen Gürtel klappern. Sie schloss die Augen und heulte in ihren Knebel, wagte aber nicht, sich zu bewegen. Kurz darauf drang er in sie ein. Er legte sich mit seinem ganzen Gewicht auf sie, stieß mit seinem Penis wieder und wieder in sie hinein und küsste ihre Wangen. Sie versuchte, ihren Kopf möglichst weit in Richtung der Matratze zu drehen. Unvermittelt ließen seine Bewegungen nach, er zog sich zurück und stand auf. Sie versuchte zu erkennen, was er vorhatte, als sie seine Hand wieder auf ihrem Hals spürte. Er drückte zu, und sie begann zu zappeln. Wie kann ein anderer Mensch nur so viel mehr Kraft haben als ich, schoss es ihr durch den Kopf. Er zog sie an ihrem

Hals auf die Füße und nahm ihr den Schlafanzug aus dem Mund.

»Knie dich hin.« Er stieß sie auf den Teppich. »Und stütz dich mit den Armen auf dem Bett ab.« Sie tat, was er von ihr wollte. Er kniete sich hinter sie, umfasste sie mit beiden Armen, rieb seinen Penis an ihrem Po und drang dann erneut in sie ein.

»Du riechsch arg gut«, seufzte er und vergrub seine Nase in ihren Haaren. Nach ein paar weiteren Stößen begann er zu zucken, dann sank er in sich zusammen.

Sie wartete, bis er wieder regelmäßig atmete, und wand sich unter ihm hervor.

»Ich zieh mir jetzt was an, mir isch kalt.« Sie stand auf. Er sah ihr dabei zu, wie sie in ihren Rock schlüpfte. Als sie zum T-Shirt griff, hob er eine Hand. Sie legte das Shirt zurück auf den Boden.

»Ich mach dir nichts, brauchsch keine Sorge haben.« Er stand auf und schloss seinen Gürtel. »Ich hol nur mein Messer und geh.«

Sie nickte. Er öffnete tatsächlich die Schlafzimmertür und ging hinaus in den Flur. Sie folgte ihm mit einigem Sicherheitsabstand. Er hob das Messer vom Boden, zog den Schlüssel aus seiner Hosentasche und schloss die Wohnungstür auf. Ihr Schlüsselbund schwang klappernd im Schloss. Mit nacktem Oberkörper und verschränkten Armen stand sie in der Schlafzimmertür und wartete. Plötzlich ließ er das Messer aufschnappen, machte einen Schritt auf sie zu und holte aus. Sie schrie auf und riss die Hände vors Gesicht.

Er hielt in der Bewegung inne. »Du erzählsch keinem was, gell?«

»Noi, natürlich ned. Ich erzähl es keinem.« Sie sah ihn an

und schüttelte betont langsam den Kopf. »Bestimmt ned. Isch doch gar nichts passiert.« Sie versuchte zu lächeln.

Er fixierte sie, musterte sie von oben bis unten und trat von einem Fuß auf den anderen. Dann nickte er und ging. Julia horchte ins Treppenhaus, bis die Wohnungstür seiner Eltern zuschlug. Hastig zog sie sich ein T-Shirt an und rannte zum nächsten Polizeirevier.

Der zuständige Richter beauftragte mich mit der erneuten Begutachtung von Florian Losbach, weil ich den jungen Mann bereits kannte und eine psychiatrische Einschätzung treffsicherer wird, je mehr Eindrücke man von einem Menschen sammeln kann. Als er mich anrief und von der Tat berichtete, wurde mir flau im Magen. Es ist immer traurig zu sehen, wenn ein Täter rückfällig wird, noch dazu, wenn die neue Tat so viel schwerwiegender ist als die vergangene. Ganz offensichtlich hatten die ergriffenen Maßnahmen nicht ausgereicht, um Florian Losbachs Tiger zu bändigen.

Als ich ihn in der JVA Bruchsal begrüßte, erschrak ich. Er hatte noch einmal erheblich zugenommen, und sein Äußeres wirkte im Gegensatz zum letzten Mal stark vernachlässigt. Ich übersprang die Fragen nach seiner Kindheit und Jugend, weil wir uns mit diesen Themen bereits während der ersten Begutachtung ausführlich beschäftigt hatten, und erkundigte mich gleich nach seinen aktuellen Lebensverhältnissen.

»Seit einem halben Jahr habe ich in Baiersbronn eine feschte Lehrstelle in einer Schreinerei.« Er richtete sich auf. »Das isch für mich zurzeit die wichtigste Sach auf der Welt. Ich will unbedingt so schnell wie's geht zurück zum Schaffe, weil da endlich mal einer mit mir zufrieden isch.« Er sah mich an. »Mein Chef, der Herr Hägele, hat mir letzt gesagt, dass er sich keinen besseren Lehrling wünschen könnt als mich.« Er machte eine Pause. »Für mich war das das Höchschte, was er zu mir hätt sagen können.«

Ich lächelte.

»Wo wohnen Sie aktuell?«

»Na ja, also gemeldet bin ich bei meinem Bruder.« Er rutschte auf seinem Stuhl herum. »Aber so richtig wohnen tu ich seit ein paar Monaten wieder bei meinen Eltern. Ich glaub, das war keine gute Idee.« Er sah mich an. »Aber sie wollten unbedingt, dass ich wiederkomm. Als ich das letzte Mal in der JVA war, da wollt ich das auch, da wollt ich so schnell wie möglich heim. Inzwischen denke ich, dass es besser gewesen wär, wenn ich wirklich woanderscht hin wär. Ich wollte auch schon ausziehen, ned zu meinem Bruder, sondern richtig in eine eigene Wohnung, aber das isch ned so einfach bei uns. Meine Geschwister hatten immer schon alles geregelt, wenn sie es meinen Eltern gesagt haben. Die hatten alles vorbereitet, Wohnung, Möbel, und haben dann nur noch Tschüss gesagt. So wollt ich es auch machen, heimlich, aber ich hab's noch ned geschafft. Ich hab nur damit gedroht, dass ich auszieh, wenn es daheim Zoff gab.« Er senkte den Kopf. »Selbst hier in der JVA hör ich nachts die Stimme von meinem Vater, der sagt, dass ich heimkommen soll.« Er schob die Hände unter seine Oberschenkel.

»Mit wem verbringen Sie Ihre Freizeit?«

»Mit meinem beschten Freund Daniel. Wir sehen uns beinah jeden Tag, gehen zusammen naus, zum Kicken oder was trinken oder so.«

»Sie trinken Alkohol?«

»Jawoll, seit der Verhandlung so ziemlich jedes Wochenende. Aber nur, bis ich angetrunken bin, vier oder sechs Bierle, ned viel.«

»Rauchen Sie?«

»Ja, arg, mehr als früher, ein Päckle Tabak am Tag. Ich bezahl das von dem Geld, das ich fürs Zeitungaustragen krieg.«

»Haben Sie eine Freundin?«

»Ich hatte eine, aber die hat Schluss gemacht. Irgendwie verlassen die mich immer.« Er sah auf seine Knie. »Die letzten beiden Male hab ich hinterher mit dem Herrn Kleinböck drüber geschwätzt. Er hat sogar einmal einen Termin vorverlegt, nur diesmal war er im Urlaub.« Er atmete tief ein. »Es isch aber auch ned einfach mit mir. Ich hatte mit meinen Freundinnen nie einen Orgasmus. Außerdem mussten wir uns immer heimlich treffen, meine Eltern dürfen das ned wissen.«

»Warum nicht?«

»Weil ich meinem Vater nach der letzten Tat versprochen habe, nie wieder ein Mädle anzufassen.« Er biss sich auf die Lippen. »So eine blöde Idee. Ich hab's nicht gepackt. Also habe ich die Mädle dann heimlich ins Haus geschmuggelt und in meinem Zimmer versteckelt.«

»Befriedigen Sie sich selbst?«

»Wenn ich eine Beziehung habe, nicht, sonst schon.«

»Woran denken Sie dabei?« Er sah mich an und schwieg, dann seufzte er unvermittelt.

»Ich denk an Momente zurück, die ich erlebt hab. Wenn sich dann wieder ein Mädle einfach so von mir getrennt hat, ohne mir zu sagen, warum, dann hab ich mir hin und wieder vorgestellt, sie zu vergewaltigen.« Er senkte den Blick. »Der Ablauf in meinem Kopf war immer gleich, bei der Tat war er anders. Da ging es irgendwie mehr darum, sie mir zu unterwerfen, ihr zu zeigen, dass man mit mir ned mache kann, was man will. Ich hab auch nicht gemerkt, dass sie Angst hatte, kein bissle, es ging mir nur um eines: Ich wollt sie am Boden sehen. Als ich sie mit dem Messer bedroht habe, hab ich gemerkt, dass ich einen Ständer hab.« Er schwieg. Dann fuhr er so leise fort, dass ich ihn kaum verstand: »Erscht hier im Knast hab ich kapiert, was ich ihr gemacht hab. Dass ich vielleicht ihr ganzes Leben kaputt gemacht hab.« Er biss sich auf die Lippen und schluckte. Dann fuhr er sich mit der Hand über die Augen und atmete hörbar ein.

»Die Gruppengespräche hier in der JVA sind arg gut, die bringen mich weiter. Ich würde gern hierbleiben und die Therapie weitermachen. Ich hab Angst, dass ich mich ned beherrschen kann, dass es noch mal passiert!«

Nach meinem Besuch im Gefängnis rief ich erneut Florian Losbachs Mutter an.

»Der Daniel hat ihm die Flausen in den Kopf gesetzt«, sagte sie. »Das isch sein sogenannter bester Freund. Mein Florian isch da in was neigeschlittert. Das haben die ihm angedichtet!«

Ich seufzte.

»Wie haben Sie Ihren Sohn nach der Entlassung aus der ersten Untersuchungshaft erlebt? Hatte er sich verändert?«

Einen Moment lang blieb sie still. »Er war aggressiver«, sagte Frau Losbach dann. »Da stimmte was nicht mit ihm. Es war, wie wenn…« Sie atmete ein. »… wie wenn sich in seinem Kopf was umgedreht hätt.« Sie schwieg, dann räusperte sie sich. »Wahrscheinlich ist er malad.«

Anschließend telefonierte ich mit seinem nächstälteren Bruder Paul, bei dem er nach der Haftentlassung kurz gewohnt hatte.

»Wie haben Sie Ihren Bruder in den letzten Monaten wahrgenommen?«

»Och, der war eigentlich wie immer.« Er dachte nach. »Neu

war nur das Mädle, aber ich dachte, das wär normal in dem Alter, ich hatte auch so um den Dreh rum meine erschte Freundin.«

»Hat Florian Ihnen von seiner Freundin erzählt?«

»Na ja, ned so direkt.« Er machte eine Pause. Ich wartete.

»Also ehrlich gesagt, hat unsere Mutter beim Rumkruschdeln in seinen Sachen ein Foto gefunden. Wir sind einfach davon ausgange, dass des seine Freundin isch. Man trägt doch kein Foto von einem fremden Mädle mit sich rum, oder?«

»Wie hat Ihre Familie auf die neue Tat reagiert?«

»Am schlimmsten isch es für unseren Vater. Dem geht's gar ned gut, seit der Flo im Gefängnis isch. Er hat die intensivste Beziehung zu ihm. Der Papa kann viele Sachen überhaupt nur mit dem Flo zamme machen. Manchmal denke ich, dass der Papa den Flo vielleicht braucht, vor allem gegenüber der Mama.« Er hielt inne. »Also, aber das denk nur ich, davon haben wir nie geschwätzt oder so.«

»Denken Sie ruhig weiter«, sagte ich. »Ihre Eindrücke sind für mich ganz wichtig.«

»Na ja, des war's eigentlich. Als wir von der neuen Sache gehört haben, ist der Papa zusammengebrochen und hat nur noch geheult. Wir haben ihm alle gut zugeredet, aber er hat immer nur gesagt, dass der Bu nimma do isch und die ganze Familie zammekracht. Er hat sich überhaupt nimmer beruhigt.«

»Ihr Bruder hat mir erzählt, dass Ihre Mutter Sie beide bis in die Pubertät hinein gewaschen hat. Wie haben Sie das erlebt?«

»Na also«, er schnaubte, »des geht dann doch a bissle z'weit.«

Zuletzt sprach ich mit Florian Losbachs Therapeuten. Er war bestürzt über die neue Tat seines Patienten und rekapitulierte für mich, nach einer Schweigepflichtsentbindung durch seinen Patienten, den Therapieverlauf.

»Wir haben immer wieder über Sexualität gesprochen. Bei Florian werden vereinzelt sexuelle Fantasien massiv, sodass er Angst hat, von ihnen buchstäblich überflutet zu werden. Es ist ein großes Thema für ihn, dass er nichts Sexuelles fantasieren darf, weil er sonst den unmittelbaren Impuls hat, es tun zu müssen.«

»Hatten Sie den Eindruck, dass man mit ihm an diesem Thema arbeiten konnte?«

»Mal so, mal so.« Herr Kleinböck atmete ein. »Er hat mir durchaus intime und emotionale Dinge erzählt, aber eine umfassende Konfrontation hat er gescheut. Dem Thema Sexualität ist er tendenziell ausgewichen. Ich musste mich darum bemühen, es immer wieder auf die Tagesordnung zu setzen. Wenn wir an einem kritischen Punkt aufgehört hatten, ist er zur nächsten Sitzung oft einfach nicht erschienen. Außerdem hat er sich einen Ausbildungsplatz in Baiersbronn gesucht, möglichst weit weg, damit er nur noch selten Zeit für die Therapie hat. Das hat mich geärgert.«

»Sehen Sie diese Form der Tabuisierung und Sexualisierung auch in seinem familiären Hintergrund?«

»Hat er Ihnen nicht erzählt, dass die Mutter an ihm manipuliert hat?«

»Sie meinen, dass sie ihn so lange gewaschen hat?«

»Na ja, so kann man es auch nennen.« Herr Kleinböck schnaubte. »Sie hat ihn schlicht und ergreifend bis zum Samenerguss masturbiert. Es fing als Repositionsübung nach seiner Vorhautoperation an, daraus wurden aber regelmäßige sexuelle Begegnungen. Praktisch hat sie ihm über Jahre hinweg einen runtergeholt!«

Ich war sprachlos.

Nachdem ich das Gespräch beendet hatte, fügte ich die neuen Informationen in das Bild ein, das ich von Florian Losbach bekommen hatte: Er hatte mir erzählt, dass er die Angst seines Opfers während der Tat nicht bemerkt hatte. Außerdem berichtete er, dass er unmittelbar im Anschluss keine Schuld empfand. Das Verständnis für die furchtbare Situation von Julia Hofmeister und ein Gefühl von Verantwortlichkeit stellten sich erst in der Untersuchungshaft ein.

Der Rückschluss aus dieser Beobachtung ist nicht, dass Florian Losbach »kalt« oder »emotionslos« wäre, sondern vielmehr, dass seine Tat mit Julia Hofmeister wenig zu tun hatte. Er hatte sie währenddessen nicht als individuellen Menschen wahrgenommen, mit dem er hätte mitleiden oder dem gegenüber er sich hätte schuldig fühlen können. Sie war nur die Stellvertreterin derjenigen Person, gegen die sich seine Aggressionen eigentlich richteten. Damit blieb herauszufinden, wer diese andere Person war, um wen es ihm eigentlich ging.

Auffällig an Florian Losbachs Tat war bereits der Ort, an dem sie stattfand. Er hatte seine Nachbarin unmittelbar unter dem Schlafzimmer seiner Eltern vergewaltigt, in dem er selbst die meiste Zeit seines Lebens geschlafen hatte.

Zum einen sprach aus dieser Tatsache ein erhebliches Strafbedürfnis. Florian Losbach wählte ein Opfer, das ihn seit Jahren gut kannte, und trat noch nicht einmal aus dem Haus, um die Tat zu begehen. In einem anderen Fall hatte ich einen Sexualstraftäter begutachtet, der die Fotos von seiner Tat zum

Entwickeln in ein Fotolabor brachte. Beide Täter waren nicht etwa dumm, sondern haben die unmittelbar erfolgende Festnahme als Schutzmechanismus genutzt. Sie selbst schafften es nicht, ihre Taten zu verhindern, insofern suchten sie sich durch die Festnahme Hilfe von außen.

Florian Losbach diente die Haft noch in einer weiteren Hinsicht: Im Rahmen beider Begutachtungen war aufgefallen, dass seine Eltern ihren jüngsten Sohn nicht gehen lassen wollten. Da ich sie nicht näher kennengelernt habe, kann ich nicht sagen, warum sie ihn so sehr an sich banden. Fakt war, dass sie ihn für ihr psychisches Wohlergehen (miss-)brauchten und ihn selbst entgegen einer richterlichen Anordnung nicht ziehen ließen. Die von ihm dringend gewünschte räumliche Trennung gelang ihm erst durch seine Haft.

Im Verhältnis zu seinen Eltern hatte die Tat einen weiteren positiven Nebeneffekt: Florian Losbach bewies seiner Mutter, dass sein Penis voll funktionstüchtig war. Sie war nicht müde geworden zu behaupten, dass ihr Sohn mit seiner beschnittenen »Miniatur« nicht in der Lage wäre, Geschlechtsverkehr zu haben. Dadurch kränkte und verunsicherte sie ihn erheblich.

Darüber hinaus verletzte sie immer wieder seine Intimsphäre. Sie durchstöberte seine Sachen, fand ein Foto von einem Mädchen und zeigte das in der Familie herum, ohne ihn um Erlaubnis zu fragen.

Vor allem aber hatte sie die nach seiner Operation kurzfristig notwendige Bewegung der Vorhaut zur regelmäßigen manuellen Befriedigung ihres Sohnes ausgebaut.

Aufgrund all dieser Aspekte hatte Florian Losbach eine nicht unerhebliche Wut auf seine Eltern. Da er sie gleichzeitig aber auch liebte, befand er sich in einem heftigen inneren

Konflikt. Als er schleichend wieder bei den Eltern einzog und urlaubsbedingt die therapeutische Unterstützung durch Herrn Kleinböck aussetzte, konnte er diesen inneren Konflikt nicht mehr bewältigen und wurde erneut straffällig. Die Aggressivität, die er gegenüber seinen Eltern empfand, lebte er an Julia Hofmeister als deren Stellvertreterin aus.

Florian Losbach äußerte seine aggressiven Impulse nicht, indem er Julia Hofmeister beschimpfte oder schlug, sondern auf sexueller Ebene. Diese Form der Gewalt, das »Sexualisieren«, hatte er zu Hause gelernt. Sexualisierung meint die Angewohnheit, Aggressionen und Konflikte an die Sexualität zu binden und auf dieser Ebene auszuleben. Indem Frau Losbach ihren Sohn über Jahre hinweg masturbierte und ebenso lange seinen Penis als »Miniatur« entwertete, verhielt sie sich ihm gegenüber grenzverletzend, missbräuchlich und damit aggressiv. Durch diese und viele andere Erlebnisse, von denen er nicht ausdrücklich berichtet hatte, lernte er, zwischenmenschliche Schwierigkeiten mithilfe der Sexualität auszuleben. Dieses Muster der Krisenbewältigung wurde der völlig unbeteiligten Julia Hofmeister zum Verhängnis.

Für mich blieb zu klären, ob er bei der Begehung der Vergewaltigung schuldfähig gewesen war oder nicht.

Die von Florian Losbach verübte Tat berührte alle Themen, die ihn emotional beschäftigten: Es ging um Sexualität und Aggression, um seine männliche Identität, Potenz, Macht und Beziehungsfähigkeit. Nachdem die Tat damit alle »wunden Punkte« erfasste, die er zu bieten hatte, nachdem sie den Kern seiner gestörten Persönlichkeit traf, hielt ich ihn zum Zeitpunkt der Vergewaltigung für nur vermindert schuldfähig. Schuldfähigkeit setzt voraus, dass ein Täter das Unrecht seiner Tat erkennen und entsprechend handeln kann. In meinen Augen wusste Florian Losbach, dass er Unrecht tat, er war aber nicht in der Lage, die Tat aus eigener Kraft zu vermeiden. Sein Tiger hatte die Kontrolle übernommen. Sogar Julia Hofmeister, die in der Situation selbst unter erheblicher Anspannung stand, hatte bei der Polizei ausgesagt, Florian sei während der Tat »nicht ganz da gewesen«.

Gleichzeitig war er in meinen Augen weiterhin gefährlich, da er die problematischen Bereiche seiner Persönlichkeit bislang nicht bearbeitet hatte.

In der Folge schlug ich vor, ihn nicht ins Gefängnis zu schicken, sondern zwangsweise in einem psychiatrischen Krankenhaus unterzubringen. Das Gericht folgte meiner Einschätzung.

Ist jemand einmal auf diese Art und Weise untergebracht, so kann er, anders als in Haft, nur durch einen positiven Gerichtsbeschluss wieder entlassen werden. Zur Vorbereitung eines solchen Beschlusses begutachtete ich Florian Losbach 2008, mehr als zehn Jahre später, ein drittes Mal. Für mich war es eine ungewöhnliche Bereicherung, die Entwicklung eines Gutachtenskandidaten nach so langer Zeit sehen zu dürfen.

Die Prognosebegutachtung hat andere Herausforderungen als die Begutachtung im Rahmen eines laufenden Prozesses. Ihr Kernproblem liegt in einem Zwiespalt: Einerseits darf durch die Freilassung eines gefährlichen Menschen die Allgemeinheit nicht gefährdet werden. Andererseits haben die Untergebrachten ein Recht darauf, wieder in Freiheit zu leben, sobald sie nicht mehr gefährlich sind. Daraus aber die Devise abzuleiten, dass ein Straftäter im Zweifel im Gefängnis besser aufgehoben ist als draußen, ist zu kurz gegriffen. Eine zu lange Unterbringung kann einen Menschen noch weitgehender schädigen und die erreichten Fortschritte zunichtemachen. Wer zu lange in einer versorgenden Einrichtung gelebt hat, ist irgendwann nicht mehr in der Lage, ein selbstbestimmtes Leben aufzunehmen. Er ist dann so lange kindlich retardiert, dass er nicht mehr lernen kann, die Herausforderungen des Erwachsenendaseins zu bewältigen.

Florian Losbach war, als ich ihn zum dritten Mal traf, im therapeutischen Prozess weit vorangekommen. Er ging einer geregelten Arbeit nach, hatte zahlreiche Freigänge aus dem Krankenhaus ohne Zwischenfälle absolviert und war bereit, die Strukturen seiner Familie auch in ihren problematischen Aspekten anzuerkennen. Im Hinblick auf die Zeit seiner Unterbringung hingegen hatte er einen kritischen Punkt erreicht. Er war aus dem Haus seiner Eltern direkt in die Psychiatrie gezogen, hatte also in seinen inzwischen über dreißig Lebensjahren noch nie für sich selbst gesorgt. In meinen Augen musste er dringend entlassen werden, wenn er nicht lebenslang in Versorgungseinrichtungen leben sollte. Ich hielt diesen Schritt auch für gut vertretbar. Florian Losbach hatte seinen Tiger kennen- und zähmen gelernt.

In der Folge schlug ich vor, ihn unter weiterer intensiver therapeutischer Betreuung in eine betreute Wohngemeinschaft zu entlassen und ihn schrittweise in ein wirklich selbstbestimmtes Leben zu integrieren. Das Gericht schloss sich dem an.

Immer wieder werde ich gefragt, wie ich mit der Verantwortung leben kann, solche Entscheidungen zu treffen, und ob mich mein Beruf nicht um den Schlaf bringt. Ich antworte dann, dass man als Arzt in der Klinik schnell und früh lernt,

Verantwortung zu übernehmen, weil man sonst seinen Beruf nicht ausüben könnte. Ob ich aber einen Patienten am Herzen operiere oder einen Straftäter aus der Psychiatrie entlasse, macht für mich vom Grad der Verantwortung her keinen Unterschied. In beiden Fällen muss ich konzentriert und sauber nach dem aktuellen Stand der Wissenschaft arbeiten. Ich brauche viel Erfahrung und den Mut, zu meiner Einschätzung der Situation zu stehen. Ich muss akzeptieren, dass in beiden Situationen Wahrscheinlichkeiten und damit Zufälle unser Leben bestimmen.

Florian Losbach und ich jedenfalls haben uns bislang kein viertes Mal gesehen.

Trügerische Freundschaften. Gefährliche Wahrheiten. Und eine Stadt, deren Geheimnisse töten können.

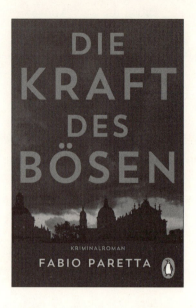

Franco De Santis ist Polizist von Beruf, Neapolitaner aus Überzeugung und Ex-Ehemann wider Willen. Jeden Sonntag fährt er in das Nobelviertel der Stadt, um seinen Schwiegereltern eine glückliche Ehe vorzuspielen. Doch an diesem schwülen Sommertag wird er in den Arbeiterstadtteil Bagnoli gerufen: Der Gemeindepfarrer hat sich erhängt. Franco kennt ihn seit der Kindheit und weiß, wenn er an eines glaubte, dann an das Leben. Gegen den Willen seines Vorgesetzten beginnt Franco zu ermitteln. Doch in einer Stadt, in der der Schein trügt und der Tod Alltag ist, ist die Suche nach der Wahrheit gefährlich …